W0327888

Unter allen Umständen

Frauengeschichte(n) in Berlin

herausgegeben von
Christiane Eifert und Susanne Rouette

CIP-Kurztitelaufnahme der Deutschen Bibliothek

Unter allen Umständen : Frauengeschichte(n) in Berlin / Eifert, Christiane ; Rouette, Susanne (Hrsg.). - Berlin : Rotation, 1986.
ISBN 3-88384-015-7

NE: Eifert, Christane [Hrsg.]

1. Auflage 1986

Copyright by ROTATION Verlag und den einzelnen Autorinnen

Titelgestaltung: markus lau
Druck: WB-Druck, Rieden
Satz: Verlag Konstanze Freihold

ISBN 3-88384-015-7

Inhalt:

Einleitung

Christiane Eifert/Susanne Rouette

Unter allen Umständen: Frauengeschichte(n) in Berlin*

Die Berlinliteratur in Bibliotheken und Buchhandlungen bemißt sich schon heute nach laufenden Metern. Anläßlich der 750-Jahr-Feier Berlins 1987 wird dieser Bestand noch stark erweitert werden. Die Geschichte der Berliner scheint also bekannt zu sein — wozu nun noch ein Buch mit Frauengeschichte(n)? Schließlich lebten Frauen und Männer in Berlin nicht unter verschiedenen Bedingungen. Oder etwa doch? Frauen und Männer wohnten zwar in denselben Wohnungen, aber Frauen waren für den Zustand dieser Wohnungen verantwortlich. Frauen und Männer wurden zwar Eltern, aber Frauen sorgten für die Kinder. Frauen und Männer mußten Geld verdienen, aber Frauen hatten die vergleichsweise schlechteren Jobs. Frauen und Männer schlossen sich zusammen, um so ihre Interessen durchzusetzen, aber »Frauenspersonen, Schülern und Lehrlingen« verbot das preußische Vereinsgesetz von 1850 jede politische Betätigung. Auch nach Aufhebung des Gesetzes im Jahre 1908 wurden Frauen in der Öffentlichkeit kaum ernst genommen.

Die Lebensbedingungen der Menschen hingen also von ihrer Geschlechtszugehörigkeit ab. Doch nicht nur das: Noch viel stärker als heute bestimmten Klassen- bzw. Standeszugehörigkeiten die vergangenen »Verhältnisse und Verhinderungen« (Ute Gerhard) von Frauen. Es leuchtet ein, daß der Alltag eines vom Land zugereisten Dienstmädchens ein anderer war als der seiner »gnädigen Frau«. Auch für Frauen existieren keine einheitlichen Lebensbedingungen. Ausbildung, Alter, Zivilstand, Einkommen, Sexualität und Religionszugehörigkeit sind Maßstäbe für den jeweiligen Platz, den Frauen in der gesellschaftlichen Hierarchie einnehmen. Wie viele Gemeinsamkeiten gab es wohl zwischen einem Dienstmädchen, das als 14jährige aus der Provinz nach Berlin kam, und der jungen Näherin, die zwischen Schlafstelle und Arbeitsplatz bei einem Zwischenmeister in der Bekleidungsindustrie pendelte? Und wie unterschiedlich von deren Leben schließlich verlief der Alltag einer Arbeiterfrau, die für mehrere Kinder sorgen mußte und zusätzlich noch täglich für andere, besser gestellte Frauen waschen oder putzen ging?

Ebensowenig, wie es »die« Arbeiterfrau gab, finden wir bei näherem Hinsehen »die« Bürgerfrau. Auch für Frauen aus dem Bürgertum waren die oben genannten Faktoren bestimmend für ihre Lebensbedingungen. Wenn wir über bürgerliche Frauen reden, sollte die mittellose ledige Erzieherin ebenso mitgedacht werden wie die »Ehefrau und Mutter«, die Hausarbeit und heimliche Heimarbeit täglich mühsam miteinander verband. Und welche Ähnlichkeiten hatte deren Biographie mit der einer Fabrikantengattin, die vornehmlich der Repräsentation des männlichen Vermögens und Standes dienen mußte, das Familienvermögen vielleicht auch für eigene Zwecke nutzen konnte? Selbst wenn die Unterschiede in den Lebensbedingungen von jüdischen und christlichen Frauen nicht immer so offensichtlich waren wie zwischen 1933 und 1945, als Jüdinnen und Juden jede Lebensberechtigung abgesprochen wurde, so prägte doch auch in anderen Zeiten die jeweilige Religionszugehörigkeit das Leben von Frauen.

Wenn wir nun etwas über diese Frauen erfahren wollen, genügen Blicke in die umfangreiche Berlinliteratur meist nicht. Oft finden wir nicht mehr als die sattsam bekannten Klischees über »Die Berlinerin«, die mit den realen Lebensbedingungen kaum etwas gemein haben. Rosmarie Beier beschreibt hier diese »Bilder der Berlinerin«, die mit den Realitäten so wenig übereinstimmen. Nie war sie die »Dame von Welt«, die der Residenzstadt und später der Reichshauptstadt den für notwendig erachteten Glanz verleihen konnte. Und wie enttäuschend fiel der Vergleich zwischen der »jungen Frau mit Bubikopf« und den tatsächlichen

Verkäuferinnen, Stenotypistinnen oder Arbeiterinnen in den Köpfen derer aus, die über sie schrieben. Da sind die Biographien, die von oder über die auch weniger bekannten Berlinerinnen wie Mathilde Jacob, Helene Simon, Marie-Elisabeth Lüders oder Käthe Frankenthal geschrieben wurden, schon eher »Fundgruben« für die Geschichte der Berlinerinnen. Anregungen bieten manchmal auch wirtschafts- und sozialgeschichtliche sowie stadt- und kulturgeschichtliche Untersuchungen. Doch wer liest schon so viele Bücher, um die Lebens- und Arbeitsbedingungen von Berlinerinnen während der letzten 150 Jahre etwas näher kennenzulernen. Ein Buch, das all die verschiedenen Lebensgeschichten der Berlinerinnen zu ihrer Geschichte zusammenfaßt und sie der Geschichte der Berliner gegenüberstellt — das wird gebraucht. Um ein solches Buch schreiben zu können, fehlt es heute allerdings nicht so sehr an den Forscherinnen als an der Förderung ihrer Forschung.

Die hier zusammengestellten Aufsätze dokumentieren so zweierlei: Sie zeigen verschiedene Facetten der Sozialgeschichte von Frauen in Berlin, geben aber auch einen Einblick in den derzeitigen Forschungsstand zum Thema, der die Auswahl der Beiträge wesentlich mitbestimmt hat.

Seit der Entstehung der Neuen Frauenbewegung in den 1970er Jahren haben Historikerinnen ihr Augenmerk auf die Geschichte von Frauen gerichtet und dabei eine Vielzahl von Ergebnissen zutage gefördert. Dem politischen Engagement in der Frauenbewegung entsprechend interessierten sie sich zunächst vor allem für die sozialen Bewegungen von Frauen in der Vergangenheit. Es ist immer wieder verblüffend zu sehen, wie viele unserer Auseinandersetzungen Frauen bereits vor 60, 70 oder gar 100 Jahren geführt haben. Mit dem Ende der alten Frauenbewegung im Jahr 1933 wurden — wie in anderen sozialen Bewegungen auch — deren Diskussionen und Kontakte untereinander jäh zerschlagen. Erst nach gut 50 Jahren entdecken wir wieder, daß manche Diskussion, die wir heute führen, auch schon in der Generation unserer Großmütter und Urgroßmütter ein Thema war. Außerdem wurde deutlich, daß gerade in der Berliner Geschichte die Frauenbewegung viele Spuren hinterlassen hat. Seit der Mitte des 19. Jahrhunderts entwickelten sich hier bedeutsame Bewegungen, die in sich sehr viel differenzierter waren, als es die zeitgenössische Aufteilung in eine »proletarische« und »bürgerliche« Frauenbewegung andeutet.

Die Anfänge dieser »proletarischen«, besser Arbeiterinnenbewegung in der Reichsgründungszeit schildert der erste Beitrag dieses Buches. Herrad-Ulrike Bussemer beschreibt die Versuche der Arbeiterinnen, ihre Arbeitsbedingungen gemeinsam und notfalls auch durch Streiks zu verbessern. Dabei mußten diese Frauen nicht nur die preußische Vereinsgesetzgebung umgehen, die Frauen jedes öffentliche politische Engagement verbot. Auch innerhalb der frühen Sozialdemokratie stießen sie auf Gleichgültigkeit, Ablehnung und Boykott, gegen die sie sich fantasievoll zur Wehr setzten.

Wie stark die bürgerliche Frauenbewegung im Kaiserreich an die Arbeit von Frauen in und für die Familie anknüpfte und die gesellschaftliche Bedeutung der Hausarbeit thematisierte, zeigen zwei biographische Aufsätze: Maya I. Fassmann schildert am Beispiel der Berliner Jüdin Lina Morgenstern die Arbeit jüdischer Frauen in der Wohlfahrtspflege. Heidi Koschwitz-Newby beschreibt das Leben Hedwig Heyls, einer Repräsentantin der Berliner Frauenbewegung. Beide Frauen nutzten ihre persönlichen Kontakte zu Personen der »Berliner Gesellschaft«, um ihre frauenpolitischen Vorstellungen zu verwirklichen. Das Engagement von Teilen der »bürgerlichen« Frauenbewegung für die Hausarbeit ist neben dem bestehenden ausgeprägten Standesbewußtsein auch ein Grund für die unüberbrückbare Spaltung zwischen Arbeiterinnenvereinen und den Vereinen der »bürgerlichen« Frauenbewegung.

Schon früh zeigte sich in dieser »bürgerlichen« Frauenbewegung die auch für die späteren Jahre so charakteristische Verbindung von Frauenpolitik und, wie wir heute sagen würden, Sozialarbeit. Birgit Sauer schildert die Geschichte der Berliner »Mädchen- und Frauengruppen für soziale Hilfsarbeit«. Die »Gruppen« waren wesentlich daran beteiligt, soziale Fürsorge als Beruf für Frauen zu entwickeln und durchzusetzen. Sie akzeptierten den gesellschaftlich zugewiesenen Geschlechtscharakter von Frauen und versuchten, ihn für eine offensive Frauenpolitik zu nutzen. Sie forderten, die strikte häusliche Arbeitsteilung zwischen Frau und Mann, die sich bewährt habe, auch auf gesellschaftlicher Ebene zu praktizieren. Auf diesem Weg könnten Frauen auf die Verbesserung der gesellschaftlichen Verhältnisse Einfluß nehmen.

Elisabeth Meyer-Renschhausen schließlich untersucht die »Sittlichkeitsbewegung« in der Berliner Frauenbewegung. Um die Jahrhundertwende engagierten sich alle im Bund deutscher Frauenvereine organisierten Verbände, Vereine und Einzelpersonen ungeachtet ihrer unterschiedlichen politischen und konfessionellen Couleur in dieser Bewegung. Sie kämpften dafür, daß die weibliche »Geschlechtsehre« nicht länger nur für bürgerliche Frauen, sondern für alle Frauen gelten sollte. Die Doppelmoral der Männer wollten sie nicht länger akzeptieren. Ihr Engagement konzentrierte sich auf die Reform bzw. Aufhebung der Prostituiertengesetzgebung und auf das Verbot des Mädchenhandels.

Anschließend hieran ist der Beitrag von Rosmarie Beier über die zeitgenössischen »Bilder der Berlinerin« zu lesen. Diese »Bilder« mit stark normativem Charakter stellten ebenfalls einen Versuch dar, das Aussehen und Verhalten der Berlinerinnen festzuschreiben.

Mit einer anderen Art, die den Frauen gesetzten Grenzen der Bewegungsfreiheit niederzureißen, beschäftigt sich der Beitrag von Gertrud Pfister — dem Sport. Sie beschreibt, wie sich einige Frauen um die Jahrhundertwende entgegen den herrschenden Vorstellungen über ihre körperliche Konstitution, über das »schwache Geschlecht«, sportlich betätigen und für die Zulassung des Frauensports kämpften. Die Suche nach spezifisch weiblichen Ausdrucksformen mancher Frauen, die sich sportlich betätigen, hatte seine Gründe: Sie wollten die physische und psychische Unterschiedlichkeit von Frauen und Männern nicht durch Anpassung an den männlichen Kraft- und Konkurrenzsport verändern.

Obwohl Frauen 1918 das Wahlrecht erhielten und die Weimarer Verfassung ihnen die staatsbürgerliche Gleichberechtigung brachte, blieben sie doch Bürgerinnen zweiter Klasse. Die gesellschaftliche Aufwertung von Hausfrauen und Müttern im Ersten Weltkrieg und in den Anfangsjahren der Republik ging weiterhin einher mit der Abwertung erwerbstätiger Frauen. »Doppelverdienerkampagnen« haben eine lange Geschichte, die nicht erst in der Weltwirtschaftskrise 1928/29 beginnt, sondern die gesamte Weimarer Zeit durchzieht. Susanne Rouette schildert in ihrem Beitrag diese Entwicklung aus den Anfangsjahren der Weimarer Zeit, in der die Schwierigkeiten auf dem Arbeitsmarkt und das Dilemma des proklamierten Sozialstaates sehr einseitig zu Lasten von Frauen bewältigt wurden. Auch in der Weimarer Zeit zielte — nicht nur staatliche — Politik darauf, die vorrangige Zuständigkeit von Frauen als Hausfrauen und Mütter sicherzustellen und Männer als möglichst alleinige »Ernährer« der Familie zu etablieren.

Besonders pointiert stellt sich dieser Konflikt in der Geschichte Berliner Ärztinnen während der Weimarer Jahre und während der Zeit des Nationalsozialismus dar. Diese privilegierten Frauen vertraten in ihrem Kampf gegen den Paragraphen 218 des Strafgesetzbuches fortschrittliche sozialmedizinische Positionen und verlangten verbesserten Schutz für Mütter und Kinder. Die Forderungen der überwiegend im Bund deutscher Ärztinnen organisierten Medizinerinnen wurden mit eugenischem Gedankengut begründet. 1933 löste sich der Bund nicht wie andere Frauenverbände selbst auf, sondern wurde gleichgeschaltet. Protest riefen nicht Ausschlüsse und Berufsverbote für jüdische Ärztinnen hervor, sondern die nationalsozialistische »Doppelverdiener«-Kampagne, die die Berufsmöglichkeiten der arischen Ärztinnen gefährdete.

Wie der zweigleisige Zugriff auf Frauen in der Weimarer Republik und im Nationalsozialismus von Seiten eines Unternehmens funktionierte, beschreibt Carola Sachse am Beispiel des Berliner Großkonzerns Siemens. Sie zeigt, welche Familienvorstellungen im Rahmen der Siemens 'schen Betriebsphilosophie entwickelt wurden. Die daran orientierten sozialen Leistungen des Konzerns für Familien kamen allerdings nur der sogenannten betriebswichtigen Facharbeiterelite zugute. Die betriebsfürsorgerischen Maßnahmen für die übrigen Arbeiterinnen und Arbeiter dienten hauptsächlich dem Ziel, die reibungslose Ausbeutung ihrer Arbeitskraft sicherzustellen — bis hin zur Extremsituation der »Betriebsschnitte« für die Siemens-Arbeiterinnen im Außenlager des Konzentrationslagers Ravensbrück.

Den Band beschließt wiederum ein biographischer Beitrag. Dagmar Reese-Nübel schildert das Leben von Hannchen Gerbeit, die um 1910 nach Berlin kam. Die Erfahrungen des Ersten Weltkrieges und der Anfangsjahre der Weimarer Republik radikalisierten sie. Ihre unkonventionelle Lebensform, ihre Geradlinigkeit und ihr solidarisches Handeln behielt sie auch während der 12 Jahre des Nationalsozialismus bei. Sie starb im Herbst 1945 — erschlagen von den sehnsüchtig erwarteten Befreiern. Nur in einer Großstadt wie Berlin, in der so verschiedene Lebensformen nebeneinander existierten, in der so viele politische, kulturelle und soziale Auseinandersetzungen stattfanden, war es möglich, so wie Hannchen Gerbeit es getan hat, ein Leben jenseits der Normalität einzurichten.

Die Geschichte(n) vieler Berlinerinnen, ihre Lebensbedingungen und ihr Alltag zwischen 1850 und 1945 beweisen, um wieviel spannender diese Wirklichkeiten sind als das Klischee »der Berlinerin«. Es ist höchste Zeit, die Geschichte der realen Berlinerinnen vor dem Vergessen zu bewahren und endlich an die Seite der berühmten, der »Ausnahmefrauen« zu stellen. Denn die Frauen gehören alle zur Geschichte dieser Stadt und haben sie keineswegs nur mit einigen wenigen Originalen geschmückt. Und es wird klar, eine wie lange Geschichte die heutigen Kämpfe von Frauen gegen ihre jeweiligen Diskriminierungen und ihre Auseinandersetzungen um die »richtige« Frauenpolitik haben.

Anmerkung:

* Wir danken Karin Hausen. Sie hatte wesentlichen Anteil am Zustandekommen dieses Buches.

Herrad-Ulrike Bussemer

Frauen und frühe Arbeiterbewegung in Berlin

Die »Affaire Schulze-Siebenmark« und das Scheitern eines »Rechtsschutzvereins für Arbeiterinnen« 1867/68

»Auf der Anklagebank erschien ein junges hübsches Mädchen, Anna Pauline Eckert, die Tochter eines Fuhrmannes. Sie war der wiederholten Unterschlagung angeklagt; allein wer die offenen hübschen Züge dieses Mädchens sah, mußte unwillkürlich von vornherein den Gedanken fassen, daß die Angeklagte unschuldig sei. Die Angeklagte hatte vom April 1865 bis April 1866 für das Geschäft Schulze und Siebenmark, Neue Friedrichstr. 11, in Wollsachen gearbeitet. Diese Herren hatten ein gedrucktes Formular, welches die Verpflichtung enthält, daß Diejenigen, welche für ihr Geschäft arbeiten, für ein etwaiges Manco, welches sich bei der Ablieferung der Arbeit herausstellt, aufkommen müssen. Die Arbeit Suchenden müssen dies Formular zuerst unterschreiben, und wenn sie noch nicht mündig sind, so müssen es deren Eltern thun. Man sieht, die Herren sind sehr vorsichtig. Auch die Eckert hatte dieses Formular unterschrieben. Die Wolle, welche sie zur Anfertigung der Arbeit erhielt, wurde ihr auf einer Brückenwaage zugewogen. Am 7. November 1865 stellte sich nach mehreren gelieferten Arbeiten heraus, daß solche ein Gewichtsmanco von 12 Pfund hatten, wofür der Eckert natürlich eine entsprechende, und wie wir aus anderen Fällen beurtheilen können, durchaus nicht geringe Summe in Abzug gebracht wurde. Im April 1866 stellte sich bei ihr wieder ein Manco von 8 Pfund heraus und die Heren Schulze und Siebenmark bestanden auf ihrem Formulare, wie Shylock auf seinem Scheine. Das arme Mädchen mußte ein Revers unterzeichnen, nach welchem es sich verpflichtete, die 20 Thlr. in monatlichen Raten von 3 Thlrn. abzuzahlen. Die ersten drei Thlr. zahlte sie auch, mehr nicht, sie war sich bewußt, nicht die geringste Unehrlichkeit begangen zu haben, und wie unendlich — wie unendlich viel muß ein Mädchen arbeiten, um durch solche Arbeit 20 Thlr. zu verdienen, wie manche Tausend Stiche muß es dafür thun, wie viele Tausend Maschen aufnehmen.

Doch, was kümmerten sich die Herren Schulze und Siebenmark darum — sie hatten ja ihr gedrucktes Formular und ihren Revers! Da die Eckert nicht mehr zahlte, so reichten die genannten Herren eine Denunciation wegen Unterschlagung gegen sie ein, und in Folge dieser Denunciation saß die Eckert auf der Anklagebank. Die Verhandlung brachte äußerst interessante Aufklärungen: Die Angeklagte wies nach, daß die Herren Schulze und Siebenmark stets feuchte Wolle, welche zu dem Zwecke im Keller aufbewahrt oder erst kurz zuvor aus der Färberei gekommen sei, den Arbeitssuchenden zur Verarbeitung geben. Zwar würde für das Eintrocknen bei Castor-Wolle pro Pfund 1 1/2 Loth und bei Streichwolle 1 Loth abgerechnet, allein die Wolle trockne oft, namentlich im Sommer, fünf bis sechs Pfund ein. Sie wies ferner nach, daß die Herren Schulze und Siebenmark mehr anschrieben als sie wirklich lieferten.

Zur Bestätigung ihrer Angaben, hatte sie dreizehn Entlastungszeugen vorgeschlagen,... und fast alle Zeuginnen, welche gleichfalls für das Geschäft der Herren Schulze und Siebenmark gearbeitet und Erfahrungen gesammelt haben, bestätigten, daß sie die Wolle sehr feucht empfangen hätten und daß dieselbe bis zu fünf Loth pro Pfund eingetrocknet sei...

Die Herren Schulze und Siebenmark waren als Zeugen gegenwärtig, außer ihnen auch die beiden Commis aus ihrem Geschäft, Wiggers und Denge. Beide mußten einräumen, daß die Wolle feucht gewesen sei, sie mußten gestehen, daß die Wolle mehr einzutrocknen pflege, als den Arbeiterinnen für das Eintrocknen in Abzug gebracht werde... Die Staatsanwaltschaft beantragte trotz der überzeugenden Entlastungsbeweise gegen die Angeklagte einen Monat Gefängniß, allein der Gerichtshof sprach sie nach kurzer Berathung frei, und wohl selten hat eine Freisprechung Alle, welche den Enthüllungen der Verhandlung folgten, mehr befriedigt als diese.«[1]

Ungewöhnlich an den im vorstehenden Bericht wiedergegebenen Ereignissen ist weder der Umstand, daß sich nicht die Betrüger, sondern das betrogene Opfer auf der Anklagebank wiederfand, noch die geschilderten Ausbeutungspraktiken der Unternehmer und die Anhängigkeit der Heimarbeiterinnen. Außerordentlich ist allenfalls der Freispruch für Anna Pauline Eckert und fünf weitere Frauen in den nächsten Wochen sowie das öffentliche Interesse, das dieser Routinerechtsfall als 'Affaire Schulze-Siebenmark' beim Berliner Publikum auslöste. In sämtlichen Tageszeitungen erschienen in den nächsten Wochen sympathisierende Artikel, die das Elend der für die Berliner Textil- und Konfektionsindustrie arbeitenden Frauen schilderten und analysierten, — aber auch Loyalitätsadressen von kaufmännischen Angestellten, die das angeschlagene Renommée der Fabrikanten wiederherzustellen suchten. Allerdings überwog selbst in bürgerlichen Kreisen bei weitem die Entrüstung, da nicht nur die miserablen Verdienstmöglichkeiten und Arbeitsbedingungen — je nach Branche konnten die Frauen bei einem 12-13-stündigen Arbeitstag ein monatliches Einkommen von 4 bis 10 Thalern erzielen — thematisiert wurden, sondern auch die oft ans Kriminelle grenzenden Manipulationen der Unternehmer und die häufig auch sexuelle Ausbeutung der Frauen entlarvt wurden:

»...Und wäre das Alles? Aber wehe dem Mädchen, das nicht die Einladung des Commis zu einer Landparthie annimmt oder sonst zu große Sprödigkeit zeigt. Sie darf sicher sein, keine Arbeit mehr zu erhalten,... Und unglücklich das Mädchen, das etwa die Augen des Brotherren auf sich zieht. Widerstreben bedeutet Arbeitslosigkeit, bedeutet Verhungern und für die nicht in Berlin Geborenen polizeiliche Ausweisung. Die Zahl der Ausweisungen beläuft sich in Berlin auf vierzig bis fünfzig täglich. Wir behaupten dreist, daß 20 Procent der gefallenen Handarbeiterinnen Opfer der Gelüste von Arbeitgebern und deren Angestellten sind. Wer wagt es, einen Stein auf die unglücklichen Opfer der Nothzucht zu werfen, für welche das Gesetz keine Strafe kennt? Ist der erste Schritt gethan, so geht's schnell abwärts zur Prostitution...«[2]

Unmittelbare Konsequenz der 'Affaire Schulze-Siebenmark' waren in den nächsten Wochen mehrere Geldsammlungen zugunsten der betroffenen Arbeiterinnen in Fabriken und Vereinsversammlungen. Gleichzeitig wurden diverse Organisationsmodelle diskutiert, die die Lage der heimarbeitenden Frauen verbessern sollten. Favorisiert wurden dabei Genossenschaftsmodelle, die die zahlreichen Zwischenmeister und Verleger ausschließen und durch feste Kontrakte mit den Unternehmern die betrügerische

Ausbeutung der Arbeiterinnen verhindern sollten. Unter dem Druck der öffentlichen Meinung versicherten selbst die ins Zwielicht geratenen Unternehmer Schulze und Siebenmark Hermann Schulze-Delitzsch, dem 'Vater des deutschen Genossenschaftswesens', in einem offenen Brief ihre Bereitschaft, Produktionsgenossenschaften für Heimarbeiterinnen unter seiner Anleitung finanziell und kaufmännisch zu unterstützen.

Am 29.11.1867 schließlich konstituierte sich auf einer überwiegend von Arbeitern besuchten öffentlichen Versammlung ein »Bürger-Comité zur Untersuchung der Schulze-Siebenmarkschen Angelegenheit und aller ähnlichen in Zukunft vorkommenden Fälle«; durch Kooptation verschiedener Politiker sollten »alle sozialen Parteistellungen« berücksichtigt werden. Getragen wurde das 'Bürger-Komité' jedoch fast ausschließlich von Vertretern des Berliner Arbeitervereins (Eisenacher) und des Allgemeinen Deutschen Arbeitervereins (Lassalleanern) sowie einigen parteilosen Demokraten. Der von Franz Duncker geleitete Berliner Handwerkerverein stellte seine Räume kostenlos zur Verfügung, und am 27. Januar sollte auf einer öffentlichen Versammlung ein Rechtsschutzverein gegründet werden, der Arbeiterinnen gegen »jede Übervortheilung durch Arbeitgeber« materiell und juristisch unterstützen sollte. Die projektierte Gründung scheiterte jedoch zunächst, als sich die Betroffenen selbst an der Diskussion beteiligen wollten:

»Im Laufe der Debatte waren an der Saalthür mehrere Frauen (Wollarbeiterinnen) erschienen, die den Verhandlungen über diese, ihre Interessen innig berührende Angelegenheit beiwohnen wollten. Da der überwachende Polizeibeamte, Hauptmann Viert, auf Grund des Vereinsgesetzes, deren Entfernung verlangen zu müssen glaubte, so entspann sich eine Debatte darüber, ob das Verlangen des Polizeibeamten gesetzlich begründet sei,[3] da in der Versammlung politische Fragen nicht diskutiert würden. Die Versammlung entschied sich in ihrer Majorität gegen die Ansicht des überwachenden Beamten und beschloß die Zulassung der Frauen. In Folge erklärte der Polizeibeamte die Versammlung für aufgelöst.«[3]

In den folgenden Tagen scheiterten mehrere Versuche, die konstituierende Versammlung mit der Beteiligung von Frauen zu wiederholen. Beschwerden der Versammlungsleitung beim Innenministerium und Polizeipräsidium führten zu dem Resultat, daß zwar die Auflösung der Versammlung als unbegründet anerkannt wurde, die Mitgliedschaft von Frauen im zukünftigen Rechtsschutzverein aber nicht zugelassen wurde, da dieser als politischer zu betrachten wäre, denn:

»...die 'Bedrückung der Wollarbeiter' und die 'Bildung von Rechtsschutzvereinen' sind Fragen, welche sich unzweifelhaft als sociale charakterisieren und eben deshalb bei der engen Verbindung des socialen und des politischen Lebens im gegenwärtigen Zeitalter, dem Verein den Charakter eines politischen verleihen.«[4]

Bei den anschließenden Protestaktionen zeigte sich eine breite Mobilisierung der Berliner Bevölkerung:

»Eine so besuchte Versammlung hatten wir noch nie. Kopf an Kopf stand die Arbeitermasse und auch die Einzeichnungen in unsere Liste fanden zahlreicher statt als je; das Eis, das um die Berliner Arbeiterbevölkerung gelegen, ist endlich gebrochen.«[5]

Besonders erbittert konstatierte die Presse der Arbeiterbewegung, daß die Polizei gleichzeitig die Versammlungen des (Lette-)'Vereins zur Förderung zur Erwerbsfähigkeit des weiblichen Geschlechts', der sich ausdrücklich mit der 'sozialen Frauenfrage' beschäftigte, unbehelligt ließ, daß also »den Damen, welche bereits nachmittags um 5 Uhr Zeit haben, die Theilnahme an Versammlungen, welche die Erörterung socialer Fragen bezwecken, gestattet« ist.[6] Schließlich resignierte das Komité jedoch, und der Rechtsschutzverein wurde ohne weibliche Mitglieder gegründet, konnte aber ohne die Beteiligung der Betroffenen kaum Bedeutung erlangen.

Die kurze Geschichte des 'Berliner Rechtsschutzvereins für Arbeiterinnen' belegt einerseits, daß die elenden Lebensbedingungen der Heimarbeiterinnen dem bürgerlichen Publikum durchaus bekannt waren, daß sie aber nur kurzfristig öffentliches Mitleid, das zu keinerlei konkreten

Schritten führte, auslöste: bürgerliche Sozialpolitiker und liberale Reichstagsabgeordnete waren trotz ausdrücklicher Einladung nicht zu den Sitzungen des 'Bürger-Komités' erschienen. Sie macht andererseits deutlich, daß die Männer der Arbeiterbewegung zwar zu Protesten gegen Polizeiwillkür und Klassenjustiz zu mobilisieren waren, auch wenn sie sich 'nur' gegen Frauen richteten, aber das eigentliche Problem, die verschärfte Ausbeutung der Heimarbeiterinnen, rasch verdrängten. Sie illustriert, daß Frauen bereit waren, sich organisiert für ihre Interessen einzusetzen, obwohl die durch die Reichsgewerbeordnung garantierte Koalitionsfreiheit für sie faktisch durch das Preußische Vereinsgesetz außer Kraft gesetzt war.

Frauen in Arbeitskämpfen: Kampf gegen die Tabakfabrikordnung 1868 und Lohnstreik in der Schuhfabrikation 1871

Infolge des Vereinsrechtes blieb auch die gleichberechtigte Mitgliedschaft von Männern und Frauen in Gewerkschaften, die beide Fraktionen der Arbeiterbewegung in ihren Musterstatuten fixiert hatten, illusorisch. Trotzdem konnten die männliche Arbeiter in Arbeitskämpfen oft mit der Solidarität ihrer Kolleginnen rechnen.

Mit Streik reagierten männliche und weibliche Arbeiter im Februar 1868 in Berlin auf eine neue Fabrikordnung, die von mehreren Unternehmern gleichzeitig eingeführt wurde und verschiedene schikanöse Regelungen enthielt. Für Frauen gab es speziell die Vorschrift, nicht in Krinolinen oder weiten Röcken zur Arbeit zu erscheinen, um zu verhindern, daß gestohlener Tabak unter der Kleidung aus der Fabrik herausgeschmuggelt werden konnte.

Frauen aus anderen deutschen Städten schlugen energisch alle Angebote der Unternehmer aus, zu erhöhten Löhnen als Streikbrecherinnen zu arbeiten:

»Offenes Schreiben.
Herrn Cigarenfabrikant Ponath in Berlin

Auf Ihre Annonce...(betreffs Arbeiterinnen-Gesuch) machen wir Ihnen hiermit bekannt, daß wir Endesunterzeichnete es für entehrend halten, auf derartige Gesuche zu reflektieren. Glauben Sie vielleicht, daß wir keine Ehre haben, oder daß wir Weiber sind, mit denen sie spielen können, wie Sie wollen? Da sind Sie im Irrthum. Nehmen Sie auf ihr Gesuch das Folgende: Wir stehen für die Berliner Cigarrenarbeiter und ihre Sache mit Gut und Blut ein und werden sie in allen Fällen nach unseren Kräften unterstützen. Entsprechen Sie den gerechten Forderungen der Berliner Arbeiter, dann haben Sie es gewiß nicht nöthig, uns mit Ihren Gesuchen zu beehren.
Die Cigarrenarbeiterinnen in Delitzsch«[7]

Auch der Versuch, mehrere Hundert Tabakarbeiterinnen aus Wien anzuwerben, scheiterte, obwohl gerade die österreichischen Tabakmanufakturen wegen ihrer elenden Lohnverhältnisse berüchtigt waren.

Auch bei anderen Gelegenheiten registrierte die Presse der Arbeiterbewegung einigermaßen verblüfft die aktive Streikbeteiligung von Frauen:

»...mit Beschämung muß ich wohl sagen, daß die Fabrikarbeiterinnen verhältnißmäßig die Mehrzahl bilden... Die Mädchen sieht man mit herabhängenden blutrothen Mützen, Jakobinermützen, am Arm ihres Beschützers die Straßen der Stadt durchstreifen, freudig erregt vom Bewußtsein ihrer gerechten Sache.«[8]

Obwohl von der Unterstützung der Arbeiterinnen Erfolg oder Mißerfolg des Arbeitskampfes abhingen, mußten die Frauen auf Gegenleistungen ihrer Kollegen verzichten. So bemerkt der 'Social-Demokrat' mit Bedauern:

»Die Berliner Wickelmacherinnen, welche durch den Streik der Cigarrenarbeiter arbeitslos geworden sind, befinden sich in einer sehr bedrängten Lage, da die Berliner Cigarrenarbeiter bisher mit der Unterstützung ihrer feiernden Kollegen vollauf zu thun haben, ohne Kräfte und Mittel zur direkten Unterstützung der mit ihnen brodlos gewordenen Wickelmacherinnen übrig zu behalten, und da andererseits die noch in Arbeit stehenden Genossinnen der letzteren es in Folge der vom Polizei-Präsidium beliebten Auslegung des Versammlungsrechts nicht ermöglichen konnten, gleich den Cigarrenarbeitern die zu Gunsten der Feiernden nothwendigen Schritte in öffentlichen Versammlungen zu berathen.«

Einige Tage später konnte dieselbe Zeitung erleichtert mitteilen:

»Endlich aber hat sich der Gemeinsinn der arbeitenden Wickelmacherinnen mit Umgehung der öffentlichen Berathung Bahn gebrochen, man hat sich durch Circulare verständigt und, ..., seit dem letzten Sonnabend begonnen, regelmäßige Beisteuern für die durch den Strike außer Arbeit gerathenen Wickelmacherinnen zu zahlen.«[9]

Vermutlich entstand anläßlich dieses Streikes der 'Kranken- und Sterbekassenverein der Wickelmacherinnen' —

Warnung für jede Stepperin
sich in Begleitung ihres Ehegatten oder Bräutigams in die Strike-Versammlung zu wagen, indem sie auf Anregung einiger Schwachköpfe für ihr opferwilliges Scherflein noch unter dem Rufe „Raus!“ und mit blauen Augen das Lokal verlassen müssen.
Einigkeit macht stark?
Mehrere Stepperinnen.

Nicht zu übersehen!!
Alle Stepperinnen warne ich, sich nicht in Begleitung ihrer Herrn in ihre Versammlung zu bemühen, da sie doch rausgeschmissen werden.
Einigkeit macht stark.?

Berliner Arbeiterfrauen- und Mädchenverein.
Oeffentliche Versammlung
Freitag, den 2. Mai Abends 8 Uhr,
im Lokale des Herrn Lieber, Thorstr. 12.
Tages-Ordn.: Vortrag des Herrn Klinkhardt. — Verschiedenes und Fragekasten.
Neue Mitglieder werden aufgenommen. Der Vorstand.

Unserer Schwester Auguste Sommer zu ihrem heutigen Geburtstage die herzlichsten Glückwünsche; mag es Dir noch lange vergönnt sein, mit uns gemeinschaftlich zu kämpfen für die Menschenrechte.
Deine Schwestern Pauline und Louise.

Kleinanzeigen in sozialdemokratischen Tageszeitungen (Abb. 1) der Name wurde vermutlich mit Rücksicht auf das Vereinsrecht gewählt —, der zumindest bis Mitte der 70er Jahre seine regelmäßigen Versammlungen abhielt.

Mußten sich schon die Tabakarbeiterinnen mit der Gleichgültigkeit ihrer Kollegen abfinden, so scheinen drei Jahre später die Frauen bei einem Streik der Schuhmacher noch weit enttäuschendere Erfahrungen gemacht zu haben. Offensichtlich wollten sie sich an den Aktionen der Männer beteiligen, wurden aber — ohne die Rechtfertigung durch polizeiliche Eingriffe — ausgeschlossen und zum Teil sogar mit Gewalt von den Streikversammlungen entfernt. Ihrem Zorn machten die Arbeiterinnen in mehreren Zeitungsanzeigen Luft:

»Warnung für jede Stepperin sich in Begleitung ihres Ehegatten oder Bräutigams in die Strike-Versammlung zu wagen, indem sie auf Anregung einiger Schwachköpfe noch unter dem Rufe Raus! mit blauen Augen das Lokal verlassen müssen.

Einigkeit macht stark?

Mehrere Stepperinnen.«

Oder:

»Nicht zu übersehen!
Alle Stepperinnen warne ich, sich nicht in Begleitung ihrer Herren in die Versammlung zu bemühen, da sie doch rausgeschmissen werden.

Einigkeit macht stark?«[10]

Anscheinend haben auch diese Frauen nicht resigniert, sondern eine eigene Organisation gegründet, die ebenfalls bis Mitte der 70er Jahre regelmäßig zu ihren Versammlungen einlud. Der Verein der männlichen Schuhmacher wurde zu gemeinsamen Veranstaltungen aufgefordert; wie die Männer diesen Vorschlag aufnahmen, konnte nicht festgestellt werden.

In beiden Fällen wurden vermutlich die geschlechtsspezifische Diskriminierung der Frauen und das gespannte Verhältnis zu ihren männlichen Kollegen durch die unterschiedliche Qualifikation von männlichen und weiblichen Arbeitern verschärft: Die Männer waren als Cigarrenarbeiter oder Schuhmacher Facharbeiter bzw. Handwerksgesellen mit abgeschlossener mehrjähriger Lehre, während die Frauen als angelernte Wickelmacherinnen oder Stepperinnen arbeiteten.

Das Verhalten dieser Arbeiterinnen, ihr Engagement und ihre rasche Bereitschaft zur Organisierung, widerspricht jedenfalls den zahllosen Klagen späterer Gewerkschaftler und Sozialdemokraten über die Passivität und die unpolitische Haltung der Frauen wie z.B.:

»Die Frauen mögen von Organisation und Politik nichts wissen, sie 'verstehen' nichts davon und wollen nichts verstehen; für politische und gewerkschaftliche Versammlungen haben sie noch keinen Sinn, eher schon für eine Maifeier mit Musik und Tanz... Die Gabe des abstrakten Denkens scheint auch den Arbeiterfrauen versagt zu sein... Direkt feindlich aber werden die weiblichen Angehörigen bei einem ausbrechenden oder drohenden Streik.«[11]

Politisches Engagement in der Berliner Sozialdemokratie: Der Arbeiter- Frauen und -Mädchen-Verein von 1873

Einen weiteren Beleg für die hohe Organisationsbereitschaft von Frauen aus der Unterschicht liefern auch die Ende der 60er Jahre von linksliberalen Sozialpolitikern und Feministinnen gegründeten Frauenorganisationen wie der Berliner Arbeiterinnenverein und der Bildungsverein für Arbeiterinnen (seit 1872 vereinigt): die Zahlen ihrer Mitglieder und Versammlungsteilnehmerinnen sowie ihre zahlreichen Aktivitäten übertrafen die gleichzeitigen bürgerlichen Frauenvereine bei weitem. Allerdings beschränkten diese Vereine ihr Programm überwiegend auf Unterhaltungsveranstaltungen und Weiterbildungskurse. Als der Berliner Arbeiterinnenverein 1873 unter der Leitung Lina Morgensterns eindeutig Stellung gegen die Frauenarbeit in Fabriken nahm und sich damit der allgemeinen Diskriminierung der Fabrikarbeiterinnen anschloß, erschien im 'Neuen Social-Demokrat' folgende Annonce:

»Alle socialistisch gesinnten Frauen lade ich zu einer gemüthlichen Abendunterhaltung auf Dienstags, Abends 8 Uhr, in meiner Wohnung Pallisadenstr. 27b ein.

Frau Bertha Hahn.«[12]

Einige Wochen später meldete die Berliner Presse unter der Schlagzeile »Die Berliner Petroleusen organisieren sich«[13] die Gründung des sozialdemokratischen 'Berliner Arbeiter-Frauen- und -Mädchen-Vereins'.

Bei der konstituierenden Versammlung trugen sich über 70 Frauen als Mitglieder ein, ihre Zahl soll in den folgenden Wochen rasch angestiegen sein; für spätere Versammlungen werden Teilnehmer/innenzahlen von 4-600 angegeben. Dieser ersten sozialdemokratischen Frauenorganisation folgte im Sommer 1873 eine förmliche Gründungswelle in verschiedenen norddeutschen Städten: Hannover-Linden, Moabit, Brandenburg, Frankfurt, Hamburg, Barmen-Elberfeld, Altona und Finsterwalde, zum Teil unter direkter Beteiligung der Vorsitzenden des Berliner Vereins, Bertha Hahn und Pauline Staegemann.

Bei den Veranstaltungen kam es immer wieder zu Auseinandersetzungen mit der Polizei, in denen sich die Frauen mit Souveränität behaupteten, wie z.B. ein Bericht aus Brandenburg zeigt:

»Den 16. Mai hatte Frau Hahn eine öffentliche Versammlung einberufen, wozu auch Männer Zutritt haben sollten. Aber die Polizeibehörde in Brandenburg hatte bisher verboten, daß Männer in Arbeiter-Frauen- und Mädchen-Versammlungen anwesend seien. Die öffentliche Versammlung war außerordentlich gut besucht; 400-500 Frauen und eben so viel Männer waren anwesend. Frau Hahn referierte in gediegener Weise über den 7. Brief Cabet's,[14] die Lage der Frauen betreffend. Als die Rednerin gerade ausführte, daß, wenn die Männer zu schlaff in der Bewegung der Social-Demokratie seien, die Frauen eingreifen, ihre Männer anspornen sollten, am Wahltage zur Wahlurne zu gehen, um Arbeiterkandidaten ihre Stimme zu geben, inhibirte der überwachende Beamte die Versammlung. Mehrere Polizeibeamte mischten sich in das Gedränge, und wer nicht gleich zur Thür hinaus konnte, fühlte ihren Arm auf seinem Rücken. Frau Hahn machte den Polizeilieutenant darauf aufmerksam, daß nicht das arbeitende Volk hier

Störung mache, sondern die Beamten der Polizei die Schuld an etwaigen Vorkommnissen treffen würde; worauf der Polizeilieutenant denselben Instructionen ertheilte, in deren Folge Alles in größter Ruhe verlief. Dann forderte der wachhabende Beamte Frau Hahn auf, mitzukommen als Arrestant; der Vorstand der Frauen Brandenburgs wich nicht von ihrer Seite; sechs Frauen begleiteten Frau Hahn bis nach dem Rathhaus; die Menge des Volkes war höchstlich entrüstet. Als Frau Hahn auf dem Rathhause vernommen worden und ihre Legitimation zur Stelle war, entließ man sie jedoch, während die Volksmenge ein donnerndes Hoch auf den Arbeiter-Frauen- und Mädchen-Verein ausbrachte, welcher jetzt in Brandenburg wohl zur Blüthe kommen wird. Die Präsidentin, Frau Hahn, stimmte die Marseillaise[15] an, und zurück ging es zu ihrem Quartier, wobei die ganze Menge folgte...«[16]

Insgesamt sind Berichte über Entwicklung und Arbeit des 'Berliner Arbeiter-Frauen- und -Mädchen-Vereins' auch in den Arbeiterbewegungszeitungen rar, so daß seine Geschichte fast ausschließlich aus den kurzen Versammlungsankündigungen im Annoncenteil des 'Social-Demokrat' rekonstruiert werden muß. Möglicherweise erfolgte die Zurückhaltung der Presse aus Rücksicht auf den Frauen-Paragraphen des preußischen Vereinsgesetzes. Ausführlichere Berichte lieferte gelegentlich der 'Frauen-Anwalt', die Zeitschrift des Lette-Vereins; seine Artikel sind aber diktiert von dem ängstlichen Bemühen der bürgerliche Frauenbewegung, sich von allem 'sozialdemokratischem Unfug' zu distanzieren und diffamieren häufig die organisierten Arbeiterinnen.

Der Arbeiter-Frauen- und -Mädchen-Verein selbst beschränkte seine Vorsichtsmaßnahmen gegen polizeiliche Eingriffe auf formale Details, um die vereinsrechtlichen Bestimmungen zu umgehen: Vorträge mit eindeutig politischem Inhalt wurden nicht als Vereinsveranstaltungen, sondern als Berliner Arbeiterfrauenversammlungen angekündigt; bei regulären Vereinsversammlungen wurde darauf hingewiesen, daß begleitende Männer sich nur im Nebenzimmer aufhalten könnten. Abweichend von der Praxis der Männerorganisationen wurden nie die Titel von Vorträgen annonciert, sondern lediglich die Namen der Referentinnen oder Referenten — häufig bekannte lassalleanische Funktionäre. Für Information und Werbung war der Frauenverein also ausschließlich auf Mund-zu-Mund-Propaganda angewiesen.

Inhaltlich legten sich die Frauen allerdings weniger Zurückhaltung auf und ließen keinen Zweifel an ihrer politischen Zugehörigkeit zum Allgemeinen Deutschen Arbeiterverein. Das erste öffentliche Auftreten des Vereins war dem Andenken Ferdinand Lassalles gewidmet, um zu manifestieren, daß

> auch wir Frauen und Mädchen wissen, wer im gesetzlichen Körper für uns und gegen uns und gegen das Wohl des arbeitenden Volkes Gesetze macht.«[17]

Immer wieder wurden die Frauen aufgerufen, die Männer zu aktiver Arbeit und Wahlbeteiligung für die Sozialdemokratie anzuhalten. Ebensowenig machten die Frauen ein Hehl aus ihrer finanziellen und propagandistischen Unterstützung der Lassalleaner im Wahlkampf 1874.

Frauenspezifische Themen waren neben dieser parteipolitischen Agitation von nachrangiger Bedeutung: in der konstituierenden Versammlung grenzten sich die Arbeiterinnen scharf von Lina Morgenstern ab und forderten statt des Verbots der Fabrikarbeit gesetzliche Arbeitszeitbeschränkungen für Frauen. Einen weiteren Schwerpunkt legten sie auf die Mobilisierung von Dienstmädchen, als der — ebenfalls von Lina Morgenstern geleitete — Hausfrauenverein eine Petition und Unterschriftensammlung für eine Reform des Gesinderechts zugunsten der Hausfrauen (= Arbeitgeberinnen) in Umlauf gesetzt hatte.

Auffallend ist immer wieder die Unbekümmertheit, mit der sich die Frauen über polizeiliche Schikanen und juristische Verfolgungen hinwegsetzten: So fuhr auch nach wiederholten Hausdurchsuchungen die 21-jährige Vorsitzende des Brandenburger Vereins unverdrossen in ihrer politischen Tätigkeit fort, obwohl eine der 'Visitationen' in den frühen Morgenstunden stattfand, sie aus dem Schlaf aufgeschreckt und sogar die Kleider vor ihrem Bett durchsucht wurden, — eine für eine in den Moralvorstellungen des 19.

Jahrhunderts aufgewachsene Frau unmögliche Situation.

Auch von Verboten ließen sich die Frauen kaum beeindrucken: nachdem die Polizei im Juni 1874 dem Berliner Verein das Abhalten von Versammlungen vorläufig untersagt hatte, inserierten die Vorstandmitglieder Staegemann und Lachmund weitere Aufrufe zu öffentlichen 'Arbeiter-Frauen- und -Mädchen-Versammlungen', und selbst nach der gerichtlichen Bestätigung des Verbots lud Bertha Hahn weiter zu »Kränzchen, arrangiert von mehreren Frauen« ein.

Im April 1875 wurde der »verehelichten Maurer Staegemann, der verehelichten Arbeiter Hahn, der verehehlichten Kistenmacher Grundemann, der verehelichten Maurer Goris, der verehelichten Maurer Müller, der unverehelichten Müller, der verehelichten Maurer Schackow und der verwitweten Schuhmacher Nitze« der Prozeß gemacht. Frau Hahn bestritt mit »großer Zungengeläufigkeit« die Anklage, in dem sie ihre sozialistische Gesinnung zwar offen bekannte, aber gleichzeitig bestritt, daß der Verein jemals politische Gegenstände erörtert habe; trotzdem wurden die Frauen zu Geldstrafen verurteilt.

In der Literatur wird häufig behauptet, die lassalleanischen Männer hätten die Frauen nur für ihre Wahlkampf-Zwecke benutzt und schutz- und hilflos der gerichtlichen Verfolgung preisgegeben. Selbstbewußtsein und Schlagfertigkeit, mit der sich diese Frauen gegenüber Polizei und Justiz zu behaupten suchten, scheinen mir allerdings wenig zu ihrer Rolle als willenlose Instrumente männlicher Funktionäre zu passen, die — nebenbei bemerkt — ebenso von der Verfolgungs- und Verbotswelle erfaßt wurden, da die Bestimmungen des Vereinsgesetzes ausreichend Handhabe boten, auch die Männerorganisationen zu zerschlagen.

Vor allem dürfen die Frauenvereine nicht als isoliertes Einzelphänomen gesehen werden: anscheinend war die frühe Arbeiterbewegung noch keine so geschlossene männliche Gesellschaft wie die gleichzeitigen politischen Organisationen des Bürgertums: Frauen gehörten offensichtlich zur Leserschaft der sozialdemokratischen Zeitungen; dafür sprechen nicht nur gelegentliche Zuschriften von Frauen, sondern auch der hohe Anteil von Glückwunschanzeigen von und an Frauen im Annoncenteil, die sich häufig auf die gemeinsame politische Aufgabe beziehen, wie z.B.:

»Unserer Schwester Auguste Sommer zu ihrem heutigen Geburtstage die herzlichsten Glückwünsche; mag es Dir noch lange vergönnt sein, mit uns gemeinsam zu kämpfen für die Menschenrechte.

Deine Schwestern Pauline und Louise.«[18]

Pauline Staegemann (1838-1909), 2. Vorsitzende des Berliner Arbeiter-Frauen und Mädchen-Vereins (Abb. 2)

Weiter nahmen Arbeiterfrauen durchaus Anteil am Vereinsleben ihrer Väter, Brüder oder Ehemänner, während Bürgerfrauen allenfalls im privaten Rahmen an den politischen Interessen ihrer Männer partizipierten. Deutliches Indiz dafür sind die wiederholten Berichte über Arbeiterfrauenversammlungen, die beschlossen, »den Männern als Zeichen ihrer Zugehörigkeit zu den großen socialistischen Bestrebungen eine Fahne widmen zu wollen«. So trafen sich in Berlin vom Juni 1873 bis Mai 1874 die weiblichen Verwandten der Mitglieder des 'Berliner Putzerclubs' zur Anschaffung einer Fahne; im März 1873 fand ein »Damenkränzchen, arrangirt von Frauen und Jungfrauen des 'Berliner Akkordträger- und Bauarbeiter-Vereins'« statt, das ebenfalls zur Anfertigung einer Fahne institutionalisiert wurde. Fahnennähen oder -sticken bedeuten zwar keinen Bruch mit der konventionellen weiblichen Rolle, doch bewiesen die Arbeiterfrauen so ihre Sympathie oder Identifizierung mit der Sozialdemokratie. Außerdem waren diese 'harmlosen' Handlungen keineswegs risikolos, wie z.B. folgender Bericht zeigt:

»Am 10. August wurde dem Gesangverein Lassallia eine rothe Fahne überreicht, gewidmet von den Frauen und Jungfrauen... Als die Überreicherin der rothen Fahne den andern Tag zur Arbeit kommen wollte, bekam sie die Antwort, solche Leute könne er nicht mehr beschäftigen, sie hetze die andern Mädchen auf.«[19]

Im weiteren Verlauf des 19. Jahrhunderts büßten die Proletarierinnen anscheinend ihre Bereitschaft zu öffentlich-politischem Engagement ebenso ein wie ihr organisatorisches Potential; gleichzeitig verloren sie ihren Platz in den außerfamilialen Aktionsbereichen der Männer. Theoretische Identifikationsmodelle und organisatorische Angebote der Sozialdemokratie waren immer weniger mit dem weiblichen Lebenszusammenhang zu vereinbaren.

Diese bislang mehr erahnte als analysierte kulturelle und existentielle Differenz zwischen Männern und Frauen derselben sozialen Klasse wurde durch die Verbürgerlichung der Arbeiterschaft und Arbeiterbewegung vertieft, die in der Literatur zwar häufig beklagt, aber bislang nicht in ihren unterschiedlichen Auswirkungen für beide Geschlechter untersucht wurde.

Zunächst ist offensichtlich, daß mit der Übernahme bürgerlicher Familiennormen auch im Proletariat die geschlechtsspezifischen Rollenvorschriften akzeptiert wurden, die Frauen nicht nur in die vier Wände des trauten Heims verbannten, sondern auch auf jenen Katalog 'weiblicher' Eigenschaften festlegten — Passivität, Verletzbarkeit, Irrationalität —, der politisches Engagement erschwerte und offensives Auftreten ausschloß.

Es reicht aber nicht, die politische Abstinenz der Frauen einseitig mit den 'Defiziten' der Frauen — gleichgültig ob naturgegeben oder sozialisationsbedingt — zu erklären, ebenso maßgeblich für den Ausschluß des weiblichen Proletariats sind die veränderten Strukturen sozialen und politischen Protests. Verbürgerlichung bedeutete auch, daß die Aufspaltung in Privatsphäre und Öffentlichkeit von den Männern der Arbeiterklasse nachvollzogen wurde; Politik wurde ausschließlich dem Produktionssektor und der Öffentlichkeit zugeordnet. Die Sentimentalisierung des Heims hieß gleichzeitig Entpolitisierung des Reproduktionsbereichs. Damit wurde eine Tradition sozialen Protests der proto- und frühindustriellen Gesellschaft abgeschnitten, die sich bei Mangelkrisen in den Subsistenzunruhen manifestiert hatte und weitgehend von Frauen getragen worden war.

Der Hauptkonflikt des modernen Industriesystems, der Streik, war männlich, da er an die Fabrik und die Lohnarbeit geknüpft war, in der Frauen zunächst eine untergeordnete Rolle spielten. In Anpassung an die Rationalität der industriekapitalistischen Gesellschaft entwickelte die Arbeiterbewegung relativ komplexe Organisationsformen — Gewerkschaften, politische Interessengruppen, kooperative Gesellschaften und Bildungsinstitutionen. Sie wurden dem geregelten Tagesablauf der Männer, ihrem zeitlich fest umrissenen Arbeitstag und ihrer klar abgegrenzten, frei verfügbaren Freizeit gerecht und versetzten sie in die Lage, Löhne und Arbeitsbedingungen effektiv zu verteidigen. Für die Frauen, die überwiegend als Heimarbeiterinnen, Dienstboten oder in einer schwer erfaßbaren Grauzone von Dienstleistungen arbeiteten, hatte sich die Dissoziation von Erwerbs- und Familienleben nicht in gleichem Maße durchgesetzt; auch als Fabrikarbeiterinnen waren sie — ob verheiratet oder nicht — kaum in der Lage, über ihren Feierabend oder arbeitsfreien Sonntag selbst zu bestimmen. Außerdem garantierte die Erwerbstätigkeit der Frauen noch sehr viel weniger als die der Männer ein regelmäßiges Einkommen; Zeitungsabonnements und Mitgliedsbeiträge stellten für sie häufig unerschwingliche Ausgaben dar. Selbst wenn die Organisationen der Männer ihren Bedürfnissen gerecht geworden wären, schlossen ihre Lebensumstände eine kontinuierliche Beteiligung weitgehend aus.

. *Dienstmädchenversammlung in Berlin 1899 (Abb. 3)*

Anmerkungen

1 Vossische Zeitung, Nr. 277 vom 26.11.1867.
2 Vossische Zeitung, Nr. 9 vom 8.1.1868.
3 Volkszeitung, Nr. 23 vom 28.1.1868.
Laut Paragraph 8 des Preußischen Vereinsgesetzes von 1850 waren Frauen von Vereinen, »welche auf ihren Versammlungen politische Gegenstände zu erörtern bezwecken« ausgeschlossen. Ausgenommen waren de jure also Versammlungen, die von Einzelpersonen einberufen wurden. Die Definition des Begriffs 'Politisch' blieb den jeweiligen Polizeibehörden bzw. Gerichten überlassen.
4 Social-Demokrat, Nr. 16 vom 15.2.1868.
5 Ebda.
6 Social-Demokrat, Nr. 28 vom 4.3.1868
7 Social-Demokrat, Nr. 26 vom 27.2.1868.
8 Social-Demokrat, Nr. 68 vom 12.6.1868
9 Social-Demokrat, Nr. 26 vom 1.3.1868
10 Volkszeitung, Nr. 101 vom 2.5.1871
11 Sächsisches Volksblatt Januar 1900, zit.n. Antje Dertinger, Vom Kampf staatsgefährdender Frauenspersonen, Köln 1981, S. 27.
12 Neuer Social-Demokrat, Nr. 16 vom 7.2.1873.
13 Petroleusen war das Schimpfwort für die aktiv am Kampf zur Verteidigung der Pariser Commune beteiligten Frauen.
14 Etienne Cabet (1788-1856) frz. Frühsozialistin
15Marseillaise: Gemeint ist vermutlich die sog. Arbeiter-Marseillaise, das von Georg Herwegh erfaßte Bundeslied für den Allgemeinen Deutschen Arbeiterverein.
16 Neuer Social-Demokrat, Nr. 61 vom 30.5.1873
17 Neuer Social-Demokrat, Nr. 45 vom 18.3.1873.
18 Neuer Social-Demokrat, Nr. 55 vom 11.5.1873.
19 Neuer Social-Demokrat, Nr. 102 vom 5.9.1873.

Maya I. Fassmann

»Die Mutter der Volksküchen«

Lina Morgenstern und die jüdische Wohltätigkeit in Berlin

Lina Morgenstern war in der zweiten Hälfte des 19. Jahrhunderts eine der bekanntesten Berliner Frauengestalten. Im Volksmund hieß sie »die Suppenlina«, da sie Tausenden durch ihre Gründung der Berliner Volksküchen bekannt war. Sie veröffentlichte zahlreiche Kinder-, Jugend- und Frauenbücher, verfaßte eine Geschichte der deutschen Frauenbewegung und dokumentierte in ihrem dreibändigen Werk »Die Frauen des 19. Jahrhunderts« mehr als 250 Lebensgeschichten bedeutender Frauen. Ihr großes Organisationstalent stellte sie bei zahlreichen Vereinsgründungen unter Beweis. Mit ihrem Berliner Hausfrauenverein stand sie an der Spitze des Zentralvereins der deutschen Hausfrauenvereine, der mitgliederstärksten Fraktion der deutschen Frauenbewegung. Während sie hier einen konservativen Kurs steuerte, indem sie für die bestehende Haushalts- und Familienform eintrat, unterstützte sie in anderen Fällen die fortschrittlichen Kräfte: So gehörte sie dem von Gertrud Guillaume-Schack gegründeten »Deutschen Kulturbund zur Bekämpfung der Prostitution« an[1] und versuchte zusammen mit Minna Cauer, Lily Braun und Jeanette Schwerin die Spaltung der deutschen Fauenbewegung in einen bürgerlichen und einen proletarischen Flügel zu verhindern. Auch im Ausland machte sie sich durch die Einberufung eines Internationalen Frauenkongresses nach Berlin (1896) einen Namen.

Am 25. November 1830 wurde Lina Morgenstern in einer jüdischen Familie Breslaus geboren, in der Wohltätigkeit für Arme und Bedürftige Tradition hatte. Ihr Vater, der wohlhabende Fabrikant Albert Bauer, ließ aus patriarchalischer Fürsorge ein Wohnhaus für seine Arbeiter errichten; ihre Mutter

Fanny, Tochter des Krakauer Senators Jacob Adler, und ihre Schwestern versuchten, durch Unterricht einzelne »sittlich verwahrloste« arme Mädchen zu bessern.

Lina Bauer besuchte von ihrem 6. bis 15. Lebensjahr eine Höhere Mädchenschule. Bemerkenswert ist, daß sie in dieser Zeit durch den liberalen Rabbiner Dr. Abraham Geiger Religionsunterricht erhielt. Geiger wollte das Judentum von seiner »orientalisch-beschränkten Ansicht« gegenüber der Frau befreien. Die jüdische Eheschließung kritisierte er als »Kauf« und »Besitzaneignung«, die Befreiung der Frau von fast allen religiösen Pflichten hielt er für »unwürdig«[2]. Lina Morgenstern berichtet in dem weitgehend autobiographischen Werk: »Liebe und Leid. Novelle nach dem Leben« von ihren Zweifeln, ob sie der jüdischen Religion treu bleiben sollte. Sie entschied sich für das Judentum, das sie in ihrer »allgemeinen Menschenliebe« nicht behinderte. In ihrem literarisch verarbeiteten Tagebuch heißt es:

» Ich hänge nicht an Formen und Gebräuchen, frei will mein Geist das Geistige erfassen und die Kirchengenossenschaft, zu der ich mich bekenne, betracht' ich nur als einen größeren, weiteren Familienverband, zu dem ich und die Meinigen gehören, aber wahrlich, das soll mich niemals trennen von denen, die anders glauben wie ich. Mit dem heiteren, zuversichtlichen Gottesbewußtsein in mir sei meine Religion für's Leben Menschenliebe und nichts so sehr mein Feind als Heuchelei und Glaubenshaß!«[3]

Lina Morgenstern hielt sich in ihrem späteren Leben nicht an die rituellen Formen und Gebräuche des Judentums. Doch zählte sie sich zur jüdischen Gemeinde, sprach mit großer Pietät von ihrem Lehrer Abraham Geiger und veröffentlichte zusammen mit Immanuel Ritter ein Andachtsbuch für die israelitische Jugend.

Die neun Jahre von ihrer Schulentlassung bis zu ihrer Verheiratung im 24. Lebensjahr verbrachte Lina Morgenstern im Elternhaus. Da es für die Tochter eines reichen Fabrikanten nicht als standesgemäß galt, eine außerhäusliche Berufstätigkeit zu erlernen, mußte sie sich die häuslichen Arbeiten in der Küche, am Nähtisch und im Waschkeller mit ihren vier Schwestern teilen. Damit war sie, als junge intelligente Frau, natürlich nicht ausgelastet. So nahm sie Musikstunden, trieb autodidaktische Studien in Literatur- und Kunstgeschichte, lernte Sprachen, beschäftigte sich mit Naturwissenschaft und schließlich mit Astronomie. Sie neigte zur Sentimentalität, versank in Träumereien und verlor immer mehr den Bezug zum realen Leben. Als die Mutter ihre Studien und schriftstellerischen Versuche stark einschränkte und reglementierte, verlegte sie diese in die Nacht. Die Folgen waren Kränklichkeit, nervöse Störungen und starke Kurzsichtigkeit. Hinzu kam, daß ihre Eltern ihre Neigung zu dem armen jüdischen Kaufmann Theodor Morgenstern mißbilligten. Dieser stammte aus der polnischen Stadt Kalisch, die unter russischer Verwaltung stand. Da er als polnischer Patriot in der Gefahr schwebte, wie schon sein Bruder nach Sibirien verbannt zu werden, hatten ihn seine Eltern nach Breslau geschickt. Ihm zuliebe lernte die junge Frau Polnisch und gab später eine Übersetzung der religiösen Nationallieder Polens heraus.

Aus ihrem unbefriedigenden Leben als »höhere Tochter« rissen sie die Ereignisse der Revolution von 1848, die sie in Krakau erlebte. Die klassenversöhnende revolutionäre Begeisterung der polnischen Bevölkerung, in die auch Juden einbezogen wurden, lenkte sie von ihren individuellen Problemen ab. Sie begrub ihr »Ideal der Liebe« und setzte sich dafür das Ziel, das »Ideal der Freiheit« zu verwirklichen. Statt ihren Träumereien nachzuhängen, nahm sie Anteil an den aktuellen politischen Geschehnissen. Ab diesem Zeitpunkt suchte sie sich soziale Aufgaben. An ihrem 18. Geburtstag gründete sie mit Hilfe der Mutte den »Pfennigverein zur Unterstützung armer Schulkinder« in Breslau, der über 80 Jahre Bestand hatte. Im Jahr 1854 stimmten ihre Eltern endlich der Heirat mit Theodor Morgenstern zu. Daraufhin gab Lina Morgenstern die Leitung des Vereins ab und zog nach Berlin um, wo ihr Mann inzwischen einen Großhandel eröffnet hatte.

In der schnell wachsenden Großstadt Berlin betrug der jüdische Bevölkerungsanteil zwischen 3 und 4 Prozent. Für 1864 weist die Berliner Statistik bei einer Gesamtbevölkerung von 585.046 Personen 24.189 Juden nach. Ein Drittel von ihnen ist zum wohlhabenden Groß- und Mittelbürgertum zu rechnen. Vor allem reiche Juden waren nach der jüdischen Religion zur sozialen Fürsorge verpflichtet. Im Alten Testament heißt es:

Wenn ein Armer in deiner Mitte ist, so verhärte nicht dein Herz und verschließe nicht deine Hand vor deinem armen Bruder. Geben sollst du ihm wiederholt, und dein Herz sei nicht böse, wenn du ihm gibst« (Deut. 15,7 ff.)[4]

Es gab zwei Arten jüdischer Wohltätigkeit. Die erste wird durch das hebräische Wort »Zedaka« bezeichnet, das mit »Gerechtigkeit« übersetzt werden kann. Es meint »die pflichtmäßige Wohltätigkeit im Sinne ausgleichender sozialer Gerechtigkeit, die in der Hauptsache durch Hingabe von Vermögen... — im wesentlichen durch Geldspenden — ausgeübt wird«.[5] Die gläubigen Juden spendeten den 10. Teil ihres Einkommens für wohltätige Zwecke. Traditionell vermachten Juden in ihrem Testament einer jüdischen Körperschaft und einer christlichen Behörde eine namhafte Summe für gemeinnützige Zwecke. Da »Zedaka«-geben als ein Akt der Gerechtigkeit galt, brauchte sich — im Unterschied zum christlichen Almosenwesen — der Beschenkte nicht gedemütigt zu fühlen. Der Wohltäter vergab sich auch nichts, wenn er z.B. mit Armen an einem Tisch aß. Dieses Gebot der »Zedaka« war den Juden tief eingeprägt. Auch assimilierte und selbst getaufte Juden hielten an ihm fest.

Lina Morgenstern, die dem assimilierten Judentum zuzurechnen ist, ging noch über das Gebot der »Zedaka« hinaus. Als höhere Form der Wohltätigkeit galt nämlich der persönliche Einsatz in der Armenfürsorge, »Gemilut chessed« bezeichnet. Diese zweite Art der jüdischen Wohltätigkeit bestand nicht in Spenden, sondern »in der persönlichen Teilnahme an dem Schicksal des Notleidenden und in dem liebevollen Sichversenken in die Gemütsverfassung des Gedrückten und Verfolgten«[6]. Diese Art der Wohltätigkeit war das spezielle Tätigkeitsfeld jüdischer Frauen. Ansonsten vom öffentlichen jüdischen Gemeindeleben fast ganz ausgeschlossen, konnten sie doch in (jüdischen) Organisationen zur Unterstützung von Armen, Waisen, Alten, Kranken, Ortsfremden usw. mitarbeiten. Sogar einen Teil des Familieneinkommens konnten sie für wohltätige Zwecke beanspruchen. 1892 existierten in Berlin 48 israelitische Frauenvereine, die zum Teil auch nichtjüdische Menschen unterstützten. Angesichts dieser großen Bereitschaft zum sozialen Engagement ist es nicht verwunderlich, daß Lina Morgenstern später zahlreiche jüdische Geldgeber und freiwillige Helferinnen für ihre Unternehmungen fand.

Lina Morgenstern als Fünfzigjährige (Abb. 4)

Wie andere frühe Frauenrechtlerinnen, etwa Johanna und Henriette Goldschmidt, wurde Lina Morgenstern erst durch die Kenntnis von Friedrich Fröbels Werken angeregt, mit sozialer Arbeit an die Öffentlichkeit zu treten. Bei der Erziehung ihrer fünf heranwachsenden Kinder lernte sie seine Idee des Kindergartens kennen. Das Studium seiner Schriften prägte ihre Einstellung zur Frauenfrage. Nach Fröbel hatte die Frau die Zukunft des menschlichen Geschlechts in der Hand, da sie die sechs ersten entscheidenden Lebensjahre des Kindes gestaltete. Jedes Mädchen sollte folglich eine Ausbildung als Erzieherin erhalten. Er meinte:

»Es ist das Charakteristische der Zeit, das weibliche Geschlecht seiner instinktiven, passiven Tätigkeit als Glied der Menschheit zu entheben und es von Seiten seines Wesens und seiner menschheitspflegenden Bestimmung ganz zu derselben Berechtigung wie das männliche Geschlecht zu erheben«[7].

Lina Morgenstern war der festen Überzeugung, daß Ehe und Mutterschaft der natürliche Beruf der Frau seien. In allen Bereichen der »Mütterlichkeit« sollten die Frauen sich vervollkommnen: in der Hauswirtschaft, der Kindererziehung und in der Krankenpflege. Die neuen Frauenbestrebungen akzeptierte sie nur unter der Voraussetzung, daß das »Familienleben der fundamentale Boden« der Frau bleibe[8]. Auch ihre eigenen drei Töchter, die alle einen künstlerischen Beruf anstrebten, ließ sie eine Ausbildung zur Kindergärtnerin absolvieren.

Fröbel betrachtete das Kind als eine heranwachsende Pflanze, die durch sorgsame Pflege in all ihren Anlagen zur Entfaltung gebracht werden müsse. Im Gegensatz zu den bis dahin verbreiteten »Kinderbewahranstalten«, in denen Kinder der handarbeitenden Klassen ganztägig abgegeben werden konnten, um die Mütter zum Erwerb freizustellen, sollten in den Kindergärten Kinder aller Klassen durch angeleitetes Spiel, Musik und Handarbeiten in einer Art Vorschule gefördert werden. Fröbel wollte zwar das religiöse Empfinden der Kinder wecken, doch noch jede konfessionelle Prägung vermeiden. Evangelische, katholische und jüdische Kinder sollten gemeinsam wie in einer großen Familie heranwachsen. Dieser Aspekt erweckte das Mißtrauen des preußischen Kultusministers Raumer, der daraufhin die Kindergärten als Teil des »Fröbelsche(n) sozialistische(n) System(s), das auf Heranbildung der Jugend zum Atheismus berechnet«[9] sei, verbot. Lina Morgenstern und andere liberal gesinnte Juden begeisterten sich jedoch weiterhin für die Idee des Kindergartens. Sie sahen hier eine Möglichkeit, die sozialen und religiösen Spannungen innerhalb der Gesellschaft zu vermindern. Noch vor der Aufhebung des Kindergartenverbots im Jahr 1860 trat Lina Morgenstern dem »Frauenverein zur Förderung der Fröbelschen Kindergärten« bei, bis 1866 war sie seine Vorsitzende. Bereits 1862 schuf sie das Kinderpflegerinnen-Institut, in dem auch Mädchen aus den unteren Volksschichten ausgebildet wurden. Da nur wohlhabende Familien die Kindergartengebühren aufbringen konnten, richteten jüdische Kreise einige durch Spenden finanzierte Kindergärten ein. Seit 1863 existierte der jüdische »Verein für Volkskindergärten im Osten Berlins«, der kostenlos Kinder betreute.

Finanzielle Schwierigkeiten ihres Mannes infolge verlorener Bürgschaften veranlaßten Lina Morgenstern, auf ihr schriftstellerisches Talent zurückzugreifen. Da Fröbels Schriften schwer zugänglich waren, verfaßte sie 1861 ein Handbuch der Fröbelschen Lehre, das Seminaren für Kindergärtnerinnen im In- und Ausland als Leitfaden diente. »Das Paradies der Kindheit« erlebte bis 1905 sieben Auflagen und wurde ein großer buchhändlerischer Erfolg. Sie schrieb weitere Werke für den Kindergarten sowie Kinder- und Märchenbücher. Diese halten sich streng an das traditionelle Rollenschema für Mädchen und Jungen und spiegeln soziale Harmonie durch Wohltätigkeit der Reichen.

Populär wurde Lina Morgenstern durch die Gründung der Berliner Volksküchen im Jahr 1866. Den äußeren Anlaß bildete die Verknappung und Verteuerung der Lebensmittel, als sich der Krieg zwischen Preußen und Österreich abzeichnete. Bislang wurden in Notzeiten Suppenküchen errichtet. Diese gingen auf den amerikanischen Philanthropen Benjamin Thompson, Graf von Rumford, zurück, der Ende des 18. Jahrhunderts das Münchner Armenwesen reformiert hatte. Aus Beobachtungen bei der Schweine- und Rindviehmast entwickelte er ein Rezept zur Herstellung einer möglichst billigen Armenkost. Diese sogenannte »Rumfordsuppe« bestand aus viel Wasser, in dem ein kleines Quantum Gerstengraupen, Erbsen, Kartoffeln, Weinessig und Salz gekocht wurde. Dazu gab es altbackenes hartes Brot, um »die Dauer des Genusses beym Essen« zu verlängern[10]. Das Geheimnis ihrer Nahrhaftigkeit sah der Graf in der mehrstündigen Kochzeit der Suppe. Er vermutete, daß sich das Wasser beim Kochen zersetze und einen »Reichtum an nährendem Stoff«[11] abgebe. Die bei der armen Bevölkerung äußerst unbeliebten Suppenküchen waren reine Almosenanstalten, die durch Zuschüsse der Gemeinde erhalten wurden.

Lina Morgensterns Volksküchen dagegen sollten mit dem Almosenwesen nichts zu tun haben. Sie griff als erste Frau die von Hermann Schulze-Delitzsch entwickelte Idee der Konsumgenossenschaft auf. Gestützt auf billige Großeinkäufe und ehrenamtliche Arbeit konnten die Volksküchen Mahlzeiten zum Selbstkostenpreis abgeben. Da die Konsumenten das Essen bezahlten, trugen sich die Küchen selbst. Nur die Grundeinrichtung mußte durch Spenden wohlhabender Bürger finanziert werden. Damit wurde auch das Ehrgefühl der Konsumenten nicht verletzt. Als ferne Utopie deutete Lina Morgenstern die Möglichkeit an, daß Vertreter der Arbeiterklasse das genossenschaftliche Unternehmen selbst führen könnten.

Die Begründerin der Berliner Volksküchen war eine Praktikerin. In der »sozialen Frage« sah sie in ersten Linie eine »Brot- und Magenfrage«. Die soziale Wohltätigkeit der besitzenden Stände hielt sie für den besten Weg zur Überbrückung der Klassengegensätze. In ihrem »Hilfsbuch zur Gründung, Leitung und Controle von Volksküchen« schreibt sie:

»Es ist besser zur Befriedigung der Lebensbedürfnisse des Unbemittelten beizutragen, als seine Unzufriedenheit aufzustacheln, es ist besser, daß sich die verschiedenen Stände brüderlich die

Hand reichen zur sozialen Hilfe, als durch Agitation des Klassenhasses die Kluft zu erweitern.«[12]

Zugleich sah sie hier den geeigneten Weg für Frauen, ihr außerhäusliches Wirkungsfeld zu erweitern: Sie sollten durch ehrenamtlichen Dienst auf dem Gebiet der Hauswirtschaft in das der Volkswirtschaft treten.

Bis zur Eröffnung der ersten Volksküchen war es allerdings ein weiter Weg. Zunächst wurde sie vom Chefredakteur der Vossischen Zeitung belehrt, daß ihr Aufruf zur Gründung von Volksküchen keinen Erfolg haben werde, wenn ihn nicht einflußreiche Männer und Frauen unterstützten. Nach vielen vergeblichen Versuchen, bekannte Politiker für ihr Projekt zu gewinnen, wandte sie sich an Joseph Lehmann, den Herausgeber des »Magazins für die Literatur des Auslands«. Lehmann, einst auf Fürsprache Alexander von Humboldts einer der wenigen jüdischen Beamten Preußens, war aufgrund seiner liberalen Ansichten aus dem Staatsdienst entlassen worden. Er förderte zahlreiche soziale und wissenschaftliche Vereinigungen, auch den im Februar 1866 gegründeten »Verein zur Förderung der Erwerbsfähigkeit des weiblichen Geschlechtes«, den späteren »Lette Verein«. Er ebnete Lina Morgenstern den Weg zu weiteren einflußreichen Persönlichkeiten des liberalen Bürgertums, die durch private Initiative die städtische Armenfürsorge verbessern wollten. Sie fand die Unterstützung von Adolf Lette und Professor von Holtzendorff, beide Förderer der Frauenerwerbsarbeit; von Franz Duncker, dem späteren Mitbegründer der national-liberalen Gewerkvereine; von Rudolf Virchow, dem berühmten Pathologen und Gründer der Fortschrittspartei. Insgesamt 16 Frauen, darunter zahlreiche Jüdinnen, und 25 Männer aus der Stadtverwaltung, Politik, Publizistik, Industrie und aus dem medizinischen Sektor unterzeichneten den Gründungsaufruf. Anfang Juni 1866 konstituierte sich der Verein der Berliner Volksküchen. Lina Morgensterns Spendenaufruf vom 8. Juni erbrachte ein Gründungskapital von mehr als 13.000 Mark.

Die Vereinsstatuten spiegelten die Aufgabenverteilung

innerhalb einer bürgerlichen Familien wider: die Repräsentation nach außen, die Überwachung der Finanzen und der technischen Einrichtungen, insgesamt 7 Posten, waren den Männern vorbehalten. Einen dieser Posten übernahm Theodor Morgenstern, der von nun an bei allen Unternehmungen seiner Frau mitarbeitete. Nur zwei Frauen waren ständige Miglieder des Zentralvorstands: Lina Morgenstern als Vorsitzende der Küchenvorstände, Johanna Lehmann als ihre Stellvertreterin. Zu den Sitzungen des Zentralvorstands wurden jeweils vier Küchenvorsteherinnen mit vollem Stimmrecht hinzugezogen. So konnten in Streitfällen die männlichen Vereinsmitglieder ihre Kolleginnen überstimmen.

Das Verhältnis der ehrenamtlich arbeitenden Küchenvorsteherinnen zu dem bezahlten Küchenpersonal entsprach der Beziehung zwischen einer wohlhabenden Hausfrau und ihrem weiblichen Dienstpersonal. Die Vorsteherin legte die Speisenfolge einer Woche fest und erschien einmal täglich in der Küche, um die Wirtschafterin, die Köchin, Hilfskräfte und Markenverkäuferin zu kontrollieren.

Als Ende Juni die beauftragten Herren des Vorstands keine Volksküche eröffnen konnten und stattdessen aus Angst vor der ausbrechenden Cholera Berlin verlassen wollten, holte sich Lina Morgenstern vom 1. Vorstand die Erlaubnis, innerhalb von drei Tagen die erste Volksküche einzurichten. Die Bewilligung erhielt sie mit dem Kommentar: »Was die Männer bis jetzt nicht vermochten, (wird○ eine Frau nicht in drei Tagen vollbringen«[13]. Doch Lina Morgenstern setzte alle Hebel in Bewegung und stellte am 7. Juli ihre erste Volksküche in einem Lokal der städtischen Armenspeisung vor. Bereits am ersten Tag wurden 100 Portionen an Bedürftige verkauft, die das Essen zu Hause verzehren sollten. Die Essensausgabe in großen Speisesälen wagte man noch nicht, da man meinte, dort das gemischte Publikum nicht im Zaum halten zu können. Wie vor einem unberechenbaren Tier fürchtete sich das Bürgertum vor der »Zusammenrottung« und den »Ausschreitungen« hungernder Menschen, war es doch erst am 4. Juli zu Arbeiterunruhen vor dem Rathaus gekommen.

Bis Ende 1868 hatte Lina Morgenstern 10 Volksküchen eingerichtet. In jenem Jahr verkauften diese 699.701 Portionen zu 25 Pf und 1399091 halbe Portionen zu 15 Pf. Damit versorgten sie nahezu 1 Prozent der städtischen Bevölkerung. Die Berliner Statistik zeigt, daß gegen Monatsende immer mehr Personen die Volksküchen benutzten und sich immer mehr Konsumenten mit einer halben Portion begnügen mußten. Die Not brachte sie dazu, die Volksküchen aufzusuchen. Das Unternehmen weitete sich noch aus. Bis in die neunziger Jahre bestanden fünfzehn, an verkehrsreichen Straßen gelegene Volksküchen, die inzwischen auch für Frauen und Männer getrennte Speiseräume anboten. Gegen den anfänglichen Widerstand Lina Morgensterns wurden auch zwei für Frauen reservierte Volksküchen eingerichtet. Nach den Prinzipien des Berliner Vokksküchenvereins richteten orthodoxe jüdische Gemeindemitglieder eine israelitische Volksküche ein, in der täglich an etwa 360 traditionsverhaftete, arme Juden koscheres Essen verkauft wurde.

Bei der Gründung der Volksküchen hatte Lina Morgenstern in erster Linie das Elend der Fabrikarbeiter vor Augen. Da es noch keine Fabrikmenagen, Kaffeehallen und Kantinen gab, mußten Familienangehörige mittags oft von weither warme Mahlzeiten herbeitragen. Alleinstehende Arbeiter suchten die billigen Garküchen auf, die durch stark gewürztes Essen zum Bier- und Branntweingenuß verleiteten. Arbeiterfrauen hatten keine Zeit, kein Geld und zu wenig Kenntnisse, um nahrhafte Gerichte herzustellen. So ernährten sich die Arbeiter in der Regel von Kartoffeln, Roggenbrot, Zichorienkaffee, Magerkäse, Wurstzipfeln, Mehlsuppen und Bier. Lina Morgenstern dagegen wollte den Besuchern der Volksküchen sättigende Eintopfgerichte aus eiweißhaltigen Hülsenfrüchten mit Fleischbeilage bieten. Sie hoffte, damit die Arbeitstüchtigkeit und Erwerbsfähigkeit der Arbeiter zu erhöhen und Hilfe zur Selbsthilfe geben zu können.

Während für die Suppenküchen zur Aufrechterhaltung von Ruhe und Ordnung zwei Männer von der Polizeiwache abgeordnet waren, glaubte Lina Morgenstern, in den Volksküchen durch feinere Mittel die Disziplin aufrecht erhalten zu können. Schrifttafeln am Eingang der zunächst in Kellerräumen gelegenen Volksküchen machten auf die Hausordnung aufmerksam. Auf ihnen stand:

»Kopfbedeckung ab!
Keine laute Unterhaltung!
Nicht rauchen!
Nach dem Essen kein Aufenthalt!«[14]

Die letzte Aufforderung richtete sich unter anderem an die Arbeiter, die nach dem Essen gerne noch Karten spielten. Doch zeigte sich, daß die Arbeiter, wenn möglich, die Lokale der Volksküchen mieden. Sobald sie besser verdienten, etwa zur Zeit der wirtschaftlichen Hochkonjunktur in den Gründerjahren, ging der Besuch der Volksküchen spürbar zurück. Die Stammgäste dagegen kamen zum großen Teil aus dem Kleinbürgertum. Es waren

»Handwerker, kleine Beamte, Soldaten, Commis, Dienstmänner, selbst einige Studenten, Frauen und Mädchen aus dem Arbeiterstande, aus Geschäften und Fabriken, Lehrerinnen, ganze Familien mit Kindern und Kinder allein, welche die in andern Stadtteilen arbeitenden Eltern hier abonniert hatten... und ein verarmter Baron«[15]

Die männlichen Fabrikarbeiter, für die Lina Morgenstern ursprünglich die Volksküchen eingerichtet hatte, kamen nur ungern. Dies lag nicht am Preis der Essensportionen. Für eine arme Familie mit einem Jahreseinkommen von 900 bis 1200 Mark, die 62% des Einkommens für Nahrungsmittel aufwenden mußte, war es günstig, in den Volksküchen zu essen. Eine halbe Portion zu 15 Pf. bestand aus einem 3/4 l gekochten Gemüse mit 25 g Fleisch oder Fisch. Die ganze Portion, 1 l gekochtes Gemüse mit 3 Stücken Fleisch oder Fisch à 75 g, war für 25 Pf. zu erhalten. Abends gab es einen Napf Suppe für 6 Pf. oder Bratkartoffeln mit Hering zu 15 Pf.; eine Scheibe Brot mit Schmalz war schon für 3 Pf. zu bekommen. Als Getränke wurden Milch, Kakao, Kaffee und Bierkaltschale für 5 Pf. ausgegeben. Es lag auch nicht an der Art der Gerichte, daß die Arbeiterschaft die Volksküchen ablehnte. Lina Morgenstern hatte selbst über 80 Rezepte für die Großküchen entwickelt. Dabei versuchte sie, die neuesten Erkenntnisse der Ernährungslehre umzusetzen und zugleich den Geschmack des Berliner Publikums zu treffen. Viele Gerichte bestanden aus Kartoffeln und Fleisch. Es gab aber auch Zusammenstellungen von Erbsen, weißen Bohnen, Linsen, Kohl, Graupen und Buchweizengrütze mit Speck, Rind- oder Schweinefleisch. Als Süßspeisen gab es z.B.: »Hefenklösse mit Pflaumenmussauce«. Kurios erscheint die Kombination von süßem Milchreis, Hirsebrei oder Buchweizengrütze mit Zucker und Zimt und Würstchen, Klopsen oder Pökelfleisch. Hier handelte es sich nicht um Gerichte der »bürgerlichen Küche«, das waren die »Kombinationen des Volkes«, auf die Lina Morgenstern in den Volksküchen Rücksicht nahm.

Die Arbeiter mieden die Volksküchen, da ihnen die Tendenz des bürgerlichen Trägervereins mißfiel. Diese äußerte sich z.B. in den Sprüchen, mit denen Lina Morgenstern die Wände der Speiselokale dekorieren ließ. So konnte ein ausgelaugter Arbeiter, der täglich 12 Stunden arbeiten mußte, lesen:

»Die Arbeit macht gesund und frisch,
Sie würzt das Leben und den Tisch.«[16]

Weitere Sprüche priesen bürgerliche Tugenden wie Ordnungsliebe, Pflichterfüllung, Mäßigkeit, Ehrlichkeit und Sparsamkeit. Die Konsumenten der Eintopfgerichte sollten mit Blick auf die göttliche Ordnung und Gerechtigkeit mit ihrem Schicksal versöhnt werden. Der Spruch Nr. 18 lautete:

Der Eine arm, der Andere reich;
Vor Gott sind alle Menschen gleich.

Als Fabrikantentochter aus dem liberalen Lager mahnte Lina Morgenstern zur Besonnenheit. Der Volksküchenbesucher sollte sich ein individuelles Urteil bilden und sich von Massendemonstrationen und Streiks fernhalten. Das versuchte sie im 35. ihrer über 50 Sinnsprüche zu vermitteln:

Bewahre Dir ein eignes Urteil,
Und stimm' aus Feigheit niemals ein,
Wenn auch die Massen dich umschrein,
Dann wirst Du Thorheit nie bereu'n.

Der 1896 unternommene Versuch, das Essen mit geheizten Transportwagen direkt in die Fabriken zu liefern, scheiterte. Die Arbeiter verlangten die Entfernung des Firmenschildes »Verein der Berliner Volksküchen 1866« vom Transportwagen, »da sie aus keiner Wohlfahrtsanstalt Speisen kaufen woll(t)en«[17]. Die Sozialdemokraten appellierten in ihren Versammlungen an das Klassenbewußtsein der Arbeiter und warnten vor den Volksküchen, die sie als »bürgerliches Versöhnungsmittel« bezeichneten[18].

Diese Einstellung der Arbeiterschaft war berechtigt. Zwar hatte das Unternehmen der Volksküchen keine Beziehung zum Almosenwesen, da sich die 15 Speiselokale durch ihren Umsatz selbst erhalten mußten, doch war es bürgerliche Wohltätigkeit, wenn reiche Herren und Damen durch fortwährende ehrenamtliche Arbeit die Organisation der Volksküchen übernahmen. Ihr erklärtes Ziel war es auch, durch »die Befriedigung der Lebensbedürfnisse«, durch »soziale Hilfe« die Spannungen zwischen den Besitzenden und dem Proletariat zu mindern, nicht etwa durch ein gerechtes Lohnsystem den Lebensstandard der Arbeiter zu heben.

Unbezahlte Arbeit leisteten auch die sogenannten »Ehrendamen«, die für die Aufrechterhaltung der Disziplin in den Speiselokalen verantwortlich waren. Dies waren Frauen und Mädchen aus den besitzenden Ständen, denen außerhäusliche bezahlte Arbeit mit Rücksicht auf die gesellschaftlichen Normen nicht gestattet war. Doch ehrenamtliche Wohlfahrtsarbeit war nach christlichen wie jüdischen Gesellschaftsregeln erlaubt und dies um so mehr, als sie auf dem »ureigensten Gebiet« der Frau, in der Küche, stattfand. Für jede Volksküche waren täglich — auch sonntags — zwischen 11 und 14 Uhr und zwischen 18 und 20 Uhr Ehrendamen eingeteilt, die das von der Köchin in Speisenäpfe abgefüllte Essen an das Publikum ausgaben. Lina Morgenstern hebt hervor, daß sich diese Frauen ohne

Unterschied des Standes, der Konfession, der politischen Gesinnung und der Vermögensverhältnisse zur Verfügung stellten,

»um jedem mit gefälliger Hand und freundlichem Blick das Mittagsmahl zu reichen, dem nicht am häuslichen Herd der Tisch gedeckt ist! Und diese Mithilfe edler Frauen und Jungfrauen hat das Publikum in den Volksküchen stets sittlich beeinflußt, daß es sich im allgemeinen durch anständiges Verhalten auszeichnet(e)«.[19]

Die Anwesenheit der Frauen aus dem gutsituierten Bürgertum sollte die Speiselokale aufwerten, die »undisziplinierten Elemente« des Publikums in Schach halten und damit auch Frauen den Besuch der Volksküchen ermöglichen. Es war folglich eher ein ideeller Wert, ihre auf Kleidung, Benehmen und einem Abzeichen des Volksküchenvereins gestützte Autorität, durch den die »Ehrendamen« zum Bestand der Volksküchen beitrugen. Ihre eigentliche Arbeit, die Ausgabe von Essensnäpfen, das Einsammeln und Abzählen der Speisemarken, hätte leicht eine bezahlte Hilfskraft übernehmen können.

Für die ersten 25 Jahre des Berliner Volksküchenvereins nennt Lina Morgenstern in ihrer Festschrift über 1000 Namen vorwiegend jüdischer Ehrendamen, etwa Frl. Rosenthal I und Frl. Rosenthal II, Frl. Cäcilie Sachs, Fr. Dr. Sachs, Fr. Professor Hörmann, Fr. Assessor Löwenfeld, Frau Dr. Henriette und Elise Abarbanell, beide nahe Verwandte Jeanette Schwerins. Es waren Frauen aus dem Bildungsbürgertum, oft Arztgattinnen mit ihren Töchtern, die als Ehrendamen arbeiteten. Sie kamen in einer Weise mit »dem Volk« in Berührung, wie dies in der herkömmlichen Wohltätigkeit, durch Spenden, Bazare und gelegentliche Armenbesuche, nicht geschehen konnte. Helene Lange würdigte daher die Volksküchen als »Schule sozialer Erkenntnis«[20]. Da sich die Frauen hier bewährten, bewiesen sie, daß sie auch bisher Männern vorbehaltene Posten in der städtischen Armenverwaltung ausfüllen könnten.[21]

Der Verein der Berliner Volksküchen fand das Wohlwollen der Königin Augusta. Seit 1867 stand der Verein unter ihrem Protektorat. Mehr als zehn Mal erschien sie mit ih-

1866 · 1891.

FESTSCHRIFT

FÜNFUNDZWANZIGJÄHRIGEN JUBILÄUM

DES VEREINS DER BERLINER VOLKSKÜCHEN VON 1866.

IM AUFTRAGE DES VORSTANDES

VERFASST VON

LINA MORGENSTERN.

Mit einem Kapitel

„Über den Nährwert der Volksküchen-Speisen"

von

SAN.-RAT Dr. BLASCHKO.

BERLIN,

am Stiftungstage,

den 6. Juni 1891.

Titelblatt der Festschrift zum 25jährigen Jubiläum des Vereins der Berliner Volksküchen 1891 (Abb. 5) rem Gefolge in den Volksküchen, einmal besuchte sie sogar das jüdische Speiselokal. Sie stiftete Prämien für eine drei-, fünf- und zehnjährige Dienstzeit in den Küchen; in den 22 Jahren ihres Protektorats gab sie 26.700 Mark für die Krankenkasse, den Pensionsfond und die Unterstützungskasse des Vereins. Lange vor der Sozialgesetzgebung des Staates sicherte dieser Verein seine Arbeiterinnen und Angestellten gegen krankheits- oder altersbedingte Arbeitsunfähigkeit ab. Er hatte mit den in Aussicht gestellten Belohnungen für langjährigen Dienst und die gesicherte Altersversorgung allerdings auch ein wirksames Disziplinierungsmittel für das Küchenpersonal gefunden.

In mehr als 30 Städten wurden nach dem Berliner Vorbild Volksküchen errichtet, so in Hamburg durch Henriette Salomon, in Breslau druch Dr. Siegmund Asch, in Wien durch Lina Morgensterns Schwester Cäcilie Adler, in Stockholm durch ihre Tochter Clara. Auch Gemeinden und gemeinnützige Vereine, z.B. Ortsgruppen des vaterländischen Frauenvereins und des Roten Kreuzes, gründeten Volksküchen. Doch Lina Morgensterns Speisekokale gehörten zu den erfolgreichsten Unternehmungen auf dem Gebiet bürgerlicher Wohltätigkeit. Auf Kochkunstausstellungen in Brüssel, Amsterdam und Hamburg wurden die Berliner Volksküchen mit Preisen bedacht. 1883 erhielten sie die Goldmedaille auf der Ausstellung für Hygiene und Rettungswesen in Berlin.

Diese öffentliche Anerkennung lenkte auch die Aufmerksamkeit der Antisemiten auf Lina Morgensterns Unternehmen. Ihnen war die jüdische Wohltätigkeit ein Dorn im Auge. Sie bemäkelten, daß ein großer Teil des Gründungskapitals durch jüdische Spender, etwa durch Bismarcks Bankier Gerson von Bleichröder, zusammengekommen sei. Sie kritisierten, daß zahlreiche Jüdinnen als Ehrendamen in den Lokalen arbeiteten. Der Antisemit Carl Paasch klagte:

»Weshalb ist es denn notwendig, daß gerade eine Jüdin (Lina Morgenstern) dieses Geschäft der Volksküche betreiben muß; warum können es nicht Deutsche tun; muß denn alles Juden überlassen werden?«[22]

Er argwöhnte, daß viele Beamtenstellen an die »Günstlinge der Volksküchen und Wohltätigkeitsheldinnen« vergeben würden. Lina Morgenstern mußte sich bei ihren weiteren Vereinsgründungen fast immer mit gehässigen antisemitischen Angriffen auseinandersetzen.

Mitte Juli 1870 nahm das preußische Proviantamt Lina Morgensterns Angebot an, die Verpflegung der nach Frankreich ausrückenden Truppen auf den ost- und niederschlesischen Bahnhöfen zu übernehmen. In kürzester Zeit verwandelte sie einen Güterschuppen in eine Speisehalle für 2.000 Männer. Große eiserne Kochherde besorgte sie sich aus der ehemaligen Armenküche des erfolgreichen jüdischen Spekulanten und Eisenbahndirektors Dr. Strous berg. Unter Lina und Theodor Morgensterns Leitung wurde ein »Erfrischungscomité« eingerichtet. Fast 90 bewährte Mitarbeiterinnen des Volksküchenvereins und 15 Herren stellten sich zur Verfügung. Der Vaterländische Frauenverein der Gräfin von Itzenplitz, der Deutsche Hilfsverein und zahlreiche private Spender unterstützten ihr Unternehmen, so daß sie jedem Soldaten mehr als das mit dem Proviantamt vereinbarte Quantum geben konnte: einen 3/4 Liter Kaffee, 21 Lot Gemüse mit 1/4 Pfund Fleisch, 1 Stück Brot, 1 Gläschen Branntwein oder 1 Seidel Bier und eine Zigarre.

Ferner richtete sie eine Feldpost, ein photographisches Atelier und eine Feldapotheke ein. Vom 22. Juli bis 2. August wurden 59.000 Soldaten verpflegt. Die Frauen des Erfrischungscomités verbrachten Tag und Nacht auf den Bahnhöfen. Zwischen der Ankunft der Truppentransporte schliefen sie in der Kleiderkammer oder in den Salonwagen, notfalls auch auf den Erbsensäcken der Vorratskammer. Nach dem 6. August kamen Verwundete, vor allem in Gefangenschaft geratene Franzosen, an. In den ersten Gefechten hatten die Franzosen aus ihren Kolonien rekrutierte Truppen eingesetzt. Mit einem »Gemisch aus Neugierde, Abscheu und Mitleid« betrachteten die Frauen des Erfrischungscomités die »Turcos, Araber, Zuaven und Zephire«, die auf den Berliner Bahnhöfen eintrafen.[23] Den Gerüchten zufolge töteten die verletzen Turkos jeden, der ihnen helfen wollte. Die Berlinerinnen überwanden jedoch ihre Angst und ihren Ekel vor den schrecklich Verwundeten und halfen, wo sie konnten. Da staatlicherseits kein Lazarett eingerichtet wurde, baten sie zwei Ärzte um Beistand. Sie selbst machten sich mit einem Schwamm, mit Zinksalbe, Heftpflaster und Scharpie ans Werk und erlangten bald große Gewandtheit im Anlegen von Verbänden.

Aufgrund dieser Erfahrungen setzte sich Lina Morgenstern später in einer Streitschrift gegen den Medizinprofessor Waldeyer vehement für das Medizinstudium der Frau ein. Erst nach einem Appell Lina Morgensterns an die Königin Augusta wurden von offizieller Seite Militärärzte abgeordnet. Diese verboten den freiwilligen Helfern den Zugang zu den Verwundeten und forderten die Kontrolle über das Waren- und Lazarettdepot, das Lina Morgenstern durch Spenden zusammengebracht hatte. Endlose Querelen mit den Offizieren der Etappe waren die Folge. Mitleid veranlaßte die Frauen, den französischen Gefangenen, die selbst im Winter in offenen Kohlenwagen transportiert wurden, auch ohne militärische Ordre zu helfen. Vom Internationalen Comité in Brüssel erhielt das Erfrischungscomité Nahrungsmitttel und warme Kleidung für die Kriegsgefangenen, die an diese verteilt wurden. Heftige Angriffe aus der Presse folgten. In einem antisemitisch gefärbten biographischen Artikel über Lina Morgenstern heißt es:

»Bekanntlich waren es damals in Berlin namentlich Jüdinnen, die mit den französischen Gefangenen kokettierten, sie mit Geschenken und Liebenswürdigkeiten überhäuften und darüber unsere eigenen Soldaten sehr vernachlässigten, was diese selbstverständlich empörte und zu ärgerlichen Szenen Veranlassung gab, so daß schließlich auch die Presse sich gemüßigt sah, das skandalöse Betragen der Töchter Israels zu rügen.[24]

Um weitere Hetzartikel zu vermeiden, bat Lina Morgenstern daraufhin das Internationale Hilfscomité, die Verteilung der Güter selbst zu übernehmen, nachdem sie die Essensausgabe an die französischen Gefangenen bereits den männlichen Mitarbeitern des Erfrischungscomités übergeben hatte.

Neben den Auseinandersetzungen mit den Etappen-Leutnants und der antisemitischen Presse mußte Lina Morgenstern auch noch eine Kraftprobe mit den männlichen Vorstandsmitgliedern des Volksküchenvereins bestehen. Der Schatzmeister Dr. Siegismund Salomon lehnte die fernere Unterstützung des Erfrischungscomités ab, da dieses den Volksküchen Arbeitskräfte und möglicherweise Kapital entziehe. Lina Morgenstern betrachtete dagegen die Arbeit auf den Bahnhöfen als »patriotischen Dienst«, dem auch der Volksküchenverein Opfer zu bringen habe. Als sie bei der entscheidenden Abstimmung knapp unterlag, führte sie zusammen mit ihrem Mann bis Mitte Juli 1871 die Arbeit des Erfrischungscomités fort, indem sie verstärkt auf Spenden und auch auf das Privatvermögen ihres Mannes zurückgriff. Am Ende des Unternehmens standen den auf staatliche Kosten verpflegten 227.000 Soldaten 102.000 aus privaten Mitteln Bewirtete gegenüber.

Lina Morgenstern hatte — wie sie es ausdrückte — aus Vaterlandsliebe »für Tausende mütterlich sorgen« können[25]. Ihrer Meinung nach war es Aufgabe der Frau, im Krieg »Leiden... zu mildern, Strapazen zu erleichtern, Gemüter zu ermutigen, zu begeistern und Wunden zu heilen«[26]. All das suchte sie mit ihrem Dienst auf den Berliner Bahnhöfen zu verwirklichen. Ihre Leistungen wurden von staatlicher Seite durch die Verleihung der goldenen Augusta-Medaille, durch das Verdienstkreuz und die Kriegsmedaille gewürdigt. Vermutlich waren aber ihre Erlebnisse mit verwundeten und sterbenden französischen Soldaten der Anlaß, daß sie mehreren Friedensgesellschaften beitrat. In den 90er Jahren, als in Deutschland intensiv gerüstet wurde, warb sie als Delegierte der »Ligue internationale pour le Désarmement général«, der »Ligue française pour la paix« und der »Deutschen Friedensgesellschaft« für Frauenfriedensgruppen. Durch die Abschaffung von Kriegsspielzeug, durch Erziehung zur Toleranz und durch die Einrichtung internationaler Schiedsgerichte hoffte sie, den Frieden zu erhalten.

Ihr weiteres Leben widmete Lina Morgenstern dem von ihr 1873 gegründeten Berliner Hausfrauenverein, dessen

Organ, die »Deutsche Hausfrauen-Zeitung«, sie 30 Jahre lang redigierte. Theodor Morgenstern übernahm die Leitung des Konsumvereins, der günstige Einkaufsbedingungen für die Vereinsmitglieder schaffen sollte. Gegen diesen Konsumverein erschienen im Zuge des durch den Berliner Hofprediger Adolf Stöcker angefachten Antisemitismus Schmähartikel in verschiedenen Zeitungen. So war z.B. zu lesen, daß ein Diener des Konsumvereins »Erbsen mit Maden in die Volksküche...habe schaffen müssen«, und »daß Theodor Morgenstern Holzsägespäne in großer Menge als Feigenkaffee im Geschäft vertrieben habe«[27]. Als infolge der Hetzkampagne 2.000 Familien den Konsumverein verließen, mußte das Unternehmen liquidiert werden. Theodor Morgenstern, der mit seinem Vermögen für die Verluste haftete, geriet in große finanzielle Schwierigkeiten. Eine neue Existenzgrundlage fand er als Verlagsleiter der Deutschen Hausfrauenzeitung.

Die finanziellen Sorgen der Familie eröffneten den drei noch unverheirateten Töchtern neue Berufsfelder. Sie hatten bisher aus gesellschaftlichen Rücksichten nur in den »weiblichen Sphären«, im Kindergarten, den Volksküchen und bei der Hausfrauenzeitung mitarbeiten können. Jetzt wurde es ihnen ermöglicht, ihre künstlerischen Ambitionen zu verwirklichen. Clara Morgenstern eröffnete ein Atelier für Kunsthandarbeiten, Olga Morgenstern, später mit dem freikonservativen Abgeordneten Otto Arendt verheiratet, trat als Schauspielerin auf. Die jüngste Tochter Mathilde, die bereits 1887 starb, war Malerin.

Lina Morgenstern war eine starke Persönlichkeit, die mit großer Überzeugung an ihren Idealen festhielt. Ihr Ideal der allgemeinen Menschenliebe, der »Menschenverbrüderung«, ihre Hoffnung auf die völlige Integration der Juden ins deutsche Bürgertum glaubte sie, durch soziale Arbeit im Rahmen der deutschen Frauenbewegung verwirklichen zu können. In ihrer Eröffnungsansprache auf dem Internationalen Frauenkongreß 1896 in Berlin gab sie ihrem Vertrauen in die unbeschränkte Toleranz und Einheit der internationalen Frauenbewegung Ausdruck:

»Wir fragen nicht nach Meinungsverschiedenheit, noch nach politischem und religiösem Glaubensbekenntnis, nicht nach Nationalität und Rasse, uns gilt das rein Menschliche, Menschenwürdige und darum Göttliche, uns gilt Überzeugungstreue und Selbstlosigkeit«[28].

Lina Morgenstern (Abb. 6)

Daher sollten in den großen nationalen Frauenorganisationen ihrer Meinung nach alle Gruppierungen der Frauenbewegung vertreten sei. Während sie in den 70er Jahren im »Proletariat« noch eine »gefürchtete gefahrdrohende Masse« gesehen hatte, »die in kritischen Zeiten allzu leicht zu politischen Bewegungen fortgerissen wird, ohne das Verständnis politischer Ziele zu haben«[29], trat sie später für die politischen Arbeiterinnenvereine ein. Darin unterschied sie sich von der Mehrzahl der bürgerlichen Frauen, die wie sie im »Allgemeinen Deutschen Frauenverein« oder in vergleichbaren Vereinen organisiert waren. Der Bund deutscher Frauenvereine schloß bei seiner konstituierenden Sitzung die sozialdemokratischen Frauen- und Arbeiterinnenvereine aus. Lina Morgensterns Ideal, die Einheit innerhalb der Frauenbewegung, war in der Realität nicht zu erreichen.

Auch ihre Hoffnung, durch soziales Wirken in Vereinen und Wohlfahrtseinrichtungen auf die Integration der Juden in die deutsche Gesellschaft hinwirken zu können, erfüllte sich für die sozial engagierten Jüdinnen nicht. Zwar konnte Lina Morgenstern durch die religiös bedingte Bereitschaft der Juden zu Geldspenden und persönlichem Einsatz als erste Frau das Prinzip der Konsumgenossenschaft in großem Stile verwirklichen. Auch bewies sie, daß Frauenarbeit in Friedens- wie Kriegszeiten für die Volkswirtschaft von großem Nutzen sein könne. Doch wurde ihre Leistung nur von den Regierenden gewürdigt. Die Institution der Volksküchen wie auch Lina Morgenstern persönlich wurden von rechts und links attakiert. Für die Linken handelte es sich bei den Volksküchen um ein »bürgerliches Versöhnungsmittel«, die Rechten bezeichneten sie als »Palliative der liberalen Bourgeoisie«. Selbst die Liberalen, denen Lina Morgenstern nahestandt, polemisierten teilweise gegen das »Abfütterungssystem« der Volksküchen. Antisemiten schließlich bezeichneten Lina Morgenstern als »weiblichen Lasker«, da sie wie der bekannte jüdische nationaliberale Abgeordnete in den Worten »sittlich« und »ethisch« schwelge. Auch der Vergleich mit der biblischen Esther wurde angestellt, da Lina Morgenstern in den Gemächern der Kaiserin Augusta ein oft gesehener Gast war und sich bei ihr für jüdische Belange einsetzte. Gegen die antisemitischen Angriffe verteidigte sie sich, indem sie auf die sozialen Verdienste der Juden verwies. Sie sagte:

»Wir haben wohl zur Genüge bewiesen, daß wir nicht nur genießen, sondern arbeiten, und zwar nicht nur, um Kapital zusammenzuschachern, sondern ohne Unterschied der Religion das Gute zu fördern, unseren Mitbürgern beizustehen, und barmherzige Liebe zu üben. Wir fühlen uns als gleichberechtigte Staatsbürger, da wir alle Pflichten gegen Thron und Vaterland, gegen Staat und Gesellschaft gewissenhaft erfüllen. Für die Fehler einzelner ist die gesamte Judenheit ebensowenig verantwortlich zu machen, als für die Fehler Einzelner die gesamte Christenheit«[30].

Als Lina Morgenstern am 16.12.1909 starb und auf dem jüdischen Friedhof in Berlin-Weißensee beigesetzt wurde, arbeitete eine neue Generation von Jüdinnen in der deutschen Frauenbewegung an führender Stelle mit. Anita Augspurg kämpfte für das Frauenstimmrecht, Camilla Jellinek trat als Rechtsexpertin des »Bundes deutscher Frauenvereine« für die Reform des §218 ein. Josephine Levy-Rathenau entwickelte die öffentliche weibliche Berufsberatung und begründete im 1. Weltkrieg zusammen mit anderen Frauen den »Nationalen Frauendienst«. Alice Salomon schließlich führte mit ihrer Berliner Sozialen Frauenschule die berufliche Sozialarbeit der Frau ein.[31]

Andere Jüdinnen aber waren zu der Überzeugung gelangt, daß die ursprüngliche Toleranz der (internationalen) Frauenbewegung verloren gegangen sei. Sie sahen die Undankbarkeit des Gastvolkes voraus und forderten die Rückbesinnung der Jüdinnen auf ihr Judentum. Statt »aller vom Schicksal Enterbten mütterlich Fürsorgende zu sein«[32] wendeten sie sich jüdisch-sozialer Arbeit zu. Sie empfahlen, zionistische Bestrebungen, etwa den »Verband jüdischer Frauen für Kulturarbeit in Palästina«, zu unterstützen. Das Schicksal des jüdischen Volkes in Deutschland beweist, daß sie mit ihrem Argwohn recht behielten.

Anmerkungen

1 Vgl. dazu den Beitrag von Elisabeth Meyer-Renschhausen in diesem Band.

2 Abraham Geiger, Die Stellung des weiblichen Geschlechts in dem Judentum unserer Zeit, in: Wissenschaftliche Zeitschrift für jüdische Theologie 3, 1837, S. 6 ff.

3 Lina Morgenstern, Liebe und Leid. Novelle nach dem Leben, Leipzig 1879, S. 5.

4 Zit. nach Wilhelm Lewy, Art. »Wohltätigkeit«, in: G. Herlitz, B. Kirschner (Hg.), Jüdisches Lexikon, Bd. V, Berlin 1930, Sp. 1476.

5 Ebda.

6 Wilhelm Lewy, a.a.O., Sp. 1478.

7 Henriette Goldschmidt, Ideen über weibliche Erziehung im Zusammenhang mit dem System Friedrich Fröbels, Leipzig 1882, S. I.

8 Lina Morgenstern, Der häusliche Beruf und wirtschaftliche Erfahrungen. Die Grundlagen des häuslichen Glücks, 3. Aufl. Berlin 1889, S. II.

9 Josef Voß, Geschichte der Berliner Fröbelbewegung, Diss. Weimar 1937, S. 51.

10 Benjamin Graf von Rumford, Kleine Schriften politischen, ökonomischen und philosophischen Inhalts, nach der 2. verm. Ausg. aus dem Engl. übersetzt und mit neuen Beilagen bereichert v. F. Bertuch, Weimar 1800, S. 256.

11 Benjamin Graf von Rumford, a.a.O., S. 258.

12 Lina Morgenstern, Zuverlässiges Hilfsbuch zur Gründung, Leitung und Controle von Volksküchen, 3. Aufl. Berlin 1900, S. 16.

13 Lina Morgenstern, a.a.o., S. 96.

14 Lina Morgenstern, a.a.O., S. 50.

15 Lina Morgenstern, a.a.O., S. 99.

16 Lina Morgenstern, a.a.O., S. 33, Nr. 25.

17 Lina Morgenstern, a.a.O., S. 182.

18 Lina Morgenstern, a.a.O., S. 148.

19 Lina Morgenstern, a.a.O., S. 18.

20 Helene Lange, Lina Morgenstern. Gedenkblatt, in: dies., Kampfzeiten, Bd. II, Berlin 1928, S. 350.

21 Vgl. dazu auch den Aufsatz von Birgit Sauer in diesem Band.

22 Carl Paasch, Eine jüdisch-deutsche Gesandtschaft und ihre Helfer, III. Teil, Leipzig 1891, S. 71.

23 Lina Morgenstern, Zuverlässiges Hilfsbuch, a.a.O., S. 121 u. 126.

24 Art. »Lina Morgenstern«, in: Philipp Stauff, Sigilla Veri, 2. Aufl., Bd. IV, 1931 S. 661.

25 Lina Morgenstern, Zuverlässiges Hilfsbuch, a.a.O., S. 113.

26 Lina Morgenstern, a.a.O., S. 110.

27 Zit. nach Philipp Stauff, Sigilla Veri, a.a.O., S. 666.

28 Rosalie Schönfliess, Lina Morgenstern (Hg.), Der Internationale Kongress für Frauenwerke, Berlin 1897, S. 5 f.

29 Lina Morgenstern, Die Berliner Volksküchen, 3. Aufl. Berlin 1870, S. 1.

30 Zit. nach Philipp Stauff, Sigilla Veri, a.a.O., S. 668.

31 Vgl. dazu den Aufsatz von Birgit Sauer in diesem Band.

32 Johanna Simon-Friedenberg, Gegenwartsaufgaben der jüdischen Frau, Berlin 1914, S. 3.

Literatur zum Weiterlesen für Interessierte:

Lina Morgenstern, Zuverlässiges Hilfsbuch zur Gründung, Leitung und Controle von Volksküchen. (Mit Kochrezepten der Berliner Volksküchen und der Vereinsgeschichte), 3. Aufl. Berlin 1900.

Lina Morgenstern, Gedenkblatt zum 25jährigen Jubiläum des Kinderschutzvereins, Berlin 1894.

Lina Morgenstern, Die Frauen des 19. Jahrhunderts. Biographische und culturhistorische Zeit- und Charaktergemälde, 3 Bände, Berlin 1888, 1889, 1890.

Herrad-Ulrike Bussemer, Frauenemanzipation und Bildungsbürgertum. Sozialgeschichte der Frauenbewegung in der Reichsgründungszeit, Weinheim und Basel 1985.

Monika Richarz (Hg.), Jüdisches Leben in Deutschland, Bd. 2, Stuttgart 1979.

Heidi Koschwitz-Newby

Hedwig Heyl – Die beste Hausfrau Berlins

Kindheit – Sauberkeit, Ordnung, Pünktlichkeit

Am 5. Mai 1850 wurde Hedwig Crüsemann in Bremen geboren. Dem Geburtsort schrieb sie in ihren Erinnerungen die Funktion zu, daß man sie dort

»als freie Bürgerin aufwachsen ließ, in einer Atmosphäre, die gewiß eines lokalen Zwanges nicht entbehren ließ.«[1]

Sie war das älteste von vier Kindern. Die Eltern, beide aus Berlin stammend, waren nach der Eheschließung nach Bremen gezogen. Vater Crüsemann etablierte sich dort im Laufe der Zeit als erfolgreicher und angesehener Geschäftsmann; er baute den Norddeutschen Lloyd auf und wurde dessen Direktor. Mutter Crüsemann führte den Haushalt und legte viel Wert darauf, daß ihr ältestes Kind schon früh ihre ersten hauswirtschaftlichen Erfahrungen machen konnte. Besonders gerne beschäftigte sich Hedwig mit ihren jüngeren Geschwistern. Als ein besonderes Erlebnis schilderte Hedwig Heyl die Geburt ihres Bruders, denn an diesem Tage kochte sie bei einer Nachbarin, bei der sie untergebracht war, zum ersten Mal Kartoffelklöße. Die Herstellung und schließlich die Beobachtung des Entstehungsprozesses faszinierte sie sehr und blieb ihr unvergessen. Weitere prägende Erfahrungen machte sie gemeinsam mit ihrem Vater in dem zum Wohnhaus gehörenden Garten. Ihr Vater lehrte sie, die Natur zu beobachten und einen Garten sinnvoll zu gestalten.

Sie muß ein stürmischer Wirbelwind gewesen sein, stämmig und gesund, den anfänglich auch die Schule wenig bremsen konnte. Sie schrieb, daß ihr die Schularbeiten leicht von der Hand gingen. Besonderen Spaß bereitete ihr der Besuch eines kleinen Schulzirkels, den die junge Ottilie Hoffmann leitete, die später als Gründerin der deutschen Anti-Alkoholbewegung bekannt wurde. Bei Ottilie Hoffmann lernten die Kinder spielend und mußten nicht pauken. Doch als eines Tages der Vater die Leistungen seiner Tochter abfragen wollte, war er über das Ergebnis erschüttert und schickte Hedwig in eine Drillanstalt. Das Mädchen versuchte, sich zu wehren, wollte sich (noch) nicht »knicken lassen«. Aber der Vater war an Ergebnissen interessiert, und es gab harte Strafen bei geringfügigen Vergehen. So wurde ihr die Schule verleidet. Aus der Distanz ihres Alters berichtete Hedwig Heyl in ihren Erinnerungen verharmlosend über ihre kindliche Erziehung. Als Kind litt sie unter dem strengen Vater, der unhinterfragten Autorität. Jede spontane Regung wurde gestoppt und in von ihm vorgedachte Bahnen geleitet.

»Vaters Strenge verbitterte mir meinem Wesen liegende Freuden und Tätigkeiten, ohne ein Musterschulkind damit zu erreichen — und diese Unzufriedenheit des Vaters machte mich unglücklich, und doch konnte ich den Fehler nicht finden, zu dem was die Schule erzwingen wollte. Dieses Problem hat mich später vielfach zu den Methoden geführt, die ich in meiner weiteren Lehrzeit zu finden trachtete.«[2]

Der Vater erscheint als Leitbild des aufstrebenden Bürgertums und Großbürgertums des 19. Jahrhunderts: Durch Ordnungsstreben, Verzicht und Härte zu Ansehen und Einfluß!

»Das Leben bei uns ging ganz regelmäßig vor sich, man hätte die Uhr danach stellen können, aber eigentlich stellte sie der Vater. Die Mutter war zuweilen leidend, besonders litt sie an Migräne.«[3]

Die Mutter erfüllte die ihr zugewiesenen Pflichten in Haus und Familie, aber sie konnte den Kindern auch Gefühle und Geborgenheit geben.

»Da sie eine vorzügliche Hausfrau war, gehörte ein guter Tisch, einfach aber sorgfältig zubereitete Speisen zu ihrer Ehre. Indes klagte sie nicht, sondern wir genossen die Abende und Sonntage immer sehr, wo sie mit uns Puppen spielte und Geschichten erzählte, die Bilder besah und nähte.«[4]

Hedwig Heyl versuchte, die Lebenseinstellung von Vater *und* Mutter zu verdeutlichen, wenn sie ausführte:

»Sie hielten nichts von geistiger Überfütterung, wohl aber von strammer Zucht in moralischer, sittlicher und körperlicher Beziehung. Sentimentalität und Überschwenglichkeit wurde nicht gelitten, dagegen fanden Humor und frische Auffassung immer Widerhall. Selbstüberwindung bei Bekämpfung von Müdigkeit wurde erzwungen, wenn nötig — ebenfalls von Hunger und Durst auf Reisen und Partien. Der ganze Mensch sollte sich im Zügel haben — um so freier und lebenstüchtiger, innerlich und äußerlich gesund, seine Pflichten erfüllen, die ihm jeweilig oblagen.«[5]

Ein Vater mit starken Prinzipien — die ihm vielleicht auch sein Leben verkürzten. Er starb mit 43 Jahren an einem Herzleiden. Die Mutter konnte sich teilweise dem Zwang entziehen, indem sie sich in »ihre Migräne« flüchtete.

Aber zurück zur jungen Hedwig. Ein Lehrer schenkte ihr während einer längeren Krankheit »Lienhard und Gertrud« von Pestalozzi. Das war für sie das erste bewußt pädagogische Buch, aus dem sie die Verpflichtung eines jeden entnahm, die dieser gegenüber seinen Nächsten habe. Sie selbst liebte es, sich nützlich zu machen, so z.B. durch Kleidernähen und Geldsammlungen für Kinder in Afrika; aber das spielte sich immer dort ab, wo die Schule nicht war. Als Hedwig 15 Jahre alt wurde, schickte ihr Vater sie nach Neu-Watzum, um ihre Schullücken schließen zu lassen. Die Entscheidung für diese Mädchenbildungsanstalt zeigt, daß der Vater auch bereit war, sich auf Neues einzulassen. Denn er hätte seine Tochter ebenso in eines der Jungmädchenpensionate schicken können, in denen die Mädchen aus solchen Kreisen üblicherweise auf die ihnen zugedachten Rollen vorbereitet, besser: dressiert wurden.

»Wenn es nun aber Männer gäbe,
die eine Frau möchten, gerade
wie ich?«
Henriette Schrader-Breymann

Neu-Watzum

Neu-Watzum war eine kleine Mädchenbildungsanstalt, die Henriette Breymann gegründet hatte. Sie selbst war als junges Mädchen außer Haus geschickt worden, um zu lernen, ein »anständiges und gesittetes Mädchen« zu werden. Nach verschiedenen gescheiterten Versuchen bei Verwandten kam sie schließlich zu ihrem Großonkel Friedrich Fröbel nach Keilhau. Dieser verstand es, sie für seine pädagogischen Ideen der vorschulischen Kindererziehung zu begeistern. Er begegnete dem jungen Mädchen mit Verständnis und nahm ihre Probleme ernst. So wurde

»nachträglich die Not ihrer eigenen Kinderzeit gestillt: nicht ein Kind durch Zwang dahin bringen, sich Worte und Tatsachen einzuprägen, die ihm nichts bedeuten, sondern das Verlangen des sich entwickelnden Menschen von Altersstufe zu Altersstufe erkennen und ihm die Hilfe entsprechend dem Gesetz und der angelegten Form seinens Wachstums gewähren.«[6]

Als nun Hedwig Crüsemann zu Henriette kam — wer hätte sich besser in deren seelische Verfassung versetzen können? In diesen Jahren wurde der Grundstein einer langen Frauenfreundschaft gelegt. Jahre später war das gemeinsame Werk dieser beiden Frauen der Aufbau des Pestalozzi-Fröbel-Hauses in Berlin, als Ausbildungsstätte pädagogischer und hauswirtschaftlicher Berufe für Mädchen. Hedwig Heyl schilderte die Gemeinschaft von 30-40 Mädchen als eine wunderbare Erfahrung, und in der freien Atmosphäre des Lernens waren bald die Lücken im Schulwissen ausgefüllt. Das Hauptanliegen der Fröbelianer für die Frauenbildung, die Vermittlung der »Geistigen Mütterlichkeit«, fiel besonders bei Hedwig auf fruchtbaren Boden. Mit diesem Begriff wurde versucht, ein Nebeneinander der Geschlechter zu bestimmen, davon ausgehend, daß die Natur dem jeweiligen Geschlecht ein angestammtes Gebiet zuweist.

»Wie der Mann es vorwiegend mit der Beherrschung der Masse, des öffentlichen Lebens zu tun hat, so die Frau mit der tiefer eingehenden Beeinflussung des Einzelnen, der Pflege der Familie, der Übertragung dieser Familienatmosphäre an jede Stelle, wo sie wirkt und schafft.«[7]

Die geistige Mütterlichkeit versetze Frauen in die Lage

»mit ihrer pflegenden Kraft, ihrer wärmenden Liebe sich nicht allein an die eigene Kinderstube, nicht allein an die physische Mütterlichkeit...(zu binden); sondern daß überall, wo Hülfbedürftige sind an Leib und Seele, die Frau auch außerhalb des Hauses zum mütterlichen Wirken berufen ist, wenn keine eigenen Familienbande sie fesseln oder ihre Zeit genügend ausfüllen können«[8]

Als 17jährige kehrte Hedwig nach Bremen zurück. Sie bereiste mit ihrem Vater verschiedene Länder und beschäftigte sich zu Hause hingebungsvoll mit ihrem jüngeren Bruder.

»Ich fühlte bereits eine gewisse Verantwortung: für den kleinen Menschen, an dem Fröbel das Studium der geistigen Keime und ursprünglichen Anlagen ebenso verlangte, als das des körperlichen Lebens.«[9]

Während eines Kuraufenthaltes mit ihren Eltern in Schlangenbad lernte sie 1868 den Fabrikantensohn Friedrich Heyl kennen; sie verlobten sich 12 Tage später. Nachdem der Vater sich sorgfältig nach dem Leumund des jungen Mannes in Berlin erkundigt hatte, fand am 23.1.1869 in Bremen die Trauung statt.

Ehe, Familie, Fabrik, Jugendheim

Das junge Ehepaar Heyl zog nach Berlin. Hedwig hätte sich jetzt dem Müßiggang großbürgerlichen Lebens hingeben können, jedoch sie wurde aktiv, baute ihren Haushalt auf und interessierte sich sofort für die Arbeit ihres Mannes in der Farbenfabrik.

»Meine Erziehung zur Pünktlichkeit und Ordnung, Sorglichkeit in finanzieller Beziehung färbte zu meiner Freude bald auf meinen jungen Gatten ab — der bisher in ziemlicher Sorglosigkeit gewirtschaftet hatte.«[10]

Mit ihrer Unterstützung schaffte es Heyl, Alleinbesitzer der Fabrik zu werden.

Nachdem die junge Familie auf das Gelände der Fabrik »Am Salzufer 8« in Charlottenburg übergesiedelt war und Hedwig Heyl in steten Kontakt mit den Arbeitern und deren Familien kam, richtete sie einen Kindergarten ein, in dem sie und eine Gehilfin ihre eigenen Kinder (sie bekam im Laufe der Jahre vier Söhne und eine Tochter) und die der Arbeiter gemeinsam betreuten. Hedwig setzte damit eine Heylsche Tradition fort, denn der Schwiegervater hatte bereits Jahre vorher im Zusammenwirken mit dem »Berliner Verein für Volkserziehung« einen Volkskindergarten in seinem Haus im Tiergarten eingerichtet. Im »Verein für Volkserziehung« war auch das inzwischen in Berlin lebende Ehepaar Schrader tätig. Henriette Schrader-Breymann hatte einen Kreis von Müttern um sich versammelt, die sie pädagogisch weiterbildete. Die ideologische Grundlage bildeten Fröbels Ideen, die Hedwig Heyl so angesprochen hatten und die sie verwirklichen wollte — die Frau als Gehilfin des Mannes. So sah sich Hedwig Heyl, und deshalb kümmerte sie sich um Verbesserungen für »ihre« Arbeiterfamilien. Es wurden Duschen und andere hygienische Einrichtungen gebaut, ein Mittagstisch für auswärtige Arbeiter, Beratung für Arbeiterfrauen in Säuglingshygiene und Ernährung eingerichtet, in denen besonders auf Systematisierung von Haushalt und Kochen geachtet wurde. Ein für die zukünftige Arbeit Hedwig Heyls bestimmendes Prinzip zeigte sich schon hier: Sie ging von ihren eigenen Erfahrungen aus, und wenn sie diese für praktikabel hielt, versuchte sie, andere Leute davon zu überzeugen.

Die betreuten Kinder im Jugendheim wurden älter und kamen in die Schule.

»Meine Gedanken beschäftigten sich mit der praktischen Ausgestaltung und Entwicklung (...) für das schulpflichtige Alter. Die Stumpfheit der Arbeiter dem Leben gegenüber, die Unerzogenheit ihrer manuellen Fähigkeiten hatten in mir die Überzeugung gefestigt, daß die Erziehung in der Lernschule eine Lücke ließ, die durch häusliche Erziehung oder ihre Ergänzung auszugleichen wäre. Hatten Fröbels Anregungen die Grundlage zur Entwicklung der im Menschen schlummernden Kräfte geschaffen, so mußte es eine Fortentwicklung im schulpflichtigen Alter geben.«[11]

Aus dem kleinen Heylschen Jugendheim entwickelte sich nach und nach das »Charlottenburger Jugendheim«, das bis 1934 als bedeutende Ausbildungsstätte für soziale Frauenberufe und als Träger von Kindergärten und Horten an vielen Orten in Charlottenburg bestand. Diese Entwicklung nahm ihren Anfang im Jahre 1893. Der Bürgermeister von Charlottenburg bat Hedwig Heyl, ihre so erfolgreiche Kinderarbeit auszudehnen. Für die Bürger wurden die unbeaufsichtigten Kinder auf den Straßen zum Problem, das die Stadtverwaltung »in den Griff kriegen« wollte.

1894 gründeten deshalb sozial gesinnte Bürger den »Verein Jugendheim« in einer Wohnung in der Pestalozzistraße 71; dabei war auch die junge Anna von Gierke, die zu dieser Zeit noch als ehrenamtliche Helferin in den Kindergruppen arbeitete. Nachdem sie einige pädagogische Kurse absolviert hatte, wurde sie 1898 Leiterin und Vorsitzende des »Vereins Jugendheim«. Sie war eine der ersten vorsitzenden Frauen, deren Arbeit bezahlt wurde. Auch in diesem Punkt verfolgte Hedwig Heyl ein Prinzip, nämlich Frauenarbeit in Vereinen nicht unbezahlt sein zu lassen. Anna v. Gierke und Martha Abicht, eine der ersten am Pestalozzi-Fröbel-Haus ausgebildeten Kindergärtnerinnen, und viele andere Mitarbeiterinnen machten das Jugendheim Charlottenburg weit über die Berliner Grenzen hinaus bekannt als Ausbildungsstätte für soziale Frauenberufe.

Bevor ich auf weitere Tätigkeiten von Hedwig Heyl eingehe, möchte ich noch einige Überlegungen darüber einflechten, aus welcher Motivation heraus Hedwig Heyl so überaus produktiv sein konnte.

Sie selbst spricht von Fröbels Ideen, die sie in sich trug und die sie verbreiten wollte. Sie fühlte eine große Menschenliebe in sich und sicherlich kann auf sie auch das übertragen werden, was Schrader-Breymann mit dem »Verein für Volkserziehung« beabsichtigte, nämlich »Die Volkswohlfahrt zu heben, Reiche und Arme, Gebildete und Ungebildete auf eine natürliche Weise miteinander zu verbinden.«

Von dieser sozialreformerischen Vorstellung geprägt, sah die praktische Hedwig Heyl aber sofort, daß in der Realität sich das Volk in Frauen und Männer teilte. Sie verstand ihren ganz speziellen Ansatzpunkt darin, Frauen bessere Förderungs- und Bildungsmöglichkeiten zu schaffen, immer mit besonderer Sicht auf den hauswirtschaftichen Sektor. So konnte sie ihre Vorstellung verfolgen, die Frau als Gehilfin des Mannes auszubilden. Den Frauen das Hausfrauendasein schmackhaft zu machen, ihnen auf diesem Gebiet ein Selbstwertgefühl zu vermitteln, ihnen ihre volkswirtschaftliche Kraft zu verdeutlichen — dafür arbeitete sie ihr ganzes Leben. Dazu gehörte das sinnvolle Lernen des Hausfrauenberufes, dazu gehörten auch Rechte der Frauen auf eigenes Geld im Haushalt und Verfügungsgewalten. Allerdings war Lohn für Hausarbeit nicht ihre Forderung!

Frauen, die nicht Hausfrauen werden wollten oder konnten, sollten ihre »weiblichen Fähigkeiten« in entsprechenden Berufen nutzen. Hedwig Heyl beteiligte sich deshalb daran, solche Berufe zu schaffen und durchzusetzen, in denen Frauen ihre »geistige Mütterlichkeit« ausüben konnten. Politisch war Hedwig Heyl konservativ und monarchistisch. Gleichzeitig faszinierten sie sozialreformerische Bestrebungen und auch die Frauenbewegung, die sie auf ihre Art mitgeprägt hat.

Ihr Monarchismus festigte sich umso mehr, als sie im Jahre 1878 die Bekanntschaft der Kronprinzessin Viktoria machte, die zu einem Besuch in die Heylsche Fabrik gekommen war, um die sozialen und hygienischen Einrichtungen zu besichtigen. Es entwickelte sich eine Freundschaft zwischen den beiden Frauen, was auf den ersten Blick etwas erstaunen mag ob der Schichtunterschiede, denn Hedwig Heyl war keine Aristokratin. Aber die Kronprinzessin, die älteste Tochter der englischen Königin Victoria (später nannte sie sich nach ihrem verstorbenen Mann Kaiserin Friedrich) sammelte einen Kreis sozial und kulturell tätiger Frauen um sich, aus dem sie Informationen und Ideen für eigene soziale Tätigkeiten zog. Ein Teil der frauenbewegten Frauen setzte große Hoffnungen in die Kronprinzessin, da sie von der Regentschaft des Kaisers Friedrich große soziale Veränderungen erwarteten.

Hedwig Heyl
im Jahre 1900, als Fünfzigerin
Das noch jugendlich-straffe Gesicht zeigt schon die kennzeichnende, bei dem Altersbilde noch deutlicher hervortretende feine Verschiedenheit: Güte, Wohlwollen, Mütterlichkeit im Ausdruck der linken Gesichtshälfte, Beobachtung, Tatkraft, Überlegenheit in dem der rechten

Hedwig Heyl im Alter von 50 Jahren. Aufnahme aus dem Jahr 1900 (Abb. 7)

Selbstverständlich unterstützte die Kronprinzessin jedoch nur Bestrebungen in ihrem Sinne, wie allgemeine Verbesserungen in der Wohltätigkeit, Hygiene und Bildung. Jede weitergehende Forderung, wie z.B. das Wahlrecht für Frauen, war ihr zuviel. Was ihr genehm war, unterstützte sie mit ihrer Protektion und manchmal auch mit Geld. Hedwig Heyl war eine wichtige Verbindungsperson der Frauenbewegung zu ihr.

Vereine, Vereine, Vereine

In diesem Abschnitt möchte ich nun die umfassende Arbeit Hedwig Heyls in Berlin darstellen. Dies läßt sich am deutlichsten an ihrer enormen Vereinstätigkeit aufzeigen. Ihre Initiativen drehten sich um die hausfrauliche Bildung und Tätigkeit. Sie wollte in diesem Bereich System und Ordnung vermitteln.

Einen Teil der Erfahrungen, die sie in ihrem Jugendheim beim Kochen gemacht hatte, wollte sie in einer Veröffentlichung festhalten. Unter Mitarbeit vieler junger Frauen, die ihr bei der konkreten Umsetzung der Rezepte halfen, und nach intensivem Austausch mit anderen Frauen, die sich bereits mit Ernährungsfragen beschäftigt hatten (Lina Morgenstern in Berlin, Auguste Förster in Kassel z.B.) erschien 1888 das Kochbuch »ABC der Küche«. Dieses umfassende hauswirtschaftliche Buch, das über Jahrzehnte in immer neuen Auflagen erschien, brachte ihr den Beinamen »Beste Hausfrau von Berlin« ein. In dieses Buch flossen die Erfahrungen ein, die Hedwig Heyl in Zusammenarbeit mit H. Schrader-Breymann bei der Einrichtung einer Kochschule gemacht hatte. Diese Kochschule bildete eine Abteilung des Pestalozzi-Fröbel-Hauses, das 1885 in der Steinmetzstraße 16 in Schöneberg eröffnet worden war.

In dieser Schule wurde zum ersten Mal in Berlin eine systematische Kindergärtnerinnenausbildung angeboten. Speziell die Kochschule war anfangs konzipiert worden für »erwachsene Mädchen der gebildeten Stände«. Hieraus entwickelte sich die Idee, hauswirtschaftlichen Unterricht aufzubauen. Hedwig Heyl beurteilte die Hausarbeit vieler Frauen als desorganisiert, es würde dilettantisch und mechanisch gekocht, also müsse eine Systematik gelehrt werden. Sie stellte eine Lehrplan auf, der schon bald von Frauenschulen überall im Deutschen Reich übernommen wurde. »Denn praktisches Können, Zeiteinteilung, Geldwirtschaft waren stets Hedwig Heyls Leitmotive«.[12]

Der Lehrplan umfaßte hauswirtschaftliche Tätigkeiten wie Waschen und Plätten, auch Krankenpflege und Säuglingspflege. Gemeinsam mit anderen Frauen gründete Hedwig Heyl den »Verband zur Förderung hauswirtschaftlicher Frauenbildung«. Dieser hat

»für die Verbreitung des hauswirtschaftlichen Unterrichts gesorgt, hat die soziale und finanzielle Stellung der Lehrerinnen beeinflußt, für deren Fortbildung Einrichtungen geschaffen, für die Gestaltung des Unterrichts Anregung gegeben und vieles andere«.[13]

1898 gründete Hedwig Heyl in Charlottenburg einen Hauspflegeverein nach einem bereits bestehenden Vorbild in Frankfurt/M. Die Vereinsziele bestanden darin, Frauen besonders armer Schichten der Bevölkerung, die sich keine Hilfe als Wochenbettpflege leisten konnten, beizustehen. Die Hilfe wurde später auf Krankheitsfälle der Mütter ausgedehnt, um der Familie die fehlende Hausfrau zu ersetzen. 1908 entstand, wieder unter besonderer Mitwirkung von Hedwig Heyl, der »Verband der Hauspflege«. Er sollte dazu dienen, die Bestrebungen über regionale Besonderheiten hinweg zu vereinheitlichen und die politische Durchsetzungskraft der Vereine zu verstärken. Es wurden Vorträge und Aufklärungskampagnen durchgeführt, um das Vereinsanliegen in breiteren Kreisen zu verankern. Hedwig Heyl gab mit anderen Vorstandsfrauen das als Anleitung für die praktische Arbeit gedachte »Hilfsbuch für die Hauspflege« heraus. Wesentlich wirkte sie im »Verein für Volkserziehung und Volkshygiene« und im »Verband deutscher Hausfrauenvereine« mit. In diesem Verband wurden ebenfalls lokale Hausfrauenvereine in der Absicht zusammengefaßt, die Hausfrauenarbeit als Lehrberuf mit großer wirtschaftlicher Verantwortung darzustellen. Nach der Verbandsgründung 1915 übernahm Hedwig Heyl für mehrere Jahre aktiv den Vorsitz.

Eine weitere Idee von Hedwig Heyl, die in die Praxis umgesetzt wurde, war die Gründung der ersten deutschen Gartenbauschule für Frauen, die Anfang der 90er Jahre des letzten Jahrhunderts entstand. Wieder bewogen sie ihre eigenen Erfahrungen, beginnend in der Kindheit, zu diesem Schritt. Sie war der Überzeugung, daß Frauen für diese Arbeit besonders geeignet seien:

»Sie glaubte in der gärtnerischen Tätigkeit eine die mütterlichen Instinkte der Frau befriedigende Arbeit zu sehen, wie in der Ausübung der Pflege und Heranzucht der Pflanzen, in der liebevollen Hingabe an das Werdende und Schöne der natürlichen Anlage der Frau und ihrem eigenem erzieherischen Verständnis beste Entwicklungsmöglichkeiten zu bieten.«[14]

Ebenso beteiligte sich Hedwig Heyl an der Entwicklung einer Blumenbindeschule für Frauen.

1903 wurde Frau Heyl von Helene Lange, der Vorsitzenden des »Bundes Deutscher Frauenvereine«, gebeten, im folgenden Jahr den Internationalen Frauenkongreß in Berlin auszurichten. Hedwig versetzte dieser Auftrag in ein gewisses Hochgefühl, denn:

»Sie (Helene Lange, H.K.) suchte die Hausfrau — die diesem Unternehmen das Haus baute und wohnlich machte. Das hieß erst mal die ganze Stadt mit einem großen Gedanken zu erfüllen — und unter uns mußten wir uns eingestehen, daß die Frauenbewegung in Deutschland durchschnittlich sehr unpopulär war — und es immerhin ein Wagnis bedeute, nun mit der Großartigkeit mit dem vor fünf Jahren in London getagten Kongreß wetteifern zu wollen. Doch die Hausfrau weiß, daß zu jedem Gelingen ein guter Plan Vorbedingung ist — und die Methode, die ich mit großer Schwierigkeit in das Chaos der Hauswirtschaft gelehrt, und einschob, — sich auch im Großen zu bewähren hatte. — Ich war in dieser Beziehung noch nicht sehr glücklich in der Anerkennung meiner Bestrebungen in der Frauenbewegung gewesen. Sie erkannte damals nicht, daß die Rechtstellung der Frau wesentlich von ihrer eigenen praktischen Tüchtigkeit beeinflußbar war, — daß die Hebung der Sittlichkeit wiederum mit dem Segen praktischen Könnens zusammenhing — und die Antialkohol- und Kinderschutzbestrebungen keine bessere Unterstützung finden konnten, als die bewußte verständige Wirtschafts- und Küchenführung der Frau. — Indessen war der Wunsch nach Organisation in mir so rege, wie bei den Gründerinnen des Bundes *deutscher* Frauenvereine, an den ich alle meine (!) Vereine schon angeschlossen hatte — und dessen Gründung zehn Jahre zurücklag.«[15]

Frau Heyl begann voller Tatkraft, brachte viele Persönlichkeiten des öffentlichen Lebens auf ihre Seite, weckte Interessen für den Kongreß, sammelte Geld. Auch die Kaiserin Friedrich gewann sie für dieses Projekt. Hedwig Heyl hatte außerdem eine besondere Werbeidee für dieses Projekt: Die Apfelsinenschalensammelaktion. Der Kongress sollte im Juni stattfinden, es war mit wärmerem Wetter zu rechnen.

»... und wenn ich mir das Bedürfnis nach Erfrischung vorstellte, so schien eine Flüssigkeitsquelle, die wohlschmeckend und erfrischend gratis zur Verfügung stände, fürsorglich.«[16]

Sie initiierte als Kongreßpropaganda eine Sammlung geschälter Apfelsinenschalen, die zu dieser Zeit sicherlich ausschließlich in besseren Häusern zu bekommen waren. Die Schalen wurden in Branntwein gelegt und später als Pomeranzenextrakt an Sammelstellen abgegeben. Daraus wurde eine Limonade hergestellt, die aus einem künstlichen Springbrunnen sprudelte. Die erforderlichen Zutaten spendeten Fabrikanten. So stellten diese Aktivitäten, die in aller Munde waren, zusätzlich noch eine kostenlose Werbung dar.

Der Kongreß zog Massen von Besucherinnen an und wurde ein großer Erfolg. Aber Hedwig Heyl ließ es selbst schon anklingen, sie fühlte sich mit *ihrem* Anliegen in der Frauenbewegung nicht ausreichend berücksichtigt. Nun war es so, daß viele der frauenbewegten Frauen versuchten, sich aus häuslichen Fesseln (ihren Herkunftsfamilien) zu lösen und sich außerhäuslicher Bildung und Arbeit zuzuwenden, so daß die Betonung von Hausarbeit, auch wenn sie auf wissenschaftlicher Basis erfolgte, nicht oft auf offene Ohren traf. Ich kann mir gut vorstellen, daß Frauen, die sich um den außerhäuslichen Bereich in starkem Maße kümmerten, wenig Wert auf häusliche Pflichten legen konnten, häufig die Mutter, Freundinnen oder auch Angestellte dafür hatten. So war ein gewisses gegenseitiges Unverständnis von vorn herein angelegt. Alice Salomon, eine Frau der zweiten Generation der Frauenbewegung, die ebenfalls an der Organisation des Kongresses von 1904 beteiligt war, beschreibt Hedwig Heyl folgendermaßen:

»Sie (H.H.) war tatsächlich ein Genie in praktischen Dingen, aber sie konnte weder klar denken noch sich ausdrücken. Ihre Reden und Artikel versetzten uns immer in einen Angstzustand. Es war angenehm, mit ihr zusammenzuarbeiten, aber sie hatte sonderbare Vorstellungen von den jüngeren Frauen mit akademischer Ausbildung und war davon überzeugt, daß keine von uns eine Scheibe Brot abschneiden oder Eier kochen könne. Als Gastgeberin für tausende von Menschen auf dem Kongress war sie jedoch unübertrefflich. Ich war ihre Assistentin und war zu einem großen Teil für das gesamte Programm verantwortlich.«[17]

Auf beiden Seiten bestand offenbar eine ausgeprägte Arroganz über das eigene Wissen und Können. Oder hatte Hedwig Heyl doch nicht so Unrecht mit ihrer Unterstellung? Kürzlich las ich, daß Alice Salomon in dem erzwungenen Exil in New York, das sie mit 65 Jahren aufsuchen mußte, im Alter von 70 Jahren noch Kochen lernte, worauf sie sehr stolz gewesen sein soll.

Auch Gertrud Bäumer befaßte sich in einem Artikel, der wie viele andere hier zitierte Texte in einem Gedenkblatt zum 70. Geburtstag von Hedwig Heyl erschien, mit deren Verhältnis zur Frauenbewegung. Bäumer begann mit dem Hinweis, daß die Lebensarbeit von Frau Heyl scheinbar der »alten Frauensphäre« verschrieben war. Aber auch der Frauenbewegung wurde dieser Bereich ein Anliegen, in der Art, daß die Frau »in *ihrer* Welt fähiger, klarer, bewußter werde.«[18] Sie alle wollten schließlich die Hohlheiten und den bloßen Schein der Unzulänglichkeiten und Halbheiten aus dem Leben der Frauen verschwinden lassen. Sicherlich war es auch so, daß die bewegten Frauen sahen, daß sie sich teilweise in einem Ghetto befanden, wenn sie ihre Aktivitäten auf Bildung, Studium und qualifizierte Arbeit abstellten. Mit Hedwig Heyl und ihren Hausfrauenvereinen verbreiterte sich jedoch das Spektrum innerhalb des Bundes Deutscher Frauenvereine. Gleichzeitig sehe ich in der programmatischen Hinwendung der Frauenbewegung zu diesem Teil der Frauen auch ein Zugeständnis an konservative, bewahrende Elemente in der Gesellschaft.

Das zeigt auch die Beteiligung von Hedwig Heyl an der Gründung des »Frauenbundes der Deutschen Kolonialgesellschaft« im Jahre 1907, einer Vereinigung mit ca. 12.000 Mitgliedern in 116 Abteilungen. Dies war eine Vereinigung, der es um die »Erhaltung des Deutschtums in den Kolonien« ging. Zur Verhinderung von »Bastardgeburten« und »Vermengung deutschen Blutes« wurden »saubere deutsche Mädchen« in die Kolonien geschickt.

Solcher Frauenhandel wurde von der Deutschen Kolonialgesellschaft schon seit 1898 betrieben, geriet aber nach und nach in die Schlagzeilen. So versuchte man, den Frauenhandel als soziale Aufgabe zu verkaufen. Viele Frauen seien angeblich auf eigenen Wunsch vermittelt worden und der Verein habe ihnen diesen Schritt lediglich erleichtern können. Schließlich wurde die Auswahlarbeit und die Ausbildung für die künftigen Arbeiten dem kolonialen Frauenbund übertragen. Als sich 1907 der »Frauenbund der Deutschen Kolonialgesellschaft« konstituierte, stellte dessen Tätigkeit für Hedwig Heyl kein politisches Problem dar. Der »deutsche Familiengeist« und die »deutsche Art und Sitte« waren ihr ein Anliegen. Die Frauen mit Rat und Tat zu unterstützen, ihnen in Not beizustehen, das gehörte zu ihrem sozialen Programm.

Auch nach dem I. Weltkrieg gab es kein anderes Denken für den Frauenbund. Frau von Richthofen, eine der Vorstandsfrauen, schrieb 1920:

»Heute lastet auf uns kolonialen Frauen der Druck des schmachvollsten Friedens, und wir sehen keine Möglichkeit, die Länder, die deutscher Fleiß erschloß, die deutsches Blut tränkte, und die von unerhörtem Heldenmut zeugen, wiederzuerhalten.«[19]

Offenbar hatten die bitteren Erfahrungen des Krieges und die Auseinandersetzungen auch in der Frauenbewegung keinerlei Veränderung im Denken bewirkt.

Im Jahre 1910 war Hedwig Heyl an der Gründung des »Deutschen Lyzeumclubs« beteiligt. Dieser Frauenclub sollte Mittelpunkt für die gebildeten Frauen Berlins sein, geselliges Beisammensein fördern, mit Salons, einer Bibliothek, Café und Übernachtungsmöglichkeiten als Begegnungsstätte dienen. Mehrere Kommissionen beschäftigten sich mit sozialen Fragen, mit Kunst und Kunstgewerbe, Musik und Literatur. Der Verein richtete 1912 die Ausstellung »Die Frau in Haus und Beruf« aus, erneut organisiert von Hedwig Heyl.

»Was die Frau in Kunstgewerbe, Literatur und Wissenschaft, in der Kunst sowohl gestaltend, wie reproduzierend schafft, was sie auf dem Gebiet des Erziehungsrechtes, der Sozialpolitik, als Beamtin, als Hauswerkerin leistet — sollte in Beispielen veranschaulicht werden.«[20]

Hedwig Heyl bildete unter dem Protektorat der Kaiserin ein Ehrenpräsidium mit Fürstinnen und ein Ehrenkomitee mit hundert Persönlichkeiten des öffentlichen Lebens. So stellte sie die ideelle Unterstützung sicher; die finanzielle Grundlage schuf sie durch ihre Verbindungen zur Industrie, die ihr eine halbe Million Mark als Garantiefond zur Verfügung stellte.

Der Betrieb in den Ausstellungshallen am Zoologischen Garten war enorm, es gab laufend sich abwechselnde Veranstaltungen. Ein Frauenorchester mit einer Dirigentin spielte; Gesang, Tanz und Kino zeigten die Arbeiten von Künstlerinnen, wissenschaftliche Vorträge zeigten den Stand und die Entwicklung der Frauenbewegung. Der Bund Deutscher Frauenvereine hielt gleichzeitig einen Kongreß ab, an dem 83 Vereine und Verbände teilnahmen.

Die Abteilung »Frau im Haus« zeigte die Arbeit der Hausfrau in der Stadt wie auf dem Land. Einrichtungen wie Schulspeisung, Krankenküche, Gaslehrküche u.a. wurden praktisch vorgeführt. Die »Frau im Beruf« stellte in 15

Fachabteilungen aus: Kunst, Kunstgewerbe, Musik, Literatur, Industrie und Handwerk, Erziehung und Unterricht, Gärtnerei und Blumenbindekunst, Frauenstudium, Soziale Arbeit, Haus-, Kranken- und Säuglingspflege. Die Ausstellung war ein großer Erfolg für Hedwig Heyl, aber selbstverständlich auch für die Anliegen der Frauenbewegung.

Zu nennen ist schließlich noch die Betätigung Hedwig Heyls für die Cecilienhilfe, einer Fürsogeeinrichtung für Hilfsbedürftige der besseren Stände.

Hedwig Heyl in der Konservenfabrik, 1915 (Abb. 8)

»Völlig überraschend« kam 1914 der I. Weltkrieg, und als ihr Sohn in den Krieg zog, übernahm Frau Heyl wieder die Leitung der Fabrik wie schon einmal im Jahre 1889 nach dem frühen Tode ihres Mannes. Nach kurzer Zeit führte sie eine Konservenfabrikation ein, die sie wie so vieles andere vorher in ihrer häuslichen Küche erprobt hatte. Sie sah Engpässe in der Ernährung der Bevölkerung voraus, schrieb ein auf Kriegszeiten zugeschnittenes Kochbuch und führte schließlich Volksspeisungen in Charlottenburg durch.

Gleich nach Kriegsbeginn gründete Hedwig Heyl gemeinsam mit Josephine Levy-Rathenau und Gertrud Bäumer den »Nationalen Frauendienst«, der getragen war von dem Gedanken, »Frauen aller Richtungen und Vereine vor Zersplitterung in der Arbeit einerseits zu schützen, zum anderen aber ein Hilfsheer für die Kommunen zur Verfügung zu stellen«.[21] Daß die Gründerinnen mit diesen Vorstellungen nicht *alle* Frauen erreichten, zeigten die grundsätzlichen Auseinandersetzungen um den »Kriegsdienst der Frauen«, die die »gemäßigten« und die »radikalen« Frauen führten. Letztere vertraten eindeutig pazifistische Positionen.

Nach dem Krieg

Hedwig Heyl bekam von der Kaiserin noch einen Privatabschied; in den Tagen des Aufruhrs und Aufstandes fehlte ihr die Orientierung. »Eine Revolution ist etwas Furchtbares. Niemand konnte sich zurechtfinden, wußte, was recht oder unrecht war.«[22] »Doch die Welt geht weiter, wenn man auch zuweilen denkt, sie geht unter.«[23]

An der Ordnung des Bürgertums war gerüttelt worden, aber pragmatisch wie Frau Heyl erzogen war, konnte sie sich mit den neuen Zuständen arrangieren. So wurde sie von der Deutschen Volkspartei zu den Wahlen zum Charlottenburger Stadtparlament aufgestellt. »Ich wagte nicht, gewohnt ein Beispiel zu geben, mich der Wahl zu entziehen.«[24] In ihrer eigenwilligen Art behielt sie sich vor, gegebenenfalls auch gegen die eigene Fraktion stimmen zu können, was auch eintrat. Nach einem Jahr reichte sie ihr Demissionsschreiben ein, da sie sich inzwischen zu alt fühlte.

Anläßlich ihres 70. Geburtstags im Jahre 1920 bat sie die Vorstände »ihrer« diversen Vereine, sie zu entlassen. Sie hielt nichts von alternden Vorsitzenden, die dem Drang der Jugend oft nicht mehr folgen könnten. Der Ehrenvorsitz in den meisten Vereinen sicherte ihr zu, noch weiteren Kontakt zu haben.

1925 wurde ihr in Breslau der Titel eines Ehrendoktors der Medizin verliehen.

Nunmehr begann sie, sich mehr auf sich selbst zu besinnen, gezwungen auch durch körperliche Leiden; aber das Ende ihres reichen Lebens kündigte sich für sie am deutlichsten durch das Hinscheiden naher und lieber Freunde an.

Zum 80. Geburtstag erfolgten noch weitere Würdigungen, und im Februar 1934 verstarb Hedwig Heyl.

Eine Superfrau?

Eigentlich schon, wenn auch keine Frau, die mir insgesamt zusagt. Doch ich bewundere, was sie alles bewirken konnte und dies unter Lebensbedingungen, die noch nicht so wesentlich wie heute durch technische Dinge erleichtert waren. Es darf jedoch nicht vergessen werden, daß ihr durch ihre finanzielle Sicherheit viel Entlastung zukam, z.B. durch ausreichendes Personal. Über ihr Arbeitspensum sagte sie selbst:

»Die sorgfältigste Zeiteinteilung ermöglichte es, daß alle Pflichten ohne Hetzerei und Zerfahrenheit erledigt wurden. Nur das Herz war zuweilen schwer angespannt. Ich habe mich oft selbst gewundert, wie viel ihm zugemutet wurde. Nur eine straffe Selbsterziehung, gegründet auf die hohe Quelle aller Kraft, überwandt das Leben.«[25]

Ihren Lebenserinnerungen ist ungeschminkt zu entnehmen, daß sie nach jeder großen Anstrengung zusammenbrach. Nach dem Internationalen Frauenkongreß 1904 bekam sie keinen Ton mehr aus der Kehle; nach der Ausstellungseröffnung 1912 beschlich sie ein Fieber, das »meine Sinne wochenlang in Bande schlug.« So waren regelmäßige Kuren erforderlich, die sie wieder in eine normale körperliche Verfassung zu bringen hatten.

Die Zusammenfassung des Lebens von Hedwig Heyl war mir deshalb wichtig, da sich an ihrer Person ein Teil der Berliner Frauenbewegung darstellen läßt. Sie war eine gewichtige Repräsentantin, speziell ihre Kontakte zu industriellen und hohen politischen Kreisen öffneten *bestimmten* Forderungen der Frauen die Türen. Daß damit gegenseitige Interessen berührt wurden, ist selbstverständlich.

Aufgrund ihrer tatkräftigen Art stelle ich sie mir weniger als »Prominente« vor, die nur ihren Namen für eine gute Sache gab. Wenn sie ihre Ideen verwirklichen wollte, so mußte sie ihre Vorhaben selbst anpacken und zu einem erfolgreichen Gelingen führen.

Anmerkungen:

1 Hedwig Heyl, Aus meinem Leben, Berlin 1925, S. 1.
2 A.a.O., S. 4.
3 Elise v. Hopffgarten (Hg.), Hedwig Heyl, Ein Gedenkblatt zu ihrem 70. Geburtstag, Berlin 1920, S. 30.
4 A.a.O., S. 30/31.
5 A.a.O., S. 41.
6 Gertrud Bäumer, Gestalt und Wandel, Berlin 1939, S. 690.
7 Blochmann, Nohl, Weniger, Henriette Schrader-Breymann, o.J. S. 9.
8 A.a.O., S. 11.
9 Hedwig Heyl, a.a.O., S. 6/7.
10 A.a.O., S. 15.
11 A.a.O., S. 29.
12 Dora Martin, in: E.v. Hopffgarten, a.a.O., S. 80.
13 A.a.O., S. 84
14 Ella Förster, in: E.v. Hopffgarten, a.a.O., S. 97.
15 Hedwig Heyl, a.a.O., S. 70.
16 A.a.O., S. 72.
17 Alice Salomon, Charakter ist Schicksal, Weinheim/Basel 1983, S. 79.
18 Gertrud Bäumer, in: E. v. Hopffgarten, a.a.O., S. 142.
19 Gertrud v. Richthofen-Damsdorf, in: E. v. Hopffgarten, a.a.O., S. 120.
20 Hedwig Heyl, a.a.O., S. 115.
21 A.a.O., S. 140.
22 A.a.O., S. 152.
23 A.a.O., S. 154.
24 Ebda.
25 A.a.O., S. 91.

Birgit Sauer

Den Zusammenhang zwischen der Frauenfrage und der sozialen Frage begreifen

Die »Frauen- und Mädchengruppen für soziale Hilfsarbeit« (1893 - 1908)

Im November 1893 wurde »unter den Mädchen und Frauen der besitzenden Klassen« Berlins ein Aufruf verteilt, in dem die Berliner Frauenwelt aufgefordert wurde, sich am »organisierten Vorgehen« in Armenpflege und Wohltätigkeit zu beteiligen und in dem den Frauen eine fach- und sozialwissenschaftliche Bildung angeboten wurde. Begründet wurde der Aufruf mit dem Hinweis auf den »wirtschaftlichen und kulturellen Notstand in großen Bevölkerungsschichten«, an dem die Frauen nicht länger desinteressiert vorbeisehen könnten. Er war unterzeichnet von einem »Komitee zur Gründung der Frauen- und Mädchengruppen für soziale Hilfsarbeit«[1]. Diesem gehörten Frauen an, die durch ihre Mitarbeit in Berliner Frauenvereinen bekannt waren, wie Minna Cauer, Margarete Kirschner, Auguste Friedemann und Jeanette Schwerin, alle Mitglieder des als Frauenbildungsverein gegründeten Vereins »Frauenwohl«. Weitere Unterzeichner wie Karl Schrader, Direktor des Pestalozzi-Fröbel-Hauses, der Jurist Otto Koebner und der spätere sozialdemokratische Reichstagsabgeordnete Joseph Herzfeld hatten sich durch ihr sozialpolitisches Engagement in Berlin schon einen Namen gemacht.

In diesem ersten Aufruf wurden bereits die beiden Arbeitsschwerpunkte der »Gruppen« deutlich: Zum einen wollten sie die soziale Arbeit bürgerlicher Frauen organisieren und in einen gesellschaftspolitischen Zusammenhang stellen. Deshalb sollten zum anderen die Mitarbeiterinnen der »Gruppen« für die gesellschaftlichen Arbeit erzogen und ausgebildet werde. Beide Arbeitsschwerpunkte fanden eine Klammer in den Ideen und den Organisationen der bürgerlichen Frauenbewegung.

Der Gedanke der sozialen Hilfstätigkeit war in der Frauenbewegung des 19. Jahrhunderts nichts Neues. Schon Frauen der sogenannten ersten Generation, wie Luise Otto und Henriette Goldschmidt, forderten in der Mitte des Jahrhunderts die amtliche Zulassung der Frauen zur Armen- und Waisenpflege. Das Neue an den »Gruppen« aber war, daß sie »soziale Arbeit« als Beruf schufen und gleichzeitig *als* Frauen neues Terrain im gesellschaftspolitischen Bereich eroberten.

Die Geschichte der »Gruppen« zeigt, daß man die soziale Arbeit als »charakteristischste Schöpfung« der Frauenbewegung bezeichnen kann. Mich interessiert, inwieweit die Arbeit der »Gruppen« »praktische Politik« *von* Frauen und *für* Frauen war. Deshalb möchte ich zunächst einen Überblick über die Entwicklung der »Gruppen« geben. Im Anschluß daran werden ich den Konflikt um feministische Konzeptionen aufrollen, der um die Jahrhundertwende in der bürgerlichen Frauenbewegung ausgefochten wurde. Die Positionsbestimmung der »Gruppen« in diesem Konflikt macht die politische Bedeutung verständlich, die die Ausbildung und der Kampf um Stellen im öffentlichen Armenwesen für Frauen hatten. Die »Kampfjahre« der »Gruppen« verdeutlichen ihr Ziel, sich als Frauen selbst zu organisieren und so politische Einflußmöglichkeiten zu gewinnen.

Die organisatorische Entwicklung der »Gruppen«. Unbürokratisches Arbeiten und Lernen

Dem Aufruf des Komitees folgten 50 bis 60 Frauen, die am 5. Dezember 1893 auf der konstituierenden Versammlung der »Mädchen- und Frauengruppen« im Bürgersaal des Berliner Rathauses ihre Bereitschaft zur Mitarbeit bekundeten. Im vorausgegangenen Winter war bereits eine Hilfsaktion in Berliner Blindenanstalten erfolgreich ausgeführt worden. Unter Hinweis auf diese Aktion gelang es Minna Cauer nun, weitere Wohlfahrtsanstalten zur Aufnahme freiwilliger weiblicher Hilfskräfte zu bewegen.

So hatten die auf der konstituierenden Versammlung anwesenden Frauen die Möglichkeit, sich je nach Zeit und Interesse vier Arbeitsschwerpunkten zuzuordnen. Diese vier Arbeitsgruppen unter der Leitung je eines weiblichen Komiteemitglieds sollten die Helferinnen in die insgesamt 22 Wohlfahrtsanstalten einführen, sie bei ihrer Arbeit betreuen und Informationen über das entsprechende Gebiet der Wohlfahrtspflege geben. Margarete Kirschner war zuständig für die Gruppe I, die Institutionen der öffentlichen Armen- und Waisenpflege umfaßte. Die Mitarbeiterinnen halfen beim Handarbeitsunterricht sowie auf der Säuglingsstation des Waisenhauses und statteten armen Familien Besuche ab. Die zweite Gruppe unter Leitung von Jeanette Schwerin führte Helferinnen bei privaten Wohlfahrtseinrichtungen ein, wie z.B. den von Lina Morgenstern gegründeten Volksküchen[2]. Die Frauen der dritten Gruppe waren unter Anleitung von Minna Cauer in Anstalten der allgemeinen Gesundheits- und Krankenpflege beschäftigt, die der vierten Gruppe arbeiteten in Kindergärten und Horten. Die Betreuungs- und Vermittlungsaufgaben für diese Gruppe hatte Auguste Friedemann übernommen.

Die Hauptarbeit des Komitees bestand zunächst einmal darin, die freiwilligen Kräfte an die Anstalten zu vermitteln. Da das Komitee sich aber auch als Erziehungseinrichtung für die Helferinnen verstand, wurde die Arbeitsvermittlung druch gemeinsames Lernen von leitenden und mitarbeitenden Frauen ergänzt. Einmal monatlich trafen sich die einzelnen Gruppen im Haus der Sektionsleiterin zum gemeinsamen Erfahrungs- und Gedankenaustausch. 1903 wurden diese Kleingruppen-Treffen abgelöst durch monatliche Zusammenkünfte aller Mitglieder, um den Informationsfluß über die Arbeitsgebiete hinweg zu ermöglichen. Damit eine Atmosphäre gemeinsamen Lehrens und

Lernens entstand, wurden die Versammlungen »in den Nachmittagsstunden...an Teetischen« abgehalten. Dieser »Ausdruck der Zusammengehörigkeit, der Beziehungen ...zwischen den Mitarbeiterinnen«, so Alice Salomon ironisch, sei zwar »nicht großstädtisch«, sondern »sehr unmodern« gewesen — dafür aber persönlich[3].

Die Entwicklung der »Gruppen« zeigt, daß jeglicher Bürokratismus vermieden werden sollte. Das persönliche, ungezwungene gemeinsame Arbeiten und Lernen wurde gefördert, weil die Frauen der Auffassung waren, daß Menschlichkeit in den eigenen Beziehungen die Grundlage der sozialen Arbeit sei. Die Hilfe von Mensch zu Mensch sollte zur Maxime der Mitarbeiterinnen werden.

Die gruppeninternen Treffen wurden durch Veranstaltungen mit Außenwirkung ergänzt: Seit 1899 organisierte man Werbeversammlungen für junge Mädchen, auf denen Frauen wie Helene Lange, eine der Führerinnen der Berliner Frauenbewegung, und Margarete Henschke, die sich für die Frauenbildung in der Stadt einsetzte, referierten. Außerdem fanden dreimal jährlich Veranstaltungen statt, in denen für die finanzielle Unterstützung geworben wurde. Seit 1897 wurden Fördermitglieder zugelassen, die mit einem Jahresbeitrag von 5,- Mark die finanzielle Grundlage der »Gruppen« sichern sollte. In Zeiten stagnierender Mitgliederzahlen konnten die Kosten mit dem jährlichen Beitrag von 1,- Mark pro Mitarbeiterin nicht mehr ausgeglichen werden. Die Zahl der Mitarbeiterinnen — 1895 waren es 127 — vergrößerte sich in den folgenden Jahren kaum. Erst ab 1899 traten wieder mehr Frauen den »Gruppen« bei, 1908 waren es bereits 890 Mitarbeiterinnen.

Neben den steigenden Mitgliederzahlen zeigte auch die Ende des Jahrhunderts größer werdende Zahl der mit den »Gruppen« zusammenarbeitenden Wohlfahrtsanstalten den Erfolg der »Gruppen«. Ihr Bedarf an Helferinnen konnte oft nicht mehr gedeckt werden. Gleichzeitig entstand ein Frauennetz sozialer Arbeit, ein Arbeitszusammenhang zwischen den »Gruppen« und anderen sozialen Frauenvereinigungen. »Gruppen«-Frauen arbeiteten z.B. im »Verband für weibliche Vormundschaft«, im »Charlottenburger Kommunalen Frauenverein« und in Arbeiterinnenheimen. Mit dem »Berliner Lehrerinnenverein« führten sie einen gemeinsamen Kampf um die Aufnahme sozialer Inhalte in die Mädchenbildung.

Jeanette Schwerin

Jeanette Schwerin, Vorsitzende der »Mädchen- und Frauengruppen für soziale Hilfsarbeit« von 1897-1899 (Abb. 9)

Die günstigere Entwicklung seit der Jahrhundertwende verdankten die »Gruppen« im wesentlichen den Aktivitäten Jeanette Schwerins, die seit 1897 die Nachfolge von Margarete Kirschner als Vorsitzende des Komitees angetreten hatte. Deshalb bedeutete es für die »Gruppen« einen erheblichen Verlust, als Jeanette Schwerin am 14. Juli 1899 unerwartet im Alter von 47 Jahren starb. Die neue Vorsitzende sollte, ganz im Sinne der Selbstorganisation, keine außenstehende repräsentative Person sein, sondern eine Frau, die durch ihre Arbeit mit den »Gruppen« verbunden war. Außerdem sollte sie die Zusammenarbeit mit der Frauenbewegung fortführen. Beide Bedingungen trafen auf Alice Salomon zu, die im Herbst 1899 zur Vorsitzenden bestimmt wurde.

Bis zum Jahre 1907 waren die »Gruppen« nicht als Verein organisiert. Der Grund dafür lag in ihrem Selbstverständnis als »Erziehungsstätte« für die Mitarbeiterinnen. Die Organisationsform der Anfangsjahre bedeutete aber, daß die Mitarbeiterinnen keinen Einfluß auf die Entscheidungen des Komitees hatten. Im Laufe der Jahre wurde ihr Druck stärker, die Arbeit mitgestalten zu können. Im Sinne ihres Ziels, Frauen zu selbstverantwortlichem Denken und Handeln anzuregen, entschieden sich die Komiteemitglieder schießlich zur Demokratisierung der Organisation. So gründten sie 1907 den »Verein der Mädchen- und Frauengruppen in Berlin«, in dessen Statuten die Wahl des Vorstandes durch die Mitglieder festgelegt wurde. Die Vereinsmitglieder wählten am 11. Oktober 1907 Alice Salomon zur ersten Vorsitzenden.

Die Positionsbestimmung der »Gruppen«. Soziale Arbeit als praktische Politik der bürgerlichen Frauenbewegung

Die Geschichte der Anfangsjahre der »Gruppen« liest sich aus heutiger Sicht zunächst widersprüchlich. Im ersten Aufruf von 1893 wurden »Emanzipationsbestrebungen«

abgelehnt. Die Frauen sollten vielmehr »zu ernster Pflichterfüllung im Dienst der Gesamtheit« erzogen werden. Im Jahre 1910 gab sich der Verein dann das Ziel, »die weibliche Jugend mit den Bestrebungen bekannt zu machen, die auf die Hebung der Lage des weiblichen Geschlechts gerichtet sind«.[4]

Das Problem, inwieweit man die »Gruppen« als eine Bewegung mit feministischen Zielsetzungen verstehen kann, läßt sich klären, wenn man die Entwicklung ihres Selbstverständnisses im Zusammenhang mit der Strategiediskussion innerhalb der bürgerlichen Frauenbewegung sieht.

Diese Diskussion um Feminismus und Politik verlief innerhalb der Frauenbewegung und innerhalb der »Gruppen« nicht ohne Konflikte. Im Frühjahr 1897 trat Margarete Kirschner vom Vorsitz des Komitees zurück, weil sie »mit anderen Komiteemitgliedern in bezug auf die Wege, die die Gruppen einschlagen sollten«[5], nicht mehr übereinstimmte. Kurz zuvor hatte auch Minna Cauer, die Initiatorin der »Gruppen«, das Komitee verlassen. Weitere Kreise innerhalb der Berliner Frauenbewegung zog dieser Konflikt schließlich 1899. In diesem Jahr gründete Minna Cauer mit weiteren Frauen innerhalb des »Bundes Deutscher Frauenvereine« (BDF) den »Verband Fortschrittlicher Frauenvereine«. Der BDF war 1894 als Dachorganisation aller Frauenvereine im Reich entstanden. 1896 wurde Jeanette Schwerin in seinen Vorstand gewählt und 1898 traten die »Gruppen« dem BDF bei. Die im »Verband Fortschrittlicher Frauenvereine« zusammengefaßten Organisationen, unter ihnen der Verein »Frauenwohl«, sahen sich in inhaltlicher Differenz zu den übrigen Vereinen des BDF:

»Die Alten glauben durch gemeinnützige Arbeit mit einem Stich ins Sozialpolitische die Bewegung zum Ziele zu führen, die Radikalen erklären, nur vom sozialpolitischen und politischen Standpunkt aus die in der Bewegung liegenden Probleme zur Lösung bringen zu können...und man tut besser, die Radikalen... als die politischen Frauen zu bezeichnen«.[6]

Das Kriterium des Politischen wurde Ende der 90er Jahre zum Streitpunkt innerhalb der Frauenbewegung. Während für die Radikalen lediglich Rechtsforderungen das Prädikat politisch verdienten, entwickelte sich bei den sogenannten Gemäßigten eine umfassendere Vorstellung davon, was als Politik von Frauen zu betrachten sei. Ebenfalls 1899 trat Jeanette Schwerin mit fünf weiteren Vorstandsmitgliedern aus dem »Frauenwohl« aus. Die Frauen begründeten ihren Austritt in einer Broschüre, in der sie die soziale Arbeit mit dem Verweis auf ihre politische Dimension legitimierten: »In gemeinnütziger Thätigkeit erstarkt die Frau zu sozialpolitischem Wirken, denn beide berühren sich heute überall.«[7] Die Auffassung, daß soziale Arbeit politische Arbeit von Frauen sei, hatte sich in den 90er Jahren bei den sogenannten Gemäßigten der bürgerlichen Frauenbewegung herausgebildet. Sie wurde zur Grundlage aller Unternehmungen der »Gruppen«.

Das Selbstverständnis der Gemäßigten als »Kulturbewebung«, ihr Anspruch, als Frauen Gesellschaft und Staat zu beeinflussen, basierte auf ihrer Vorstellung von der Differenz der Geschlechter. War in den Anfangsjahren »die Stellung des Mannes... der Maßstab, an dem alle Lebensverhältnisse der Frauen gemessen, nach dem alle Fordrungen aufgestellt wurden«[8], rückten sie nun die Besonderheiten weiblicher Lebens- und Arbeitsbedingungen in den Mittelpunkt. Deshalb lehnten die »Gruppen« auch den Begriff »Emanzipation« ab. Ihnen ging es weniger um die Emanzipation vom Mann, als vielmehr um die »Erziehung an ihrem eigenen Geschlecht«[9]. Das »deutliche und sichere Gefühl ihrer weiblichen Sonderart«[10] galt ihnen als notwendige Grundlage einer feministischen Politik. Bloße Rechtsgleichheit bedeutete für die Gemäßigten eine einseitige Orientierung am Mann und zugleich eine Einschränkung dessen, was unter Politik von Frauen zu verstehen sei. Gertrud Bäumer, Mitarbeiterin und Lebensgefährtin von Helene Lange, kam deshalb zu der Einschätzung, »daß die eigentliche Fortbildung der feministischen Gedanken, das tatsächlich Moderne... nicht zusammenfällt mit dem Programm der sogenannten 'jüngeren Richtung'«[11].

Wichtigstes Merkmal der Lebensverhältnisse von Frauen war ihre Arbeit innerhalb der Familie. Anstatt diese Arbeit zu verleugnen, nahmen die Gemäßigten sie zum Ausgangspunkt ihrer Konzeption, die Situation aller Frauen zu verbessern. Sie lehnten die Vorstellung ab, daß die Arbeit im Haus von derjenigen im Erwerbsbereich getrennt sei und betonten, daß das Haus ebenso Teil der »objektiven Kultur« sei wie die Arbeitsteilung. Da durch die industrielle Entwicklung immer mehr Aufgaben von der Familie auf die Gesellschaft und den Staat übergegangen seien, müßten nun die Frauen den Schritt tun, sich ihre traditionellen Arbeitsgebiete im öffentlichen Bereich wieder anzueignen. Politik von Frauen beziehe sich auf ihre Arbeit in der Familie und ziele daher auch immer in zwei Richtungen: Erstens sollte das Verhältnis von Frau und Mann in der Familie geändert werden, indem die Frau »auf Grund ihrer Leistung für die Familie ein gesetzlich festgelegtes Anrecht auf einen Teil des Manneseinkommen«[12] erhalte. Zweitens sollte die Frau darin unterstützt werden, ihre »Kulturtat, das Haus, auf große Verhältnisse, auf den Staat«[13] zu übertragen.

Soziale Arbeit wurde verstanden als eine Arbeit, die den Zusammenhang zwischen der Frauenarbeit in der Familie und in der Gesellschaft verdeutliche. Da die Fürsorgetätigkeit, die im 19. Jahrhundert zu einem Element staatlicher Politik wurde, traditionell ein Arbeitsbereich von Frauen war, forderten die »Gruppen« ihr Recht auf Einflußnahme in diesem Politikbereich. Somit leisteten sie soziale Arbeit nicht als wohltätiges Privatvergnügen, sondern als »praktische Politik« im Sinne der Frauenbewegung. Mit dieser Politik wollten die Frauen ihre »Macht verstärken« und sich »dem öffentlichen Leben durch praktische Arbeit so amalgamieren«[14], daß sie als politischer Faktor nicht mehr zu übersehen seien. Entsprechend umfassend war auch das sozialpolitische Engagement der »Gruppen«. Sie sahen einen engen Zusammenhang zwischen der »Frauenfrage« und der »sozialen Frage«. Ein Teil der Frauen, nämlich die bürgerlichen, werde auf Familie und Haushalt festgeschrieben, während ein anderer Teil, die proletarischen Frauen, »ihrem Heim in maßlosester Weise entfremdet werden«[15]. Die Lösung beider Probleme lag für die Frauenbewegung darin, daß Frauen durch soziale Arbeit sozialpolitisch aktiv würden. Frauenfrage und soziale Mißstände seien mit dem »Männerstaat«[16] entstanden. Soziale Arbeit von Frauen hatte deshalb die Aufgabe, die Kultur, d.h. gesellschaftliche und staatliche Institutionen, zu verändern, indem die Frau ihren eigenen Werten »neben denen Geltung verschafft, nach denen der Man sie bisher einseitig aufgebaut hat«[17]. Als Ziel feministischer Politik, des »weiblichen Kultureinflusses«, galt die »Wandlung des Vaterlandes zum Mutterlande«[18].

Frauensolidarität als Kraft der politischen Veränderung

Die Diskussion um das politische Selbstverständnis führten die »Gruppen« unter Leitung von Jeanette Schwerin. Diese verstand unter sozialer Arbeit in erster Linie direkte Hilfe von Frau zu Frau. Die Erscheinungsformen der Armut hätten gezeigt, daß mehr als die Hälfte aller Unterstützungsbedürftigen Frauen seien. Schon der Aufruf von 1893 hob die Solidarität mit den »ärmeren Schwestern« hervor, um eine »besseres soziale Ordnung herbeiführen zu helfen«. Intention der »Gruppen« war es, »durch soziale Arbeit von Mensch zu Mensch die Klassengegensätze (zu) überbrükken«[19]. Sie sahen nur im gemeinsamen Kampf von Frauen über die Klassenlage ihrer Ehemänner hinweg eine Chance zur Verbesserung der Situation proletarischer und bürgerlicher Frauen. Jeanette Schwerin war überzeugt, daß es ein Bedürfnis der Frauen nach großen, gemeinsamen Arbeitszielen gebe und setzte sich daher für die Zusammenarbeit mit der proletarischen Frauenorganisation auf sozialpolitischem Gebiet ein. Auf dem Internationalen Frauenkongreß 1896 schlug Clara Zetkin, führende Vertreterin der proletarischen Frauenorganisation, dieses Angebot mit dem Argument aus, daß die proletarische Frau »gemeinsam mit ihrem männlichen Schicksalsgenossen«[20] kämpfen müsse. Trotz dieser ablehnenden Haltung unterstützten die »Gruppen« weiterhin Arbeiterinnen, weil sie verhindern wollten, daß »Frauen gegen Frauen, Mütter gegen Mütter«[21] kämpften.

Bildung für den »Zukunftsstaat«: Die »Gruppen« als Erziehungs- und Bildungsinstitution

Neben dem sozialpolitischen Aspekt ihrer Arbeit war der erziehungs- und bildungspolitische für die »Gruppen« von zentraler Bedeutung. Die Bemühungen des Komitees um eine theoretische Ausbildung der Helferinnen hatten zwei Ziele: Erstens sollte ihnen fachliche Qualifikation vermittelt werden und zweitens wollte man die Mädchen- und Frauenbildung zur staatsbürgerlichen Bildung erweitern.

Aus dem Scheitern der öffentlichen Armenpflege zogen die »Gruppen« u.a. die Konsequenz, daß die moderne Wohlfahrtspflege sozialwissenschaftlich, pädagogisch und medizinisch ausgebildete Kräfte benötige. Die »rein praktische Tätigkeit, so wertvoll sie auch im einzelnen Fall sein mag«, führe »zu einer mechanischen Auffassung und Ausübung der Arbeit«[22] und sei somit nicht in der Lage, die wirklich »großen sozialen Probleme« zu lösen.

Bereits im Aufruf von 1893 wurde neben die Erziehung durch praktische Arbeit die theoretische Ausbildung durch Vorträge gestellt. Die Forderung einer an praktischer Arbeit orientierten Mädchenbildung, nach einem »gesunden Gleichmaß zwischen Denken und Handeln« und die Ablehnung jeglichen »gelehrten Ballasts«[23] war eine bewußte Abgrenzung von der einseitig ästhetischen Bildung des 19. Jahrhunderts. Zweck und Inhalt dieser Frauenbildung waren auf männliche Bedürfnisse ausgerichtet. Sie zielte nicht dahin, Frauen zu selbstverantwortlichen Menschen heranzubilden, sondern hielt die Mädchen des Bürgertums lebensfremd und machte sie »unfähig für das Erfassen sozialen und politischen Geschehens«[24]. Neue Inhalte und Formen der Frauenbildung sollten die Entfremdung dieser Frauen von gesellschaftlichem und politischem Geschehen überwinden. Vorlesungen über Wirtschafts- und Sozialpolitik, Jura, Gesundheitspflege und Pädagogik würden den Mitarbeiterinnen »einen klaren Einblick in das Werden und Wesen« der gesellschaftlichen Struktur geben, damit sie sich ihrer eigenen Stellung innerhalb der Gesellschaft und des Staates bewußt werden könnten. Sie müßten lernen, »wie die enge Welt ihres Hauses mit der gesamten Wirtschafts- und Weltpolitik zusammenhängt«[25]. Zentrale Aufgabe der Bildung durch die »Gruppen« war, das »soziale, das Bürgerbewußtsein der Frauen«[26] zu wecken. Dieses bilde die Voraussetzung für die Übernahme staatsbürgerlicher Rechte.

Staatsbürgerliche Bildung bedeutete ein unermüdliches Kämpfen, auch gegen den Widerstand der Helferinnen selbst. Im Vergleich zur praktischen Hilfsarbeit war das Interesse an den theoretischen Kursen, die für die Helferinnen nicht verpflichtend waren, sehr gering. Erfreute sich im Winter 1893/94 die Vortragsreihe Max Webers über »die Grundzüge der modernen sozialen Entwicklung« reger Beteiligung, so waren die für die einzelnen Arbeitsschwerpunkte angebotenen Vorlesungen, wie z.B. über »Berliner Wohlfahrtseinrichtungen« oder die Vorlesungsreihe Jeanette Schwerins im Winter 1894/95 über »Frauenpflichten im Haus und in der Gemeinde« nur schwach besucht — zeitweise bildeten sich intime Kreise von acht Hörerinnen. Deshalb initiierte Alice Salomon seit 1897 sogenannte seminaristische Übungen, die fachwissenschaftliche Bildung in anderer Form vermitten wollten. In diesen Übungen wurden Berichte und Referate der Mitarbeiterinnen zu aktuellen Themen diskutiert. Gleichberechtigtes Lernen in Gruppen, »in denen keine durch Alter oder Kenntnisse überragende Persönlichkeit die Führung hatte«[27], sollte die Motivation für die theoretische Ausbildung erhöhen.

Um das Angebot an Vorlesungen zu erweitern und um die Kurse rentabler zu gestalten, waren die »Gruppen« dazu übergegangen, ihren Mitarbeiterinnen die Teilnahme an Kursen des »Pestalozzi-Fröbel-Hauses« und des »Vereins für Volkshygiene« zu ermöglichen. Gleichzeitig öffneten sie ihre Vorlesungen auch für Hörerinnen, die nicht an der praktischen Arbeit teilnahmen, passiven »Gruppen«-Mitgliedern und Frauen aus dem »Berliner Lehrerinnenverein«. Im Winterprogramm 1898/99 bot man z.B. vier Vortragskurse an: Der Berliner Stadtrat Münsterberg, Mitglied des Komitees, referierte über »Armenpflege und Wohltätigkeit«; Joseph Herzfeld, Jeanette Schwerin u.a. sprachen über »Ausgewählte Kapitel aus dem Wirtschaftsleben«; ein weiterer Kurs hatte »Bürgerkunde« zum Thema und Lili Droescher, Lehrerin am »Pestalozzi-Fröbel-Haus«, hielt einen »Pädagogischen Kurs« ab.

Die steigende Nachfrage nach ausgebildeten und bezahlten Sozialarbeiterinnen in privaten Wohlfahrtsanstalten ließ gegen Ende des Jahrhunderts die Zahl der Hörerinnen ansteigen. Dies ermöglichte schließlich 1899 die Errichtung des ersten geschlossenen Jahreskurses zur Berufsausbildung. Der Kurs, der 75,- Mark kostete, war in Quartale eingeteilt, in denen unter übergreifenden Themen praktische Arbeit und theoretische Ausbildung integriert waren. Einer Einführung in die soziale Hilfsarbeit mit Tätigkeiten in Krippen und Horten schloß sich im zweiten und dritten Quartal eine Einführung in die Armenpflege an. Der Kurs schloß mit dem Bereich der Wohlfahrtspflege und Vorlesungen über Volkswirtschaftslehre ab.

Der Zulauf zu den Vorlesungen der »Gruppen« wurde schließlich so groß, daß die Vortragskurse im Arbeitsjahr 1905/06 in eine Ober- und Unterstufe gegliedert wurden, um die Schülerinnen differenzierter auszubilden. Die starke Beteiligung an allen von den »Gruppen« angebotenen Kursen und Vorlesungen ermutigte den Vorstand, zusammen mit dem Berliner »Verein für Volkserziehung«, dem Pestalozzi-Fröbel-Haus I, die Gründung einer »Sozialen Frauenschule« ins Auge zu fassen. Diese erste Gründung einer überkonfessionellen Ausbildungsstelle für soziale Frauenarbeit erfolgte schließlich im Oktober 1908. Die Kurse der »Gruppen« gingen in den Kursen der »Sozialen Frauenschule« auf. Ihre Gründung bedeutete das Ende einer lockeren Organisation in teilweise intimem Rahmen und der Beginn der systematischen sozialfürsorgerischen Berufsausbildung von Frauen. Auch die bildungspoliti-

Alice Salomon, Vorsitzende der »Gruppen« ab 1899, seit 1908 Leiterin der Sozialen Frauenschule (Abb. 10)

schen Absichten der »Gruppen« wurden hiermit gefestigt: die Vorbereitung der Frauen auf die Aufgaben, »welche der Zukunftsstaat gebieterisch von (ihnen) fordern wird«[28].

Steter Tropfen höhlt den Stein. Die Zulassung von Frauen zur öffentlichen Armenpflege in Berlin

Die 90er Jahre waren ein günstiger Zeitpunkt, um über die soziale Arbeit den »Kultureinfluß der Frau« zu verwirklichen. Entsprechend ihrer Vorstellung von »praktischer Politik« kämpften die »Gruppen« für die Zulassung von Frauen zur öffentlichen Armenpflege. Die Armenpflege Berlins zeigte angesichts der Vielzahl der Fälle, der Wanderungsprozesse im Stadtgebiet und der Entstehung von Elendsquartieren immer deutlicher ihre Schwächen. Die

Berliner Stadtverwaltung entschloß sich daher zur Neuorganisation des Armenwesens. Die »Gruppen« setzten mit ihren Forderungen an diesen Reformbestrebungen an: Erstens sei eine grundsätzliche Neuorientierung in der Armenpflege notwendig und zweitens sei diese Neurorientierung nur durch die Einstellung geschulter Frauen als öffentliche Armenpflegerinnen zu gewährleisten.

Die Reform der Armenpflege war für die »Gruppen« mit der Einführung eines völlig neuen Begriffs, dem der »sozialen Arbeit«, verbunden. War die Wohltätigkeit ein planloses Geben, so war soziale Arbeit auf die Beseitigung gesellschaftlicher Mißstände ausgerichtet. Sie war integraler Bestandteil der »großen sozialen Reformen« mit dem Ziel, »die Armut zu bekämpfen, anstatt sie zu pflegen«[29]. Ergebnis der Reform sollte eine raschere und den einzelnen Bedürfnissen der Armen entsprechende Hilfeleistung sein, die das Komitee der »Gruppen« unter dem Stichwort der »Individualisierung der Armenpflege« forderte. Die Berücksichtigung der »menschlichen Einzel-Charaktere«, die im bisherigen männlichen System der Armenpflege untergegangen sei, solle durch die Mitarbeit von Frauen gewährleistet werden, die nicht zuletzt durch ihre Ausbildung in den Gruppen in der Lage seien, diese Fähigkeit mit der Einsicht in die »großen sozialen Fragen zu verbinden«[30].

Nachdem sich 1896 der »Deutsche Verein für Armenpflege und Wohltätigkeit«, der spätere »Deutsche Verein für öffentliche und private Fürsorge«, auf seiner Generalversammlung für die Heranziehung von Frauen zur öffentlichen Armenpflege ausgesprochen hatte, wurden die Berliner Frauen aktiv: Jeannete Schwerin, Helene Lange, Auguste Friedemann u.a. richteten eine Petition an die Kommission der Berliner Stadtverwaltung, die zur Neuordnung der Armenpflege eingesetzt worden war. Sie forderten die Stadtverordnetenversammlung auf, bei der Reform des öffentlichen Armenwesens den Frauen die Möglichkeit zu eröffnen, sich für die Wahl der Armenpfleger aufstellen zu lassen. Sie begründeten ihre Forderungen erstens mit dem Verweis auf andere Städte im Reich, in denen Frauen bereits erfolgreich als Armenpflegerinnen tätig waren; zweitens mit der besonderen Fähigkeit der Frau, die sozialen Probleme in den Familien besser zu erkennen als die männlichen Kollegen und drittens mit der Tatsache, daß die Armenpflege unbedingt theoretisch ausgebildeter und praktisch geschulter Personen bedürfe — und dies waren zum gegebenen Zeitpunkt die Mitarbeiterinnen der »Gruppen«.

Die Kommission nahm die Petition an und empfahl dem Magistrat, einen entsprechenden Gemeindebeschluß herbeizuführen. Damit war zwar in Berlin eine erste Hürde bei der Anstellung von Frauen in der öffentlichen Armenpflege genommen, doch hatte die Eingabe keine praktischen Folgen. Erst 1901 nahm der Ausschuß zur Beratung über die Änderung der Verwaltung der Armenpflege einen von Stadtrat Münsterberg begründeten Antrag an: Frauen sollten als gleichberechtigte Mitglieder einer Armenkommission eingestellt werden können. Die Drohung der Armenpfleger Berlins, ihr Amt niederzulegen, wenn sie mit Frauen zusammenarbeiten müßten, konnte den Antrag nicht mehr stoppen.

Schon während der Beratungen um die Neuorganisation der Armenpflege wurde deutlich, daß weit mehr und vor allem fachlich kompetente Mitarbeiter als bisher benötigt werden würden. Das Inkrafttreten der Reform am 1. April 1902 ermöglichte die Mitarbeit von Frauen in den Armenkommissionen. Die »Anweisung betreffend die Verwaltung der offenen Armenpflege der Stadt Berlin« legte fest, daß den Armenpflegerinnen besonders die Fürsorge für Witwen, Kinder, Kranke, alte und gebrechliche Menschen übertragen werden sollte. Der Umgang mit männlichen Klienten sollte weiterhin den Armenpflegern vorbehalten bleiben.

Für die ersten »reformierten« Wahlen stellten die »Gruppen« eine Liste von 80 Frauen zusammen, von denen die Berliner Stadtverordnetenversammlung ganze fünf wählte. Wie schwierig sich die Eingliederung von Frauen in das öffentliche Armenwesen trotz der gesetzlichen Berechtigung gestaltete, zeigt die Tatsache, daß 1905 in 25 von insgesamt 360 Armenkommissionen Berlins lediglich 30 Frauen arbeiteten. Bei den Wahlen 1908 wurde von den vorgeschlagenen Frauen keine als Armenpflegerin ernannt. Eine Eingabe der »Gruppen« beim »Ausschuß für die Wahlen von unbesoldeten Gemeindebeamten« im Februar 1909 blieb unbeantwortet.

Angesichts dieses Widerstandes der Männer veränderten die »Gruppen« ihre Strategie und gründeten 1909 eine Kommission, die die freiwerdenden Plätze in den Berliner Armendirektionen registrierte und gezielt Frauen für diese Stellen vorschlug. Dadurch stieg die Mitarbeit von Frauen in der öffentlichen Armenpflege langsam an. Gleichzeitig waren seit Anfang des 20. Jahrhunderts viele ehrenamtliche Stellen in bezahlte Stellen umgewandelt worden, für die qualifizierte Kräfte benötigt wurden. Nach Aussagen der »Auskunftsstelle für die Gemeindeämter der Frau« gab es 1908 in Berlin zehn besoldete Frauen als Waisenhelferinnen und zwei als Aufsichtsdamen für die Haltekinder. Die Entwicklung veranlaßte die »Gruppen« zu optimistischen Prognosen: der soziale Frauenberuf sei das »Amerika der Frauen«[31].

Die männliche Obstruktionspolitik war mit Vorurteilen gegenüber Frauen geführt worden: gewisse Fälle der Armenpflege könne man in Gegenwart von Frauen nicht behandeln. Die Ursache dieses Verhaltens lag einerseits in der individuellen Konkurrenz männlicher Armenpfleger um bezahlte Gemeindestellen und andererseits in der Angst vor dem politischen Einfluß von Frauen. Wie konnte man Frauen weiterhin das Wahlrecht auf kommunaler Ebene verweigern, wenn sie öffentliche Ämter ausübten? Und die Auffassung der »Gruppen« war diesbezüglich eindeutig: Jede soziale Arbeit von Frauen führe »mit Notwendigkeit zu der Forderung des Frauenstimmrechts«. Soziale Arbeit als »praktische Politik« von Frauen verband die Forderung der Frauenbewegung nach der Vergrößerung des »weiblichen Kultureinflusses« mit der Forderung nach Teilhabe an politischen Rechten. Die Frau müsse öffentliche Ämter und Rechte bekommen, »wenn ihr Einfluß, ihre Kraft, ihre Eigenart der Kultur nicht verloren gehen soll«[32].

Anmerkungen:

1 Alice Salomon, Zwanzig Jahre Soziale Hilfsarbeit, Karlsruhe 1913, S. 8.
2 S. dazu den Aufsatz von Maya I. Fassmann in diesem Band.
3 Alice Salomon, Zwanzig Jahre, a.a.O., S. 35.
4 A.a.O., S. 8 und S. 42f.
5 A.a.O., S. 12.
6 Die Frauenbewegung 14, 1904, zit. in: Gertrud Bäumer, Was bedeutet in der deutschen Frauenbewegung 'jüngere' und 'ältere' Richtung?, in: Die Frau 12, 1904/05, H. 6, S. 329.
7 Zit. in: Die Frau 6, 1898/99, H. 6, S. 376.
8 Alice Salomon, Literatur zur Frauenfrage, in: Archiv für Sozialwissenschaften und Sozialpolitik 26, 1908, S. 453.
9 Alice Salomon, Zwanzig Jahre, a.a.O., S. 100.
10 Helene Lange, Phasen des weiblichen Kulturbewußtseins, in: Die Frau 30, 1922/23, H. 11, S. 329.
11 Gertrud Bäumer, a.a.O., S. 321f.
12 Alice Salomon, Literatur, a.a.O., S. 457.
13 Helene Lange, Steht die Frauenbewegung am Ziel oder am Anfang? in: dies., Kampfzeiten, Bd. 2, Berlin 1928, S. 266.
14 Helene Lange, Praktische Politik, in: Die Frau 14, 1906/07, H. 4, S. 197f.
15 Alice Salomon, Soziale Frauenpflichten. Vorträge gehalten in deutschen Frauenvereinen, Berlin 1902, S. 33.
16 Helene Lange, Das Endziel der Frauenbewegung, in: Die Frau 11, 1903/04, H. 12, S. 713.
17 Helene Lange, Steht die Frauenbewegung, a.a.O., S. 256.
18 Alice Salomon, Soziale Frauenpflichten, a.a.O., S. 57.
19 Jeanette Schwerin, Rede auf dem »Internationalen Kongreß für Frauenwerke und Frauenbestrebungen in Berlin«, Berlin 1897, S. 39.
20 Clara Zetkin, Internationaler Kongreß, a.a.O., S. 396.
21 Hans Muthesius (Hg.), Alice Salomon, die Begründerin des sozialen Frauenberufs in Deutschland. Ihr Leben und Werk, Köln, Berlin 1958, S. 27.
22 Mädchen- und Frauengruppen für soziale Hilfsarbeit zu Berlin. Programm für das Arbeitsjahr 1898/99, Berlin 1898, S. 5.
23 Alice Salomon, a.a.O., S. 8.
24 Alice Salomon, a.a.O., S. 64.
25 Zit. in: Die Frau 14, 1906/07, H. 4, S. 245.

26 Zum 10-jährigen Jubiläum, in: Die Frau 11, 1903/04, H. 2, S. 120.
27 Alice Salomon, Zwangzig Jahre, a.a.O., S. 63.
28 Auguste Friedemann, Internationaler Kongreß, a.a.O., S. 267.
29 Alice Salomon, Soziale Frauenpflichten, a.a.O., S. 48.
30 Jeanette Schwerin, Armut und Armenpflege, in: Die Frau 2, 1894/95, H. 2, S. 88f.
31 Frieda Duensing, zit. in: Alice Salomon, Zwanzig Jahre, a.a.O., S. 85.
32 Alice Salomon, Zwanzig Jahre, a.a.O., S. 106.

Zum Weiterlesen:

Irene Stoehr, »Organisierte Mütterlichkeit«. Zur Politik der deutschen Frauenbewegung um 1900, in: Karin Hausen (Hg.), Frauen suchen ihre Geschichte, München 1983, S. 221-249.

Elisabeth Meyer-Renschhausen

Zur Geschichte der Gefühle

Das Reden von »Scham« und »Ehre« innerhalb der Frauenbewegung um die Jahrhundertwende

»Ein ehrbares unbescholtenes Mädchen geht an einem Sommerabend in Berlin nach der Brunnenstraße, um ihren Bräutigam abzuholen. Sie wird von einem rohen Gesellen angeredet, dessen sie sich mit den Worten erwehrt: 'Belästigen Sie mich nicht!' Bald darauf kehrt der Mann mit einem Polizeibeamten wieder, der sie anredet: 'Fräulein, Sie sollen diesen Herrn angekobert haben; er verlangt Ihre Feststellung; Sie müssen mit zur Wache.' Alle Einwendungen, alle Unschuldsbeteuerungen sind vergebens; sie muß mit zur Wache. Der Wachmeister, der sie vernimmt, gewinnt den Eindruck, daß sie alles eher, als eine Dirne sei. Er redet in den Beschuldiger hinein, er möge sich seine Anzeige reiflich überlegen. Aber der Denunziant bleibt bei seiner Behauptung. Er versichert, daß er ein 'ehrbarer Bürger' sei und auf polizeilichen Schutz Anspruch habe. Das Mädchen wird daraufhin die Nacht über auf der Polizei behalten, am folgenden Morgen im grünen Wagen nach dem Polizeipräsidium gefahren, ärztlicher Untersuchung unterworfen und erst nachmittags um 2 Uhr, als sich alle ihre Angaben bestätigt hatten, auf freien Fuß gesetzt.«[1]

So lautet der Anfang eines Artikels, der im Dezember 1897 in einer Berliner Zeitschrift erschien. Die Autorin ließ der Schilderung des Vorgefallenen ausführliche Überlegungen zur »weiblichen Ehre« folgen. Die Zeitschrift, in der dieser Artikel zur »weiblichen Ehre« veröffentlicht wurde, war keineswegs ein kirchliches oder sonst konservatives Blatt, wie wir Heutigen zunächst vermuten mögen, da uns ein Begriff wie »Ehre« als per definitionem bezopft erscheint. Vielmehr handelte es sich um ein Magazin der Frauenbewegung, das seit 1893 von der verwitweten Schulratsgattin Minna Cauer in Berlin herausgegeben wurde. Das vierzehntägig erscheinende Blatt »Die Frauenbewegung« war damals vornehmlich das »Organ« der »Frauenwohl«-Vereine. Deren bekanntere Vertreterinnen verstanden sich — wie Minna Cauer selbst auch — als »radikaler Flügel« innerhalb der damaligen Frauenbewegung, der einige Jahre zuvor die sozialdemokratische Lehrerin Klara Zetkin das Etikett »bürgerlich« verpaßt hatte. Der vergangenen Frauenbewegung ist diese Zuschreibung bis heute erhalten geblieben. Als solche gilt die Frauenbewegung dann zwangsläufig als konservativ und fortschrittsfeindlich, somit — in einem fortschrittsbesessenen Zeitalter — als irrelevant und langweilig. Verständlich daher, daß man/frau sich heute kaum der Mühe unterziehen mag, sich mit einzelnen Anliegen dieser Bewegung genauer zu beschäftigen. Kein Wunder also, daß die »Sittlichkeitsbewegung« innerhalb der damaligen Frauenbewegung uns nahezu unbekannt geblieben ist, obwohl diese Frauenbewegung selbst die Sittlichkeitsfrage um die Jahrhundertwende — ausgehend von Berlin — als ihr wichtigstes Anliegen begriff. Mit unserem modernen Glauben an Lohnarbeit und Kapital oder Wissenschaft und Fortschritt fehlt uns die Geduld zu ergründen, um was es den damaligen Feministinnen mittels ihrer Sittlichkeitsbewegung ging, was sie unter »weiblicher Ehre« verstand, warum sogar die »Linke« dieser Frauenbewegung für die »weibliche Ehre« stritt. Während uns das Rückwärts-Denken also schwer fällt, dachte die Autorin des oben zitierten Artikels, die gesetzeskundige Frauenrechtlerin Marie Raschke, bereits in die Zukunft:

»Nehmen wir an, die nackten Tatsachen... werden im Jahre 1997 oder später von einem Kulturforscher gelesen, der ein Bild unserer Zeit entwerfen will. Zu welchen Rückschlüssen muß er in Bezug auf die Würdigung des weiblichen Geschlechts am Ende des 19. Jahrhunderts kommen, wenn er nach den Verkehrseinrichtungen des Jahres 1889, die eine sofortige Feststellung der Persönlichkeit des Mädchens...(und eine nur leichte Bestrafung des angezeigten Denunzianten mit einem halben Jahr Gefängnis, E. M.-R.)...ermöglichten, auf die Ursachen...dieses Verbrechens schließt!

Hier ist ein Verbrechen begangen worden, das bei der besonderen Empfindsamkeit der weiblichen Ehre ärger als der grausamste Mord, teuflischer als irgendeine Missethat ist...«[2]

Wir reagieren angesichts der Wortgewalt unserer Frauenrechtlerin befremdet, zumal uns die Artikelschreiberin bisher nicht sehr genau gesagt hat, was sie so erboste. Warum?

Das, was dem als Dirne verdächtigten jungen Mädchen geschehen ist, wird nämlich nur andeutungsweise geschildert. Darüber, was dem jungen Mädchen widerfahren war, »spricht man nicht«, frau schon gar nicht und vor allem nicht »in aller Öffentlichkeit«! Diese Regel hatte Marie Raschke schon verletzen müssen, um den Fall publik machen zu können. Deshalb aber beschrieb sie den Fall selbst so knapp wie möglich: »Das Mädchen wird daraufhin über Nacht auf der Polizei behalten, am folgenden Morgen nach dem Polizeipräsidium gefahren, ärztlicher Untersuchung unterworfen...«

Daß dem jungen Mädchen ganz handgreiflich etwas angehängt wurde, worüber man nicht sprach, war in Marie Raschkes Augen eine Ehrverletzung. Im einzelnen bestand die Beleidigung der Menschenwürde des jungen Mädchens darin, daß sie jemand, der sie angesprochen hatte, mit Erfolg bei der Polizei denunzieren konnte und ihre Unschuldsbeteuerungen nichts galten, man nahm sie fest und transportierte sie in ehrenrühriger Weise mit der »Grünen Minna«; sowie schließlich darin, daß nur ein Arzt nach vorgenommener körperlicher Untersuchung attestieren konnte, daß das Mädchen tatsächlich »unschuldig« war. Die Frauenrechtlerin Marie Raschke sah die geschilderten Vorkommnisse als Zeichen allgemeiner Frauenverachtung ihrer Zeit. Sie schrieb:

»Wird denn in unserer Zeit in jeder Frau, welche des Abends ohne Begleitung auf der Straße getroffen wird, eine Dirne vermutet? Ist die Entsittlichung der deutschen Frau so weit gediehen, daß die Polizei in erster Linie den Mann vor Angriffen der Frau zu schützen berufen ist?

In der Wertung der Persönlichkeit dieses unglücklichen Mädchens liegt die Wertung der Persönlichkeit der deutschen Frau, und jede deutsche Frau, welche weiß, daß die weibliche Ehre größtenteils Geschlechtsehre ist, muß sich in der schmählichen Behandlung dieses Mädchens selbst beschimpft fühlen und die

Bekämpfung der Ursachen einer solchen Erscheinung als heiligste Pflicht empfinden zur Sühne der ihr angethanen Schmach.«[3]

Mit anderen Worten: Die Frauenrechtlerin war empört, daß potentiell jede Frau, die allein auf der Straße ging, ohne weiteres als Dirne angesehen werden konnte. Nur die körperliche Untersuchung der Verdächtigten seitens eines Arztes vermochte die Behörde von der Unschuld ihres Opfers zu überzeugen. Dieser Tatbestand veranlaßte die Frauenrechtlerinnen, wie die Verfasserin unseres Artikels, die geschilderte Ehrverletzung nicht nur als individuelle zu betrachten, sondern zugleich als »Schmach« der gesamten »Frauenwelt«. Folglich wurde diese so leicht verletzliche Ehre des weiblichen Geschlechts seitens der Frauen als unabhängig von Schichtzugehörigkeiten gesehen. Die Frage der weiblichen Ehre betraf alle Frauen, unabhängig von Einkommen und Klassenlage. Das Opfer des geschilderten Falles, für das Marie Raschke in ihrem Artikel so vehement Partei bezog, stammte nämlich als Tochter eines Pferdebahnkutschers keineswegs aus vornehmen Kreisen. Kutscher waren damals keine sozial besonders angesehene Gruppe, zumal sie in Verruf standen, gegen die Kälte auf dem offenen Kutschbock ständig Schnaps zu konsumieren.

Wir wissen von dem entschiedenen »Standesbewußtsein« der »bürgerlichen Kreise« im deutschen Kaiserreich und sind daher zunächst geneigt, den bürgerlichen Frauenrechtlerinnen ihr klassenübergreifendes Ehrempfinden nicht abnehmen zu wollen. Aber unsere Gewährsfrau hatte sich genau überlegt, was sie schrieb. Sie führte zum damaligen Ehrverständnis unter anderem aus:

»Ehre — ist die Wertung der menschlichen Persönlichkeit. Als Zeichen des Barbarismus gilt die ungleiche Wertung der menschlichen Persönlichkeit mit angeborener Ehre und solche mit angeborener Unehre...Noch heute wird die Ehre gewogen nach Geburt, Beruf und Geschlecht. Während die männliche Ehre sich hauptsächlich nach dem Berufe bemißt und ein Ausfluß des bürgerlichen Sonderrechts des Mannes ist, wurzelt nach den willkürlichen Einrichtungen unserer Zeit, welche der Frau jede bürgerliche

Ehre versagen, die weibliche Ehre hauptsächlich im Geschlecht. Darum wirkt jeder Angriff auf das Geschlecht vernichtend auf die persönliche Ehre...«[4]

Razzia der Sittenpolizei. Zeichnung um 1890 (Abb. 11)

Marie Raschke war nicht damit einverstanden, daß die Ehre der Frauen vornehmlich als spezifische Geschlechtsehre gedacht wurde; angesichts der herrschenden Verhältnisse wollte sie sie jedoch zumindest nicht männlichen Gesetzen und Verordnungen ausgeliefert sehen. Daß sich der einzelne Mann vor weiblicher Belästigung mit Hilfe der Polizei »Schutz« verschaffen konnte, während hingegen die einzelne Frau samt ihrer gebrechlichen Ehre männlichen Institutionen (wie in diesem Falle insbesondere der polizei-ärztlichen Untersuchung) gänzlich ausgeliefert war, brachte die Berliner Frauenrechtlerinnen gegen Ende des 19. Jahrhunderts so in Rage, daß sie es nicht nur wagten, diese Verhältnisse in aller Öffentlichkeit zu beschreiben. Darüber hinaus beschlossen sie, eine »Volksversammlung« einzuberufen, die am 9. Januar 1898 »unter großer Beteiligung« im Konzerthaus an der Leipziger Straße stattfand, um die Angelegenheit auch noch öffentlich zu besprechen.[5] Weit über 2.000 Menschen erschienen, die bereits lange vor Beginn der Veranstaltung den Saal einschließlich seiner Gänge so überfüllten, daß die Polizei »Saalschluß« verfügte. Die vielen Hundert, die auf dem Hof und der Straße noch lange hoffnungsvoll warteten, wurden nicht mehr eingelassen. Während die Polizei in den letzten Jahren nur Versammlungen von Sozialdemokraten und Arbeiterinnen für staatsgefährdend genug gehalten hatte, um sie »polizeilicher Observation« zu unterstellen, erfuhr diese Versammlung ebenfalls diese Würdigung. Die Veranstaltung war unter dem Thema »Die Schutzlosigkeit der Frau im öffentlichen Leben« vom Berliner Verein »Frauenwohl« einberufen worden, für den dessen Vorsitzende Minna Cauer sprach. Außer ihr kamen Vertreterinnen des Vereins »Jugendschutz«, der Volksschullehrerinnen, des Verbandes weiblicher Handlungsgehilfinnen und schließlich »Frl. Dr. jur. Augspurg« als »Studierte« zu Wort. Die Rednerinnen wandten sich besonders gegen das »Institut der Sittenpolizei« und gegen den §361,6 des Strafgesetzbuches, der Prostitution zwar nicht verbot, aber doch nur unter polizeilichem »Reglement« dezidiert erlaubte. Die Frauen hielten es für untragbar, daß in Hinblick auf das Soziale völlig unausgebildete Schutzleute junge Frauen als mutmaßliche Prostituierte festnehmen und verhören konnten, und forderten stattdessen die Einstellung von sozialfürsorgerisch gebildeten Frauen[6], nämlich Polizeimatronen, sowie die Anstellung von Ärztinnen bei der Polizei. Eine dementsprechende Resolution wurde von der lebhaften Zuhörerschaft, die durch häufige zustimmende Zurufe und heftiges Beifallklatschen ihre starke Beteiligung zum Ausdruck brachte, einstimmig angenommen.

Ähnlich überfüllt war die Sitzung des Berliner Vereins »Frauenwohl«, die nur zehn Tage später stattfand. Im Verlauf der Debatte entspann sich unter anderem eine heftige

Auseinandersetzung zwischen der Ärztin Agnes Blum und Anita Augspurg über die Frage, ob eine gesetzliche Anzeigepflicht der Ärzte und Apotheker bei »venerisch Infizierten« empfehlenswert sei. A. Augspurg ging wie die meisten ihrer Zeitgenossen davon aus, daß 90 Prozent der Männer im Laufe der Jahre zumindest einmal eine Geschlechtskrankheit erworben hätten. Vor Ansteckung seien die Ehefrauen nur zu schützen, wenn die Ärzte verpflichtet würden, diese Krankheiten anzuzeigen. Offenbar hatten weder Ehemänner noch Ärzte die Ehefrauen über den besonderen Charakter der Krankheit ihres Mannes aufgeklärt. Oft steckten sich junge Ehefrauen kurz nach der Eheschließung an und wurden von Ärzten nicht über die eigene Infektion informiert, was vielfach zu schwerem Leiden bis hin zum Tode führen konnte. Minna Cauer forderte ihre Mitstreiterinnen insbesondere zu Mitleid mit den oft unschuldig »Gefallenen« auf. Sie machte darauf aufmerksam, daß diese oft völlig mittellosen Schwangeren gezwungen wurden, in Kliniken zu entbinden. Dort würden sie entgegen ihrem bzw. aller Frauen Schamempfinden »so und so oft chloroformiert und untersucht, ehe sie vor 100 Studenten und Ärzten einem Kinde das Leben« gäben.[7] Für die Menschenrechte auch dieser Frauen gelte es zu kämpfen. Auch die Sozialdemokratinnen beriefen »Volksversammlungen zum »Fall Koeppen« ein, die ebenfalls gut besucht waren.

Mit diesen Versammlungen hatte die Sittlichkeitsbewegung innerhalb der Frauenbewegung einen ersten Höhepunkt erreicht, der zu einem weiteren schnellen Aufschwung führte und bald zu einer starken Frontstellung der gesamten Frauenbewegung gegenüber der wilhelminischen Gesellschaft und ihres Staatswesens geraten sollte. Denkbar war diese umgehende Reaktion der Frauenbewegung auf den »Fall Koeppen« nicht ohne die langjährigen Vorarbeiten dieser Frauenbewegung seit ihren Anfängen in der Mitte der sechziger Jahre.

Die moderne Prostitution entstand in Berlin bereits gegen Ende des 18. Jahrhunderts, als die Ballsäle sich für die gesamte Bevölkerung öffneten. Die ländliche Not hatte junge Frauen und Männer aus den geschlossenen Dorfgesellschaften in die großen Städte getrieben. Die alte dörfliche Regel, daß vorehelicher Verkehr — im Falle, daß er Folgen hatte — eine Heirat erzwang, galt in Städten wie Berlin nur noch innerhalb bestimmter sozialer Gruppierungen, wie der organisierten und klassenbwußten Arbeiterschaft. Dort wurde zumeist darauf geachtet, daß der Schwängerer die Geschwängerte auch heiratete. Diese Regel galt aber vor allem dort nicht, wo unterschiedliche Schichtzugehörigkeit, die Art der Beschäftigung oder Armut eine Eheschließung verhinderten. So bildeten sich in Berlin bald Bevölkerungsgruppen heraus, in denen außereheliches Zusammenleben die Regel wurde. Frühe Sozialkritiker beschrieben dies bereits in der Zeit der 1840er Revolution, in der beispielsweise ältere Studenten vielfach mit jungen Arbeiterinnen zusammenlebten.[8] Entsprechend wiesen die an der 1848er Revolution beteiligten Frauen auf die Elendslöhne hin, die die Arbeiterinnen zwangen, ihren Körper zu verkaufen.

Zugleich tauchte das Phänomen auf, daß staatliche Behörden politisch unliebsame Frauen, wie in Berlin Luise Aston, eines unsittlichen Lebenswandels ziehen, um sie politisch außer Gefecht zu setzen und sie bequem ausweisen zu können. Die Jahre der Reaktion, die den preußischen Frauen das Verbot politischer Betätigung und sogar ihrer Fröbelschen Kindergärten[9] brachten, veränderten auch das öffentliche Reden über Prostitution: Jetzt schwieg sogar die Presse zu allen Vorkommnissen sexueller Art. Aber die Erotisierung des Bürgers war nicht mehr aufzuhalten, das Interese am französischen Roman und dem galanten Leben der »Demi-Monde« wuchs. Der vom Untertan zum freien Bürger avancierte Mann entwickelte dabei widersprüchliche Bedürfnisse: Einerseits verlangte es ihm seine Würde als Bürger ab, ein »ehrbares Haus« zu führen, repräsentativ dargestellt vornehmlich durch die makellose Sittenreinheit seiner (hellgekleideten) Ehefrau und Töchter. Andererseits verlangte die Darstellung seines Herrscherstatus, seiner »Manneskraft« also, nach dem »galanten

W. Meyer-Lüben: Im Café National.
(Um 1900)

Im Café National (Abb. 12)

Verhältnis« des »Herrn und Gebieters« vor und außerhalb seiner Ehe.

Wenn Napoleon im Jahre 1804 untersagte, nach dem Vater eines nichtehelich geborenen Kindes zu suchen, so war das zweifelsohne als Geschenk an seine durch Europa ziehenden Soldaten gedacht, denen er außereheliche Verhältnisse erleichtern wollte. Zwar galt der »Code Civil« in Preußen nur bis 1816, aber 1854 wurde auch in Preußen eine entsprechende gesetzliche Regelung erlassen. Verhindert werden sollte, daß »jede Allerwelts-Hure« Geldforderungen an den Kindsvater stellen konnte. Durch die sogenannte »Einrede des Mehrfachverkehrs« konnte ein Schwängerer nun erreichen, daß er keine Alimente zahlen mußte: Er brauchte seiner ehemaligen Freundin nur einen weiteren Beischläfer nachzusagen. Die finanziellen Folgen des außerehelichen Verhältnisses hatten die ohnehin elend schlecht verdienenden Unterschichtsfrauen nunmehr alleine zu tragen; kein Wunder, daß infolgedessen gerade in Berlin die Fälle von Kindsmord und Engelmacherei, aber auch von Prostitution zunahmen.

Die Aufklärer des 18. Jahrhunderts hatten sich aber auch eine Regelung ausgedacht, um die im Gefolge zunehmender Prostitution auftretende »Volksseuche Syphilis« einzudämmen. Entsprechende Gestzesregelungen und Verordnungen erlaubten die Prostitution nur nach bestimmtem polizeilichem Reglement, die den »eingeschriebenen Weibspersonen« insbesondere regelmäßige Untersuchungen auf Geschlechtskrankheiten geboten. Alle nicht eingeschriebenen, »wilden« Kokotten galten in Berlin bis ins 20. Jahrhundert hinein als Gesetzesbrecherinnen und konnten als solche festgesetzt und bestraft werden. Ob die als »der gewerblichen Unzucht verdächtig« Verhafteten tatsächlich »Dirnen« waren, entschied nicht das Gericht, sondern der Amtsarzt, der die Frau auf Geschlechtskrankheiten oder ihre »Unschuld« hin untersuchte. Die Regel des bürgerlichen Rechts, daß von der Unschuld eines Verdächtigen auszugehen ist, bis ihm gerichtlich das Gegenteil nachgewiesen werden kann, galt in diesem Falle für Frauen nicht. Der oben geschilderte »Fall Koeppen« brachte dies ans Licht der Öffentlichkeit.

Da für bürgerliche Frauen, besonders der »gehobenen Kreise«, die Ehre — mit anderen Worten: ihr »Ansehen« und die ihnen daraus entstehenden Handlungsmöglichkeiten — ausschließlich an die Intaktheit ihrer Geschlechtsehre gebunden war, empörte diese Regelung gerade die Frauenrechtlerinnen bürgerlicher Herkunft. Denn die Folgen eines »Fehltritts« waren für die Frauen der »höheren Stände« besonders drastisch, wie es Theodor Fontane in »Effi Briest« und »L'Adultera« schilderte. Der »Fehltritt« einer bürgerlichen Frau bedeutete ihren völligen Ausschluß aus der Gesellschaft, Einsamkeit, eine erhebliche Verschlechterung ihrer finanziellen Situation und den Verlust ihrer Kinder. Infolge dieses »gesellschaftlichen Todes« konnte Effi Briest nichts weiter tun, als sich in die Einöde zu begeben und zu sterben.[10]

Aber es war nicht nur dieser »gesellschaftliche Tod«, der die Frauen der Frauenbewegung empörte, sondern es war vor allem die Tatsache, daß der Prostitution verdächtige Frauen sich wie ein Stück Vieh unter die Hände eines männlichen Arztes zur Begutachtung ihrer körperlichen Intaktheit begeben mußten. Das kränkte ihr viel gepriesenes »weibliches Schamempfinden« zutiefst. Noch fanden Geburten in den allermeisten Fällen zu Hause mit Hilfe einer Hebamme statt. Gerade bei Unterleibserkrankungen wurden Ärzte, weil Männer, nur äußerst ungern zu Rate gezogen. So war es kein Zufall, daß Minna Cauer auf einer Versammlung zum »Fall Koeppen«, zur »weiblichen Ehre« und zur Prostitutionsgesetzgebung auf die außerehelich Gebärenden verwies, die in der Charité (weitere städtische Krankenhäuser wurden in Berlin ab 1873 eingerichtet) ganz sicherlich entgegen ihren eigenen Bedürfnissen und Gefühlen den Ärzten und Professoren als lebende Objekte in den Vorlesungen dienten. Zunächst nämlich mußte, infolge der großen Prüderie insbesondere in den 1850er Jahren, die Diskussion der damaligen Feministinnen über die »weibliche Ehre«, das Menschenrecht auf Unverletzlichkeit der Person und der freien Verfügungsgewalt über den Körper auf der Ebene ärztlicher Versorgung von Frauen geführt werden.

Als Lina Morgenstern 1875 anregte, auf der Jahresversammlung des (1867 gegründeten) Allgemeinen Deutschen Frauenvereins (ADF) die Ziele der englischen Sittlichkeitsbewegung, des Abolitionismus, zu diskutieren, waren die Damen des Vorstandes dagegen. Sie befürchteten, interessierte Frauen abzuschrecken, wenn ein derartig brisantes Thema in der Öffentlichkeit einer solchen Versammlung zur Diskussion gestellt würde.[11] Stattdessen wurde auf jener ADF-Tagung gefordert, Frauen zum Medizinstudium zuzulassen. Eine Forderung, die im Rahmen der Frauenerwerbsvereine und in dem von Jenny Hirsch redigierten »Frauenanwalt« bereits seit einigen Jahren debattiert worden war. Die Hauptbegründung für diese Forderung nach dem weiblichen Medizinstudium war eine ethische: die »weibliche Schamhaftigkeit« mache Frauenärztinnen zu einer »sanitären und sittlichen Nothwendigkeit«, wie eine Laienheilerin sich aufgrund ihrer Erfahrungen mit der Landbevölkerung ausdrückte.[12] 1874 begründete die Berlinerin Hedwig Dohm in einer Polemik für das weibliche Medizinstudium diese Forderung genauso:

»Ich kenne sehr viele Frauen und bin die Vertraute mancher Kranken gewesen, und ich weiß, wie viel Kummer und Thränen es selbst derbgearteten Frauen kostet, ehe sie, wo es sich um Frauenkrankheiten handelt, zu dem Entschluß kommen, einen Arzt zu konsultieren. Der weitaus größere Theil unterleibskranker Frauen zieht ein lebenslanges Sichthum ärztlicher Untersuchung vor.«[13]

Ähnlich Hedwig Dohm hatte bereits acht Jahre zuvor, nämlich 1866, Luise Otto-Peters in ihrer Schrift »Das Recht der Frauen auf Erwerb« argumentiert. Wie Hedwig Dohm polemisierte sie gegen die Unlogik in den männlichen Vorstellungen von »Sittlichkeit« und »weiblichem Schamgefühl«, wie sie seitens männlicher Ärzte als Hauptargument gegen das Medizinstudium von Frauen vorgebracht worden waren. Luise Otto schrieb unter anderem, auf die Sittlichkeitsargumente der Männer Rekurs nehmend:

Es schadet der Sitte, wenn ein Mädchen anatomische Vorlesungen hört — das aber schadet nicht, wenn in den Kliniken die schwangeren und gebärenden Frauen, wovon viele gleichzeitig sich in einem Saal befinden, von einer Schar junger Männer untersucht und beobachtet werden — das heißt das Herkommen gut!«[14]

Möglicherweise auch auf Luise Ottos Schrift hin hatte ein Mediziner namens Bischof 1872 eine Broschüre gegen das weibliche Medizinstudium veröffentlicht, in der er neben Hinweisen auf die Größe von Schädel und Geschlechtsteilen der Frauen u.a., feststellte: »... ich kann mir nicht Widerwärtigeres denken, als ein junges Mädchen, beschäftigt am Seziertisch...« oder:

»Ich möchte es für ganz gewiß halten, daß manche Frauen ihre 'Heimlichkeiten', wie die alte Medizin es nannte, viel lieber einem männlichen als weiblichen Arzte offenbarten; ein Mann kann und wird einem Weibe darin gar kein Vertrauen schenken: es ist ein ganz unnatürliches und ekelhaftes Verhältnis.«[15]

Gegen diese männlichen Vorstellungen von »Widerwärtigkeit« und »Natürlichkeit« wandte sich Hedwig Dohm mit ihrer bereits eben zitierten Schrift. Deutlich wird uns an dieser Debatte nicht nur die durch die jeweilig herrschende Weltanschauung bestimmte Engstirnigkeit selbstgläubiger Wissenschaftler, sondern auch, daß offenbar Frauen und Männer damals völlig konträr zueinander stehende Moralvorstellungen hatten. Hedwig Dohm zitierte Bischof und antwortete:

»'So gewiß', sagt Herr Bischof, 'als das weibliche Geschlecht von Natur sittsamer, schamhafter und keuscher ist, als das männliche — so gewiß ist es, daß die notwendige Mißachtung und Vernachlässigung dieser Eigenschaften , welche medicinische Studien mit sich führen, das absolute Verdammungsurtheil über dieses unsittliche Unternehmen unserer Zeit ausspricht.'

Ich kehre einfach den Satz um und sage: so gewiß als das weibliche Geschlecht von Natur sittsamer, schamhafter, keuscher ist, als das männliche, u.s.w., so gewiß müssen wir ein absolutes Verdammungsurtheil aussprechen über das unsittliche Unternehmen vieler Jahrhunderte, Frauen in Geschlechtskrankheiten von Männern behandeln zu lassen.«[16]

Erst durch diese Forderung nach Zulassung der Frauen zum Medizinstudium fühlten sich Männer ernstlich von der Frauenbewegung bedroht und reagierten mit massiven Polemiken gegen die Frauenbewegung, wie beispielsweise der genannte Münchener Anatom Bischof. Auch wurde man praktisch gegen die weiblichen Emanzipationsbestrebungen aktiv: Nachdem 1878 auf dem Kongreß der Naturwissenschaftler und Ärzte eine Frau ihr gut gelungenes Präparat vorgeführt hatte, beschloß man 1879 — auf den Antrag eines Berliner Arztes hin — Frauen künftig von der Teilnahme auszuschließen.

Dennoch begannen Frauen Medizin zu studieren, und bereits 1877 ließen sich in Berlin die beiden ersten akademisch ausgebildeten Ärztinnen nieder: Dr. Lehmus und Dr. Franziska Tiburtius. Sie hatten beide in der Schweiz studiert. Zum preußischen Staatsexamen wurden sie jedoch nicht zugelassen, so daß sie beispielsweise nicht befugt waren, Totenscheine auszustellen. Praktizieren konnten sie nach preußischer Gewerbeordnung dennoch. Allerdings wurde ihnen anfangs nachts häufiger das Praxisschild von der Hauswand gerissen. Die Ärztinnen eröffneten eine Poliklinik für Frauen und »im Anschluß daran in ihrem Hause eine Krankenstation für arme, kranke Frauen...«[17] Als 1880 Gertraud Guillaume-Schack mit Vorträgen die Berliner Frauen zu einem Kampf gegen die Prostituiertengesetzgebung zu gewinnen suchte, fand sie — sicher nicht zufällig — Verständnis gerade bei diesen Frauen. Angeregt durch ihren Vortrag gründete Dr. Tiburtius zusammen mit Lina Morgenstern einen »Verein zur Rettung minorenner Strafgefangener«, aus dem später ein »Verein zur Erziehung schulentlassener Mädchen für die Hauswirtschaft« (in Marienfelde) wurde. Daß dieser Verein gegründet werden konnte, lag allerdings nicht zuletzt an den guten Beziehungen, die Lina Morgenstern zur Kaiserin Augusta hatte, die der Gründung dieses »Magdalenenheims« die offenbar notwendige Unterstützung angedeihen ließ.

Verständnis für ihre Bestrebungen fand G. Guillaume-Schack auch bei den Arbeiterinnen, die zu ihrem Vortrag gekommen waren. Diese taten sich daraufhin zusammen, um Arbeiterinnenvereine als Interessenvertretungsvereine zu gründen, um dem »Abgleiten in die Prostitution« infolge zu schlechter Löhne präventiv zu begegnen.[18] Der Berliner Zweigverein des — von Gertraud Guillaume-Schack als abolitionistischem Verein gegründeten — »Kulturbundes«

sandte 1880 eine Petition an den Reichstag, in der er die ersatzlose Abschaffung des §361,6 forderte, ganz ebenso wie es auch die Abolitionistinnen in England gefordert hatten (to abolish, engl., abschaffen; der Ausdruck »Abolitionismus« wurde zuerst für die Sklavenbefreiungsbewegung in den USA benutzt, später dann für jene Teile der Sittlichkeitsbewegung verwandt, die für die bedingungslose Abschaffung jeglicher staatlicher Reglementierung eintraten). Dieser Petition können wir entnehmen, daß man innerhalb der »bürgerlichen« Frauenbewegung wohl wußte, daß die Prostitutionsgesetzgebung die Frauen je nach Klassenlage im einzelnen unterschiedlich traf:

»Indem die Gewalt der Sittenpolizei nur den Frauen gegenüber zu vollem Ausdruck kommt, die gezwungen sind, sich ihr Brot zu erwerben, und nicht durch zufällige äussere Verhältnisse geschützt werden, schafft sie nicht nur einen Unterschied der Geschlechter, sondern auch der verschiedenen Klassen vor dem Gesetz. Sie bedroht jedoch andererseits die Sicherheit aller Frauen, da dem Gutachten eines unteren Polizeibeamten anheim gegeben wird, ihr Benehmen und Leben zu beurteilen, sie, auch ohne thatsächlichen Grund, zu verhaften, und gegen sie die beschimpfendste Anklage zu erheben, der gegenüber sie, ohne gerichtliche Untersuchung und ohne Verteidiger ihre Unschuld zu beweisen haben, wiewohl nach allgemeinem Gerichtsgange ihnen die Schuld bewiesen werden müsste.«[19]

Doch der »Kulturbund« ging bald wieder ein, einerseits weil Gertraud Guillaume-Schack vielfachen Repressalien seitens der Polizei ausgesetzt war, andererseits, weil nur wenige Frauen bereit waren, sich mit solch entsetzender Thematik zu befassen und dafür in Vereinen und öffentlich zu engagieren: Das ihnen anerzogene »Schamgefühl« sprach noch allzu sehr dagegen. Die ehrbare Frau gehörte ins Haus, in der Sphäre der Gemeinde hatte sie zu schweigen, Gemeines zu überhören.

Eine neue Initiative gegen die Prostitutionsgesetzgebung kam erst wieder 1889 durch Hanna Bieber-Böhm zustande, nachdem ein Jahr zuvor eine Petition des ADF um die Zulassung von Frauen zum Medizinstudium vom Reichstag unbeantwortet geblieben war. Bisher hatte Han-

Private Stellenvermittlerinnen. Postkarte um 1900 (Abb. 13)

na Bieber-Böhm im Berliner Verein »Frauenwohl« mitgearbeitet, der sich anfangs nahezu ausschließlich für die Zulassung von Frauen zum Studium eingesetzt hatte. Sie suchte zunächst durch Vorträge das Verständnis und Engagement der gebildeten Frauen für die Belange ihrer armen Schwestern zu wecken. Hanna Bieber-Böhm gründete einen Verein »Jugendschutz«, der während der Sommerferien entlassenen Dienstmädchen Obdach geben wollte; später konnten Mädchen in den Heimen des »Jugendschutzes« »häusliche Fertigkeiten« erlernen und wurden von den Vereinsfrauen selbst in sichere Stellen vermittelt. Einige der vielen kleinen privaten Stellenvermittlungen ließen sich nämlich etwas überreichlich bezahlen, und manche waren sogar in den Verdacht geraten, mit Mädchenhändlern und Bordellbesitzern zusammenzuarbeiten. Der Verein »Jugendschutz« befürwortete zwar auch die Abschaffung der bisherigen Prostitutionsgesetzgebung, forderte aber eine Bestrafung der »Unzucht« bei Mann und Frau. Hanna Bieber-Böhm lag daran, daß auch der männliche Verführer bestraft würde, insbesondere war ihr wichtig, daß »Brotherren«, die die ihnen unterstellten jungen Arbeiterinnen oder Dienstmädchen zu »unzüchtigen Handlungen« zwangen, hart bestraft würden. Sie regte entsprechende Gerichtsverhandlungen gegen Arbeitgeber an, die Arbeiterinnen sexuell belästigten, und vertrat bei den Verhandlungen betroffene junge Frauen, eine für die damaligen Verhältnisse sicher sehr mutige Handlungsweise und sicher die erste Frauenunternehmung gegen sexuelle Belästigung am Arbeitsplatz und Mißbrauch von abhängigen Minderjährigen.

Der Verein erarbeitete entsprechende Petitionen an den Reichstag, die von zahlreichen Frauenvereinen mitgetragen wurden. Dennoch war man 1895 innerhalb der Frauenbewegung noch immer so vorsichtig, daß sich der Vorstand des 1894 als Dachverein aller »gemeinnützig arbeitenden« Frauenvereine gegründeten Bundes Deutscher Frauenvereine (BDF) sich 1895 zwar nicht scheute, Hanna Bieber-Böhms Petition zu unterstützen, aber sie auf der Bundesversammlung reden zu lassen, fürchtete man sich. Obwohl der Vorstand des BDF den geplanten Vortrag Hanna Bieber-Böhms als sehr gut lobte, wurden die gleichen Bedenken, wie sie der ADF-Vorstand schon zwanzig Jahre zuvor geäußert hatte, angeführt. Erst in letzter Minute konnte die kleine Fraktion der »Radikalen« innerhalb des Bundes durchsetzen, daß ihre Vertreterin Hanna Bieber-Böhm ihren Vortrag auch wirklich halten konnte.

Doch da, wo die Frauen verbal sittenwidriges Verhalten nicht anprangern mochten, konnten sie sich doch schriftlich äußern. Ab Mitte der 90er Jahre erschien eine stetig wachsende Flut von Schriften verschiedener Autorinnen zur Prostitutionsfrage. Bezeichnend ist der Roman von Gabriele Reuter »Aus guter Familie«, der 1895 erschien und bald zahlreiche Auflagen erfuhr.[20] Er brachte zur Sprache, was den Frauen bis dahin sich einzugestehen schwer fiel: daß die eigenen Brüder, Väter, Ehemänner und Söhne die Verführer der armen Dienstmädchen waren, die nach Entdeckung des »Verhältnisses« entlassen wurden. Vielfach gerieten sie als uneheliche Mütter in so große Not, daß sie zur Prostituierten wurden und über kurz oder lang als Kindsmörderin oder infolge von Geschlechtskrankheiten elendig endeten. Eine entsprechend zahlreiche Leserinnenschar gewannen die ganz ähnlichen »Tendenzromane« von Helene Böhlau, die so bezeichnende Titel wie »Reinen Herzens schuldig«, »Das Recht der Mutter« oder »Halbtier« trugen.[21]

So war der Boden durch vielfältige Lektüre und zaghafte erste öffentliche Diskussionen bereits bereitet, als der »Fall Koeppen« die Berliner Frauenöffentlichkeit aufschreckte und zu raschem Handeln veranlaßte. Zumal der BDF gerade kurze Zeit vorher die Einstellung von »Polizeimatronen« gefordert hatte, da die damaligen Feministinnen meinten, daß Frauen ganz anders mit den jugendlichen, als mutmaßliche Prostituierte Aufgegriffenen umgehen würden. Bei dieser Gelegenheit hatten die Frauenrechtlerinnen vom Polizeipräsidium erfahren, daß bereits Kinder von kaum 12 Jahren unter sittenpolizeiliche Kontrolle gestellt worden seien. Später behauptete die Behörde zwar beschwichtigend, nur Mädchen ab 14 Jahren würden »unter Kontrolle«

als eingeschriebene Postituierte genommen, aber für die Frauenrechtlerinnen war es empörend genug zu erfahren, daß 11jährige Mädchen überhaupt als Dirnen behandelt wurden. Als nun Josephine Butler, die weithin bekannt gewordene Leiterin der englischen Abolitionistinnen, auf der Versammlung im Januar hin den Berlinerinnen schrieb und darauf verwies, daß ihrer Meinung nach die einzig sinnvolle Forderung die nach gänzlicher Straffreiheit der Prostitution sei, da alle anderen Regelungen doch wieder nur zu Lasten der Frauen gehen würden, entstand noch im selben Jahr in Berlin ein Ortsverein der internationalen abolitionistischen Föderation, der nun für die ersatzlose Streichung des §361,6 eintrat. Hanna Bieber-Böhm, die mit ihrem Anliegen bis dahin eine der aufsehenerregendsten Frauenrechtlerin war, galt mit ihren Vorstellungen plötzlich als »konservativ«.

Obwohl viele Forderungen — wie jene nach Einstellung von Polizeimatronen und Ärztinnen, Heimerziehung und Jugendfürsorge, Bestrafung der verführenden Arbeitgeber und Anwendung des Kuppeleiparagraphen 180 StGB auf die vielerorts mit behördlicher Duldung existierenden Bordelle — die nämlichen blieben, unterschieden sich die Frauen des »Jugendschutzes« von den Abolitionistinnen in einem wesentlichen Punkt. Während es den Frauen des Vereins Jugendschutz vornehmlich darum ging, die gefährdeten weiblichen Jugendlichen zu schützen, und sie sich dazu an die Frauen wandten, griffen die Abolitionistinnen das System der »Reglementierung«, mithin Staat und Behörden, direkt an. Hanna Bieber-Böhm wandte sich an ihre Geschlechtsgenossinnen und suchte mit ihnen ein System der Fürsorge für die Gefährdeten und Gefallenen zu entwickeln, weil sie der Meinung war, daß die Frauen eine größere Sensibilität für soziale Ungerechtigkeiten hätten und daher die geeigneten sozialen Arbeiterinnen wären. Sie formulierte das so:

»Ohne diese Tugenden kann kein Staat zur vollen Blüthe sich entfalten, ohne sie muß jeder Staat zugrunde gehen. Durch diese Tugenden: durch Treue, Sittenreinheit, Selbstbeherrschung, Selbstverleugnung steht heute ein großer Teil der Frauen hoch über den Männern.

Die Frauen sind es daher, die an der Spitze der Civilisation marschieren. Sie sind es, welche jetzt dem Idealbild des Menschen am nächsten kommen. Es liegt nun in ihrem eigenen Interesse, daß sie auch die übrige Menschheit heranbilden helfen, denn ein Leben lang in einer Gesellschaft existieren zu müssen, die diese Tugenden nicht besitzt, ist... ein Martyrium.«[22]

Hanna Bieber-Böhm hatte mit ihren Appellen Erfolg. Neben dem Meinungsumschwung, der sich allmählich innerhalb der organisierten Frauenbewegung vollzog, gewann vor allem die praktische soziale Arbeit der Frauenrechtlerinnen einen immer größeren Stellenwert. Die Gründung der »Frauen- und Mädchengruppen für soziale Hilfsarbeit« 1893 durch Jeanette Schwerin ist in diesem Zusammenhang zu sehen.[23] Aber genau in diesen Bemühungen, einzelnen »Gefallenen« die Fürsorge angedeihen zu lassen, die ihnen Staat und Gesellschaft schuldig blieben, erfuhren die Frauen auch die Begrenzungen ihrer Möglichkeiten. Die Abolitionistinnen legten folglich etwas weniger Wert auf weitere Intensivierung der sozialen Hilfsarbeiten, sondern griffen den Staat direkt an. Sie bezichtigten das System der behördlichen Reglementierung, die Prostitution als solche überhaupt erst herzustellen. Die Abolitionistinnen waren also der Meinung, daß durch die Einrichtung der Dirnenliste, die polizeiliche Verfolgung der Frauen und das unwürdige System der körperlichen Untersuchung von festgenommenen Verdächtigen, die besondere »Klasse der Prostituierten« erst entstehen würde. Sie warfen dem Staat vor, derartige Regelungen allein zum Schutze der Männer und auf Kosten der Sicherheit und der Menschenwürde aller Frauen eingerichtet zu haben. Indem der Staat eine Gruppe von Frauen mit dem § 361,6 aus der allgemeinen Gesellschaft aussondere, um sie durch regelmäßige gesundheitliche Überwachung den Männern als »saubere Ware« (Anna Pappritz) zur Verfügung zu stellen, fördere er die allgemeine Mißachtung der Frauen durch die Männerwelt. Gerade die körperliche Untersuchung der der Prostitution verdächtigen Frauen, wie im Falle der Marie Koeppen, bewies in den Augen der Frauenrechtlerinnen, daß ein wichtiges Postulat der modernen Gesellschaft, das der Unantastbarkeit der Person, für die Frauen nicht gelte. Die solchermaßen gesetzlich sanktionierte Mißachtung der »Würde« und »Ehre« von Frauen der »unteren Klassen« beeinträchtige folglich auch die Würde der Frauen der »gehobenen Klassen«. Dies zeige auch die behördliche Weigerung, Frauen zum Medizinstudium zuzulassen. Nur die Abschaffung des §361,6 StGB und die Anwendung des §180 auf Bordelle garantiere, daß die Prostituierten als »frei und selbständig für sich wohnende Prostituierte in viel höherem Maße ihre Menschenwürde« behaupten könne als es die »Eingeschriebene« und besonders die »Bordelldirne« je könnte.[24]

Binnen kurzem hatte diese Auffassung der Abolitionistinnen innerhalb der Frauenbewegung die Mehrheit erringen können und einte seither das sich immer weiter ausdifferenzierende Spektrum der Frauenbewegung. »Der Kernpunkt der Frauenbewegung ist die Sittlichkeitsfrage«, betonte Paula Müller, die Vorsitzende des evangelischen Frauenbundes, der die äußerste Rechte innerhalb der Frauenbewegung darstellte und von antisemitischen Bestrebungen keineswegs frei war. Bereits 1902 gewann die abolitionistische Auffassung innerhalb des Bundes Deutscher Frauenvereine die Mehrheit.

Die moderne Männergesellschaft, die den Frauen den Zugang zu den Universitäten versperrt und ihre Körper den Ärzten ausgeliefert hatte, gestand dem weiblichen Geschlecht zu, in den Bereichen des Ethischen und der Gefühle die Kompetenteren zu sein, auch wenn man — wie beispielsweise die Gegner des Frauenmedizinstudiums — versuchte, sie wegen eben dieser Eigenschaften vom Medizinstudium fernzuhalten. Um die Jahrhundertwende waren die Frauen so weit, aus den ihnen angedichteten »Defiziten« ihre besondere Kompetenz zu machen — sie drehten den Spieß sozusagen um. Der Männerwelt und dem Männerstaat warfen sie rohe Gefühllosigkeit und ethische Verkommenheit vor: In den Augen der Abolitionistinnen machte der §361,6 StGB aus dem Staat nicht weniger als den »obersten Kuppler«.

Ab 1899 ließ man in Preußen Frauen zur Approbation zu, 1900 wurde die erste Ärztin bei der Polizei eingestellt und 1908 wurden die Universitäten den Frauen allgemein geöffnet. Bis dahin mußten die Frauen sich jener sprachlichen Mittel bedienen, die man ihnen seit der Herausbildung der bürgerlichen Gesellschaft zugestanden hatte, und das waren die des Ethischen und des »Sittlichen«. So steckte hinter dem Reden der Frauen über »weibliche Ehre« und »Sittlichkeit« nicht mehr, aber auch nicht weniger, als der Kampf der Frauen um gleiche Anerkennung auf freie Selbstbestimmung der Person einschließlich des Körpers, die man seit der bürgerlichen Emanzipation den Männern zugestanden hatte. Insofern der bürgerliche Staat den Frauen dieses Selbstbestimmungsrecht aufgrund ihres Geschlechtes vorenthielt, waren sie als Angehörige des anderen Geschlechts auch alle gleichermaßen betroffen, unabhängig davon, ob sie nun von »bürgerlicher« oder »proletarischer« Herkunft waren, selbst dann, wenn sich die Auswirkungen im einzelnen je nach Klassenzugehörigkeit sehr verschieden gestalteten. Das Sprechen von einer (bloß) »bürgerlichen« Frauenbewegung verstellt hier die Einsicht in eine gemeinsame Gefühlswelt aller Frauen quer durch alle Klassen oder Schichten; ebenso wie es verhindert, das Gemeinsame im Protest der Frauen von den Konservativen bis hin zu den Sozialistinnen zu sehen.

Anmerkungen:

1 Marie Raschke, Die weibliche Ehre, in: Die Frauenbewegung 3, 1897, Nr. 24 vom 15. 12. 1897, S. 250f.
2 ebda.
3 ebda.
4 ebda.
5 Die Frauenbewegung 4, 1898, Nr. 2 vom 15.1.1899, S. 13ff. Die Sozialistinnen hatten eine Beteiligung an der Versammlung aus prinzipiellen Gründen abgelehnt.

6 Eine Sozialarbeiterausbildung existierte um die Jahrhundertwende noch nicht. Die Frauenbewegung versuchte seit 1893 eine solche zu schaffen. Vgl. dazu den Beitrag von Birgit Sauer in diesem Band.
7 Die Frauenbewegung 4, 1898, S. 31, Rubrik Mitteilungen: Verein Frauenwohl, Berlin, Sitzung vom 19.1.1898.
8 Ernst Dronke, Berlin, Frankfurt 1846.
9 Das Verbot galt von 1850 bis 1862. Vgl. dazu den Aufsatz von Maya I. Fassmann in diesem Band.
10 L'Adultera, zuerst 1889; Effi Briest, 1. Aufl. 1895.
11 Margrit Twellmann, Die deutsche Frauenbewegung, Ihre Anfänge und erste Entwicklung 1843-1889, 2. Aufl. Kronberg/Ts. 1976.
12 Mathilde Weber, Ärztinnen für Frauenkrankheiten eine sanitäre und sittliche Notwendigkeit, Berlin 1887.
13 Hedwig Dohm, Die wissenschaftliche Emancipation der Frau, Berlin 1874.
14 Luise Otto-Peters, Das Recht der Frauen auf Erwerb, Hamburg 1866, S. 96ff; hier zit. nach Margrit Twellmann, Die deutsche Frauenbewegung, Quellen 1843-1889 (Bd.2), Meisenheim a. Glan 1972, S. 381.
15 Theodor L.W. von Bischof, Das Studium und die Ausübung der Medizin durch Frauen, München 1872; zit. nach Twellmann, Bd. 2, a.a.O., S. 389ff.
16 Hedwig Dohm, a.a.O., S. 129. (An Schweizer und gewissen anderen Universitäten wie Leipzig konnten Frauen damals bereits Medizin studieren.)
17 Anna Plothow, Die Begründerinnen der Frauenbewegung, Leipzig 1907, S. 164.
18 Else Lüders (in: Der linke Flügel, Berlin 1904) zufolge waren dies die ersten Arbeiterinnenvereine mit gewerkschaftlichem Charakter. Vgl. dazu auch den Aufsatz von H.-U. Bussemer in diesem Band.
19 Zit. nach: Anna Pappritz, Die Teilnahme der Frauen an der Sittlichkeitsbewegung, in: Handbuch der Frauenbewegung, hg. v. Helene Lange und Gertrud Bäumer, 5 Bde., Berlin 1900 ff; hier : Bd. 2, hg. v. Alice Salomon, Berlin 1901, S. 166f. Durch »innerdienstliche Verordnung« waren die einzelnen Schutzleute angewiesen, auf junge Frauen aus dem Proletariat ein besonderes Augenmerk zu haben.
20 18. Aufl. Berlin 1908; 1. Aufl. 1895.

21 Das Recht der Mutter, Berlin 1896; Reinen Herzens schuldig, Minden 1888; Halbtier, o.O. 1899.

22 Hanna Bieber-Böhm, 26000 Schlafstellen! Ein Hilferuf. Schriften zum Besten des Vereins »Jugendschutz«, Heft II, Berlin 1890, S. 3.

23 Vgl. dazu den Aufsatz von Birgit Sauer in diesem Band.

24 Denkschrift über die in Deutschland bestehenden Verhältnisse in Bezug auf das Bordellwesen und über seine sittlichen, sozialen und hygienischen Gefahren. Im Auftrage des Bundesvorstandes (des BDF, E. M.-R.) zusammengestellt von Katharina Scheven, hg. vom Bund Deutscher Frauenvereine, Schriften des Bundes Deutscher Frauenvereine, Heft V, Dresden 1904, S. 15.

Zum Weiterlesen:

Margarete Böhme (Hg.), Tagebuch einer Verlorenen, Berlin 1903 (Roman einer Berliner Prostituierten).

Gabriele Reuter, Aus guter Familie, ab 1895 zahlreiche Auflagen; 18. Aufl. Berlin 1908 (Roman einer »höheren Tochter«).

Clara Viebig, Das tägliche Brot, zahlreiche Auflagen; Stuttgart 1925 (Roman zweier Dienstmädchen im Berlin der Jahrhundertwende).

Anna Plothow, Die Begründerinnen der deutschen Frauenbewegung, Leipzig, 1907.

Regina Schulte, Sperrbezirke. Tugendhaftigkeit und Prostitution der bürgerlichen Welt, Frankfurt/M. 1979.

Margrit Twellmann, Die deutsche Frauenbewegung, 2 Bde., Meisenheim a. Glan 1972.

Rosmarie Beier

»Mir kümmert jar nischt in die Welt...«

Bilder der Berlinerin

»Mir kümmert jar nischt in die Welt,
ick due mir nich jrämen.
Wem meine Ware nich gefällt,
der kann sich andre nehmen.«

(Aus dem 'Lied der Berliner Hökerinnen' nach Adolf Glasbrenner)

Schlagfertig war sie, die Berliner Marktfrau, die Hökerin, und nicht so leicht in Verlegenheit zu bringen. Sie wußte sich zu helfen, auch wenn sie die Antwort einmal schuldig bleiben mußte. In der Zeit des Vormärz galt sie als die Frau aus dem Volk par excellence. Berliner Erzähler wurden nicht müde, von ihrer flinken Zunge und ihrem Mutterwitz zu schreiben:

»Ein Marktweib fragt das andre, indem sie auf den Apollo oben auf dem Königlichen Schauspielhaus in Berlin zeigte: 'Wer is det?' — 'Det is der olle Iffland, früher hier Theaterdirektor von's Schauspiel.' 'Aber so in't bloße Hemde?' 'Ach, Kulleken, da mißten Se die Kömodianten kennen! Det schämt sich nich, und det jrämt sich nich!'«

»Eine Hökerin, die Stinte zum Kauf umhertrug, ließ auf dem Hof ihre gellende Stimme erschallen. Der Wirt des Hauses steckte seinen Kopf aus dem Fenster und schrie: 'Na, dummes Weib, geh' sie doch auf die Straße und schreie sie hier nicht ihre Stinte aus!' 'I', antwortete die Hökerin, 'seh' er doch mal an! Warum soll ich denn nicht schreien? Wenn meine Stinte ein so großes Maul hätten wie er, dann könnten sie sich freilich alleene ausrufen!'«[1]

Schlagfertigkeit und Mutterwitz waren Attribute, die nicht nur der Frau aus dem Volk zugesprochen wurden, sondern auch der Berlinerin 'besserer Stände':

Liebeken, können se mich nich sagen, wat dat da oben uf det Dohr vor 'ne Puppe is?

Antwort: Ja nu, wat wird det sinn! Alte römsche Geschichte, Kurfürsten von Brandenburg, siebenjährger Krieg, det ist et!

Ah so! na ik danke recht sehr! (Abb. 14)

»Von den Damen der Provinz unterscheidet sich die Berlinerin durch ihr resolutes Wesen, ihr freies Auftreten und jene Ungeniertheit, welche gewissermaßen besagen will: ich bin mit Spreewasser getauft, mir kann Niemand, selbst die Polizei nicht, etwas anhaben, und wer mir nahe kommt, der sehe sich nur vor«.[2]

Die Berlinerin beeindruckt also: Resolut ist sie, steht mit beiden Beinen auf dem Pflaster, ist nicht auf den Mund gefallen. Die ihr nachgesagte Stärke, die sie in der Sicht mancher Autoren zum Mannweib werden läßt, gerät ihr jedoch nicht ungebrochen zum vorteilhaften Attribut. Solange es sich um die Typologie der Marktweiber, Hökerinnen, Proletarierinnen handelt, hat ein solches Bild durchaus seinen Reiz. Wird aber das Bild der Berlinerin als Städterin entworfen, wird es gemessen an den Vorstellungen von einer Frau in der Großstadt, die — mehr oder weniger deutlich — in den Köpfen der Betrachter haften. Jetzt ändert sich die Bewertung des zunächst Positiven schnell zum Defizit.

So beklagte sich 1798 eine Berlin-Besucherin über den weiblichen Teil der Bevölkerung:

»Den Berlinerinnen — so scheint es mir — fehlt es meist an jener zarten herzgewinnenden Weiblichkeit; die Sucht zu glänzen verleitet sie, die Grenze der schönsten Eigentümlichkeit zu verlassen. Jagd nach Witz und schnellen Antworten wird oft bei denen, welchen Verstandesfähigkeit dazu abgeht, durch Plattheit und Schnippischheit ersetzt. Dies gibt ihrem Tone eine Keckheit, die nicht immer von Sittenfeinheit erzeugt wird. Im Ganzen kann man ihnen eine unfeine Lebendigkeit vorwerfen. Bei öffentlichen Anlässen, im Gedränge hört' ich oft von recht hübschen weiblichen Lippen den derben Ausdruck: hier muß man sich durchpreschen; bei durchpreschen fällt einem so leicht abprotzen ein; beide Ausdrücke sind in gleichem Grade und gehören mehr zum schweren Geschütz, als dahin, wo man nur Amors Geschoß vermutet«.[3]

Die Berlin-Besucherin scheint enttäuscht zu sein. Damen hatte sie zu sehen gehofft, auf vorlaute, burschikose Frauen fällt ihr Blick. Nicht das elegante, gleichzeitig bedachte, sanfte und vornehme schöne Geschlecht tritt vor ihre Augen, sondern die aufgeputzte, freche Ex-Provinzlerin, die, nur weil sie in der Residenzstadt lebt, schon meint, daß sie 'von Welt' wäre. Da sich die Ausdrucksweise der Berliner Bürgerin im Prinzip nicht von der der Marktschreierin unterscheidet, verstärkt sich der Eindruck der Besucherin noch, in eine überhebliche Provinzstadt geraten zu sein.

Interessant am Bild der Berlinerin ist gerade die Konfrontation von Erwartung und realisiertem Klischee. Wer in die Residenzstadt reiste, schien zu erwarten, in die

Großstadt zu fahren. Und mit 'Großstadt' verband man das Damenhafte, den zurückhaltenden Charme, das Dezente. Die andere, 'dunkle' Seite des Bildes, die Demi-Monde, das Verruchte, die Möglichkeit für den Mann aus der Provinz, sich zu amüsieren, dies alles blieb aus dem Blick auf die Berlinerin ausgespart. Ihr Bild wurde bestimmt von der Vorstellung der 'Dame'. Dieses Bild im Kopf, fanden die Besucher nicht das Pendant. Um so herber fällt die Kritik an der Berlinerin aus. Enttäuschte Erwartung und mitgebrachte Norm gerinnen zur Fixierung eines Bildes der Residenzstadtfrau, das, wie sich noch zeigen wird, allen Umbrüchen trotzt.

Mehr als hundert Jahre später hat sich dieses Klischee nur verfestigt. Vielleicht wurde die Stadt längst auf der Basis dieses Bildes bereist und beschrieben, wenn es in einem Text aus dem Jahre 1905 heißt:

»Nicht schwatzen, aber treffen ist die Parole. Das ist das Typische des weiblichen Berlin. Das kleine Mädchen aus der Seestraße und die Weltdame, die in jeder Woche ein großes Diner gibt, unterscheiden sich darin nur der Ausdrucksweise nach.«[4]

Schlagfertig ist die Berlinerin also wie eh und je, doch daß eine 'Weltdame' Treffsicherheit im Reden beweist, ist wohl kaum ein Kompliment.

Was der Autor überdies an der Berlinerin zu kritisieren hat, geht aus dem Fortgang des Textes hervor:

»nur im Witzigen und mehr oder weniger gutmütigen Spott (...) liegt die Stärke der Berliner Konversation. Wo Überstiegenheit oder Ungeschicklichkeit oder sonst ein für Satire dankbar geeigneter Stoff sich wittern läßt, da erwachen die Zungen unserer Damen sofort zu spitzer Flinkheit«.

Grober Spott und satirische Rede, wie sie hier den Frauen zugeschrieben werden, schlagen wenige Jahre später auf die Berlinerin selbst zurück — doch dazu später.

An dieser Stelle scheint ganz deutlich die Unsicherheit des Autoren vor der Stärke des 'zarten Gechlechts' durch. Sicherheit jedenfalls bot der konventionelle Umgang mit der unkonventionellen Berlinerin nicht. Manchmal scheint sich geradezu Angst auszubreiten, betritt der fremde Herr das Terrain der Reichshauptstädterin. Sie gibt ihm keine Chance über das Sachliche hinaus. Das Verführerische, mit dem sich die Dame nach außen öffnet, fehlt ihr ebenso wie das Naive, über das von außen leichter auf sie eingewirkt werden könnte. Mit spitzer Zunge und flinker Rede versuche die Berlinerin — so das Verdikt der Beobachter — einen Mangel zu verdecken, den »Mangel an glücklicher Harmlosigkeit und Heiterkeit«. Immer fließe »etwas von Anstrengung und Spannung« in die Konversation mit ein, denn die Berlinerin sei »in ihrer Haltung steif« und kenne »keine Koketterie, kein verführerisches Lächeln«.[5] Die Berlinerin war also nicht — wie erwünscht — die vollendete Dame, das verführerische Weib, die Weltstädterin. Kurzum, sie war nicht die Pariserin, oder genauer gesagt, ihr Bild entsprach nicht dem der Pariserin. Die Berlinerin war preußisch. Sie war ebensowenig kokett, wie der Berliner galant. Preußische Nüchternheit und Sinnenfeindlichkeit verbot beides.

»Man sehe den jungen Mann abends in der Kneipe seine kleine Freundin zum Weine führen. Das Bild ist typisch: er, ein baumlanger Student mit Kneifer und englischem Paletot, geht mit großen Schritten voran, sie ein niedlich zurechtgemachtes Fräulein, das bei einer gewissen Koketterie doch riesig artig und bescheiden hinterdrein trollt«.[6]

Ein mißlungenes Paar — so der Eindruck des Betrachters. Er: ein Möchtegern-Gentleman, ohne Stil. Sie: das 'Fräulein', zu 'naturfrisch', um Dame zu sein. Ihre 'Artigkeit' braucht dabei nicht einmal zu überraschen. Das Fräulein, unter dem es sich wohl eine junge Näherin, Putzmacherin oder Ladenangestellte vorzustellen gilt, widerspricht dem Klischee des Burschikos-Frechen nicht, geht die junge Frau doch mit einem 'besseren Herrn' aus und befindet sich nicht unter ihresgleichen. Ihre 'artige Bescheidenheit' läßt das Fräulein nie zur Dame werden.

Nicht nur das Wesen, sondern auch das Äußere der Berlinerin ist Gegenstand der Kritik. Auch hier gibt es Erwartungen, die unerfüllt bleiben. Zwar erscheint die Berlinerin als »hübsch, zuweilen sogar sehr hübsch«, jedoch:

»Klassische Schönheiten sind allerdings nicht in großer Anzahl vorhanden, denn die klassischen und ebenmäßigen Gesichtszüge, sowie die bestrickende Harmonie des gesamten Wesens, wie sie z.B. in Italien anzutreffen sind und wie sie der Pinsel eines Rafael, Michel Angelo und Tizian verherrlicht hat, scheinen auf märkischem Boden nur spärlich zu gedeihen«.[7]

Dies schreibt der Althumanist, und vor sich scheint er die aus dem 'märkischen Boden' hervorgegangene Provinzlerin zu sehen, die durch Welten getrennt ist von seinem Ideal klassischer Schönheit und bestrickender Harmonie.

An anderer Stelle heißt es von der Berlinerin:

»Es ist ihr von altersher bekannt, daß sie nicht eigentlich zur imposanten Schönheit neigt. Ihr nicht sehr üppiges, nicht sehr rassiges, nicht sehr bedeutendes Köpfchen sitzt auf einer Durchschnittsgestalt, die öfter klein als groß ist. Das ist guter alter Berliner Typus. Das wächst sich zur Frau Wilhelmine Buchholz aus. Dazu stimmt eine neckische Miene und ein bescheiden-zierliches Kleid, dem man es nicht so genau anrechnen darf, wenn es auch nicht ganz richtig angepaßt ist. Man nimmt noch ein paar Löckchen an der Stirn, einen großen Blumenhut zu Hilfe, und das Ideal der Niedlichkeit ist gerettet«.[8]

Gleich zwei mißlingende Wünsche treffen hier aufeinander. Das Wunschbild, das die Berlinerin nach Ansicht des Autors von sich selbst hat, ist nach seinem Eindruck ebensowenig realisiert wie das, von dem er meint, daß es einer Weltstädterin zu Gesicht stünde. Dem Autor ist die Berlinerin zu wenig schön, zu wenig elegant, zu kleinstädtisch, zu flüchtig in ihrem ganzen Äußeren. Wenn sie schon keine hinreißende natürliche Erscheinung besitzt, hätte sie doch, so ließe sich die Rede des Autors verlängern, wenigstens zum Mittel des äußeren Retuschés greifen können. Wenigstens die Fassade hätte dann einer Dame von Welt entsprochen.

Erwartungen und Enttäuschungen, die sich auf das Bild der Berlinerin richten, finden sich ähnlich auch auf die Stadt projiziert. Vielleicht ist die Enttäuschung über die Berlinerin darum so groß, weil sie die Enttäuschung über die Stadt noch einmal verstärkt. Berlin in der Selbst- und

Fremddarstellung: Auch hier gibt es im Urteil der Betrachter keine klassische Schönheit, nichts von den Künstlern vergangener Jahrhunderte Vorgezeichnetes, nichts, was in Zeit und Ruhe seiner Vollendung entgegengegangen wäre. Berlin erschien, so eine Äußerung Ernst Blochs, als

»ein Gebilde, das sozusagen immer nur wird und nie ist, auf einem selber noch unterentwickelten, ungesetzten, dauernd zu meliorisierenden Boden«.[9]

Berlin-Besucher äußerten ihr Befremden über die mangelnde Geschichtlichkeit der Stadt. So schrieb Madame de Staël:

»Das Neue wird in diesem neugebildeten Land auf keine Weise durch Altes unterbrochen und eingezwängt. (...) Berlin, so schön es auch sein mag, ist weder von der Geschichte des Landes noch vom Charakter der Einwohner gebildet worden«.

Berlin wird der Vorwurf der Traditionslosigkeit gemacht. Nirgends findet der betrachtende Blick Halt, nie läßt sich sagen, so ist die Stadt, geprägt durch ihre Bewohner.

Der — gemessen am ideellen Weltstadtniveau — unfertigen Erscheinung der Berlinerin korrespondiert das ewig Unfertige der »Kolonialstadt zwischen dem deutschen Osten und Westen«. Und wie die Berlinerin den Betrachter wenig zur Annäherung einlädt, ist auch die Stadt unwirtlich. In Zailonows 'Freymüthigen Bemerkungen' aus dem Jahre 1806 wird die Stadt vollends zur Wüstenei:

»Bei einem etwas starken Wind aber wird man hier gar in die Sandwüsten Afrikas versetzt. Eine Staubsäule von der Höhe eines Hauses fliegt dann über die großen Plätze weg. Auf der Schloßfreiheit kam mir einst ein solches Ungeheuer von dem Schloßplatz her entgegen. In der Entfernung verdunkelte es schon alle Gegenstände. Es wirbelte sich längs den Häusern fort, und ich übertreibe nicht, wenn ich versichere, daß ich auf drei Schritte keinen Menschen sehen konnte. Alle Budiken, die auf den öffentlichen Plätzen stehen, werden dann mit Sand verschüttet, und die Kleinkrämer und Obstverkäufer haben eine geraume Zeit zu tun, um ihre Kostbarkeiten unter dem Schutt, der sie in einem Augenblick verdeckt, wieder ans Tageslicht zu bringen«.[10]

Der Sand der preußischen Mark ist geradezu Sinnbild für diese Stadt und ihre Frauen. Die preußische Provinz weht über die Plätze und durch die Straßen. Kaum ist sie einmal abgeschüttelt, bricht sie wieder durch. Und unermüdlich wird gegen sie angearbeitet. Wie der Stadt unterstellt wird, Weltstadt sein zu wollen und doch im märkischen Sand steckenzubleiben, wird der Berlinerin unterstellt, Weltstädterin sein zu wollen — doch sitzt ihr Kleid schlecht, ist die Frisur bloß adrett, erinnert die Figur an die ländliche Herkunft, und das Mundwerk Mund ist so groß, wie die Wagenspur im Sand der Mark tief.

Als Reichshauptstadt erscheint Berlin im Urteil der Zeitgenossen als Parvenu. Hätten viele die Berlinerin gern als Dame von Welt gesehen, die sie partout nicht wurde, ja war es überhaupt schwer, sich dem Bild der Berlinerin zu nähern, so gelang es letztlich doch, ihrer habhaft zu werden. Der ihr nachgesagte grobe Spott und die bissige Satire fanden ein literarisches Pendant: in ebensolchem Spott und ebensolcher Satire — in der entstehenden Massenpresse zigtausendfach vervielfältigt. Paula Erbswurst, die Confectioneuse vom Spittelmarkt, und Frida Klapperschlange, die 'Schreibmaschinistin', hießen die Galionsfiguren der Journalisten des 'Berliner Tageblatt' und des 'Ulk'.[11] Ein giftiger Berliner Eintopf wurde hier gekocht: Hinter den Geschichten über Paula Erbswurst und Frida Klapperschlange kann sich kaum der Schrecken verbergen, der durch sie aufgefangen werden soll. Nichts ist an den beiden, das dem Weltstadtniveau entspräche, das die Journalisten absichtsvoll wählen. Bodenständig und konservativ, laut und fordernd kommen sie daher. Unterwürfig sind sie, nur in den Floskeln erschrecken sie immer noch den 'Mann von Welt'.

Frida Klapperschlange z.B. ist alles andere als die moderne Hauptstädterin, deren Ideal das Urteil bestimmt. Trotz Berufstätigkeit bleibt sie die vorlaute neunmalkluge Provinzlerin, die sich — um ein Beispiel aus der Fülle der erzählten Episoden herauszugreifen — gegen die 'lenkbaren Luftschiffe' wehrt:

»Sehr geehrte Redaktion! Mit der nötigen kochenden Entrüstung an Sie beginne ich diesen Brief, und indem ich Sie ganz ergebenst bitte, doch nicht wie Schiller die Götter zu versuchen. Weil nämlich Ihr 'Berliner Tageblatt' nach der großen Gelingung der Fahrt von der französischen 'Partie' es auch durchaus in Deutschland haben will, das aber doch nicht alles nachmachen muß, und gerade dieses, indem es entsetzlich gefährlich ist«.[12]

Eine andere fiktive Berlinerin der Zeit, die wohl niemandem unbekannt ist, ist Frau Wilhelmine Buchholz.[13] Auch hier ist der Name Programm: Frau Wilhelmine herrscht resolut in ihrer kleinen Familie. Zuweilen hat sie das Herz auf dem rechten Fleck, zumeist ist sie unnachsichtig gegenüber den Schwächen der anderen und blind gegenüber den eigenen. Sie war die Preußin, der Feldwebel mit Rock und Schürze, wenngleich trotz ihrer Eigenheiten und Schwächen menschlicher als ihr Namensvetter, der Kaiser — weil sie immer auch eines war: Mutter.

Die Berlinerin war nicht die 'Dame', die zu sein Zilles Figuren zuweilen träumten. Auch war der Abstand zwischen der Proletarierin und der Dame geringer, als Zille annahm, wenn er die Arbeiterfrau als vermeintliche Dame karikierte. Indem Zille der Berliner Proletarierin 'den Po tätschelte' (Adorno), übersah er, daß es nur Nuancen waren, die seine Möchtegern-Dame von der Dame unterschieden, die andere als die bürgerliche Berlinerin beschrieben und von der sie gern gehabt hätten, daß sie die Dame wäre, von der die Proletarierinnen Zilles träumten.

Berlin in den Zwanziger Jahren. Das Bild der Berlinerin fällt bei Kurt Tucholsky so aus:[14]

»Mädchen, kein Casanova
hätte dir je imponiert.
Glaubst du vielleicht, was ein dofer
Schwärmer von dir phantasiert?
Sänge mit wogenden Nüstern
Romeo, liebesbesiegt,
würdest du leise flüstern:
'Wohl mit de Pauke jepiekt —?'
Willst du romantische Feste,
gehst du bei's Kino hin...

Eingesegnet: »Nu jehörste zu die Erwachsenen, un' wenn de fein willst sind, mußte det Kleed wie 'ne Dame fassen, so wie ick.« (Abb. 15)

Du bist doch Mutterns Beste,
du, die Berlinerin —!

Venus der Spree — wie so fleißig
liebst du, wie pünktlich dabei!
Zieren bis zwölf Uhr dreißig,
Küssen bis nachts um zwei.
Alles erledigst du fachlich,
bleibst noch im Liebesschwur
ordenlich, sauber und sachlich:
Lebende Registratur!
Wie dich sein Arm auch preßte:
gibst dich nur her und nicht hin.
Bist ja doch Mutterns Beste,
du, die Berlinerin —!«

Tucholskys Gedicht wird gemeinhin als 'Liebeserklärung an die Berlinerin' etikettiert: »Tucholsky war in Berlin verliebt. Und in die Berlinerin«.[15] Aber war er das wirklich? Fragt man danach, was die Berlinerin nach Ansicht Tucholskys *nicht* war, schleicht sich der Verdacht ein, daß sie selbst dem die Berlinerinnen liebenden Tucholsky etwas zu spröde war: Die Berlinerin war nicht romantisch, nicht hingebungsvoll, nicht charmant, nicht kopflos-chaotisch von der Liebe erhitzt. Kurz, sie war nicht fraulich, besaß keinen Hauch von Dekadenz und Verführung. Es war 'Mutterns Beste', die mit ihrem Liebhaber zusammen war — und eben nicht einzig und allein die Seine von der Spree.

Das Bild der Berlinerin und die Kritik an ihm sind sich erstaunlich gleich geblieben. Wie schon hundert Jahre zuvor wird ihr Mangel an Weiblichkeit und Charme registriert, kommt sie dem Ideal, an dem sie gemessen wird, nicht näher.

Tucholsky stand mt seinem Idealbild der Berlinerin nicht allein. Franz Hessel wandte sich 1929 in einem Artikel in der deutsche Vogue so 'An die Berlinerin':

»Schöne Berlinerin, du hast bekanntlich alle Vorzüge. Du bist tags berufstätig und abends tanzbereit. Du hast einen sportgestählten Körper, und deine herrliche Haut kann die Schminke nur noch erleuchten. (...) Mit der Geschwindigkeit, in der deine Stadt aus klobiger Kleinstadt sich ins Weltstädtische mausert, hast

Die »Neue Frau« (Abb. 16)

du Fleißige schöne Beine und die nötige Mischung von Zuverlässigkeit und Leichtsinn, von Verschwommenheit und Umriß, von Güte und Kühle erworben. (...) Du hast dir soviel Mühe gegeben. Bist berühmt. Nur lerne noch, anmutig auf deinen Lorbeern auszuruhen. (...) Verweile doch...Nicht so faustisch, Fräulein! Bitte flaniere«.[16]

Erstmals wird der Berlinerin hier aus sich dazu berufen fühlender Feder attestiert, alles zu haben, was die Weltstädterin zur Voraussetzung hat. Die Figur stimmt, das Gefühl stimmt, das rationale Verhältnis zu den Dingen stimmt, nur eines stimmt immer noch nicht: ihre Präsentation für das andere Geschlecht. Hessel scheint sich zu fragen: wozu der ganze Aufwand, wenn die Berlinerin die Honorierung von seiten der Herren gar nicht zuläßt? Immer noch scheint es den Herren schwergemacht zu werden, der Berlinerin, jetzt 'girl' genannt, habhaft zu werden. Wie der märkische Sand hundert Jahre zuvor keine Zeit für romantische Intimitäten ließ, so scheint es jetzt ein imaginärer Fortschritt zu sein, der die Frauen antreibt und den Herren nur das Nach-Sehen läßt. Und so wie das Bild der Stadt und ihrer Bewohnerinnen hundert Jahre zuvor im Sandsturm verschwand, nicht greifbar war, ist es jetzt die Anpassung an das Tempo der Zeit, die die Berlinerin unfaßbar bleiben läßt.

Wandte sich Franz Hessels Artikel in der Vogue an die Schreibmaschinistin des 'Ulk', die weibliche Angestellte, das Sinnbild der Frau der Zwanziger Jahre, so ist Alfred Kerrs 'Ode an die Berlinerin' eher auf die 'Confectioneuse' zugeschnitten:

I.
Sie ist nicht zu flach und nicht zu hüglig.
Das Fleisch ist vorzüglich.

II.
Sie ist nicht pathetisch: sondern nett.
Sie ist nicht graziös: sondern adrett.
(Und dufte beredt: ...mit 'ick' und 'det'.)

III.
Wißt Ihr, wo Ihr die wahre Type
(Knusprig und piepe)

Der wahren Berlinerin trefft?
Im Buttergeschäft. Im Buttergeschäft.[17]

Alle Klischees, die die Berlinerin seit über hundert Jahren begleiten, finden sich hier wieder: Das Äußere ist wohlproportioniert, aber nicht faszinierend, die Eleganz ist durch Seife und ordentliche Kleidung ersetzt, das Mundwerk zu groß, und die Liebe geht noch immer durch den Magen.

Nur einen Augenblick — so scheint es — hatte das Bild der Berlinerin eine reale Chance, das einer Weltstädterin zu sein. Das war in der Zeit der girls der Vogue — aber diese nutzen, so das zeitgenössische Urteil, ihre Chance nicht, vergaben die Möglichkeit.

Am Ende des zweiten Weltkrieges haben sich die Voraussetzungen für das Bild der Berlinerin geändert. In der Trümmerstadt Berlin braucht es keine 'Weltstädterinnen', sondern Frauen, die sich nicht unterkriegen lassen. Die Berlinerin 'darf' jetzt dem Bild entsprechen, das sie — begleitet von mehr oder weniger offener Kritik — immer schon hatte: das Bild der resoluten, zupackenden Frau, die sich behauptet (»Mir kann jar nischt in die Welt...«). Sie ist 'Mutterns Beste', auf die man sich verlassen kann:

»Welch hoffnungslose Arbeit, mit bloßen Händen die Trümmerstadt Berlin aufzuräumen. Und doch fanden sich genug Berliner, die bereit waren, diese hoffnungslose Arbeit zu übernehmen: vor allem Berlinerinnen. Es entstand ein neuer Beruf, der der 'Trümmerfrau'. Man sah die Tümmerfrauen bald überall, auf allen Ruinen, Stein- und Schutthaufen. Sie trugen Hosen, Pullover, Kopftücher und dicke Handschuhe. Sie arbeiteten mit einer Art trotziger Entschlossenheit. Wenn ich sie beobachtete, hatte ich das Gefühl, von ihrem Mund zu hören: 'Wir wissen genau, was Sie denken! Sie meinen, es habe ja doch alles keinen Sinn. Trotzdem machen wir weiter. Denn erst, wenn man aufgibt, verliert alles seinen Sinn!'«[18]

Die Berlinerin 1945 — Nicht-Weltstädterin in einer Stadt, die nicht (mehr) Weltstadt ist. Und zum ersten Mal — so scheint es — haben die Betrachter Frieden schließen können mit diesem nicht-damenhaften Bild der Großstädterin — zumindest solange sie sich in den Trümmern aufhält.

Anmerkungen

1 Zit. nach Werner Engelbrecht, Die Berlinerin in Scherz, Satire und Anekdote, Berlin 1954, S. 128. Ähnlich auch: Die Berlinerin, Bilder und Geschichten, hg. v. Ulrich Frank, Berlin 1897, Kapitel 'Die Marktfrau'.
2 Naturgeschichte der Berlinerin, Berlin 7. Aufl. 1885, S. 10.
3 Helene Friederike Unger, Briefe über Berlin aus Briefen einer reisenden Dame an ihren Bruder in H., Berlin 1930 (Erstausgabe 1798), S. 13.
4 Berlin und die Berliner (1905), zit. nach Paulus Potter, Die Wonneschaukel. Charme und Scherz der Berlinerin, Hamburg 1970, S. 41.
5 Ebda., S. 42; Naturgeschichte der Berlinerin, a.a.O., S. 13.
6 Berlin und die Berliner (1905), zit. nach P. Potter, a.a.O., S. 41.
7 Naturgeschichte der Berlinerin, a.a.O., S. 11.
8 Berlin und die Berliner (1905), zit. nach P. Potter, a.a.O., S. 41.
9 Zu Bildern und Klischees über die Metropole Berlin vgl. zuletzt Sibylle Wirsing, Mythos Berlin, in: Frankfurter Allgemeine Zeitung v. 17.5.1985, Magazin. Dort auch das folgende Zitat.
10 Zailonow, Freymüthige Bemerkungen (1806), zit. nach Ruth Glatzer, Berliner Leben 1645-1806, Berlin 1956, S. 301.
11 Ulk. Illustriertes Wochenblatt für Humor und Satire, Berlin 1872ff.
12 Die lenkbaren Luftschiffe. Getipptes der Schreibmaschinistin Frida Klapperschlange aus Groß-Berlin, in: Ulk. Illustriertes Wochenblatt für Humor und Satire 36, 1907, Nr. 30 v. 26.7.
13 Julius Stinde, Frau Wilhelmine, Roman, Berlin 1886.
14 Zit. nach S. Fischer-Fabian, Venus mit Herz und Köpfchen. Eine Liebeserklärung an die Berlinerin, Berlin 1959, S. 11.
15 Ebda.
16 Franz Hessel, An die Berlinerin, in: Vogue v. 13.3.1929.
17 Zit. nach S. Fischer-Fabian, a.a.O., S. 13.
18 Curt Riess, Berlin Berlin. 1945-1953, Berlin 1953, S. 27.

Gertrud Pfister

Abenteuer, Wettkampf und Tanz

Zur Bewegungskultur von Frauen (1890-1933)

»Die Frau...war bisher schwach und kraftlos. Sport und Wettkampf stürzten Traditionen. ...Sport schafft einen neuen Begriff von Weiblichkeit.«[1]. So beschrieb die Berliner Sportstudentin Annemarie Kopp 1927 einen historischen Prozeß, der am Ende des 19. Jahrhunderts einsetzte. Während vorher, zumindest im Bürgertum und im Adel, der weibliche Körper vor allem als Repräsentationsobjekt gepflegt wurde, gewann jetzt eine systematische, aktiv gestaltete Körper- und Bewegungskultur im weiblichen Lebenszusammenhang an Bedeutung. Turnen und Sport, Gymnastik und Tanz griffen entscheidend ein in die Wechselbeziehungen zwischen Körperformen, sozialen Rollen, Weiblichkeitsmythen sowie den Bedürfnissen und Orientierungen der Frauen. Deshalb kann eine Analyse der Körperkultur einen wichtigen Beitrag zur Rekonstruktion von Frauengeschichte(n) liefern.

Im folgenden wird es nicht um die Integration von Sport oder Gymnastik in den Alltag der Frauen gehen, sondern um diejenigen Frauen, die durch ihre Engagement die Körperkultur und darüber hinaus auch die Situation der Frauen zu beeinflussen suchten. Berlin bietet sich dabei als Untersuchungsfeld aus zwei Gründen an. Zum einen gingen viele Impulse für den Frauensport (im weitesten Sinn) von Berlin, dem politischen und kulturellen Zentrum des Deutschen Reiches, aus; zum anderen ergibt sich aus der Wiederentdeckung von fast vergessenen Initiativen, Ideen und Leistungen von Frauen ein neues Bild der Berliner Sportentwicklung.

Der öffentliche Diskurs über die weibliche Körperkultur

Berlin war Erscheinungsort vieler Sportpublikationen, ein Zentrum der deutschen Sportfachpresse und Sitz der meisten Dachorganisationen des Sports. Hier war ein Brennpunkt der Diskussionen und der Ort, von dem aus der öffentliche Diskurs über Turnen, Spiel und Sport gesteuert wurde.

Vor dem 1. Weltkrieg waren die Träger des Diskurses über Frauenturnen und -sport fast ausschließlich Männer — Pädagogen, Turnfunktionäre und Ärzte. Erst in der Weimarer Republik, als sich die Lage der Frauen allgemein und auch im Turnen und Sport veränderte, u.a. weil ihnen zum ersten Mal ein Mitspracherecht zugestanden wurde, ergriffen Frauen in größerem Umfang das Wort und traten für ihre Belange im Bereich des Turnens, Spielens und Sports ein.

Für Frauen war es zunächst wichtig, gegen die Enteignung des weiblichen Körpers einzutreten und die vielfältigen Vorurteile gegen die »körperliche Ertüchtigung« der Mädchen und Frauen zu widerlegen. Da der weibliche Körper als von Natur aus defizitär und als Ursache der psychischen, intellektuellen und sozialen Unterlegenheit der Frau galt, erschütterten die Versuche, die Argumente der »weiblichen Schwäche« zurückzuweisen, die herrschenden Weiblichkeitsmythen und damit auch die gesamtgesellschaftlichen Legitimationsstrukturen. Ärztinnen, die die ersten empirischen Untersuchungen über die Eignung der Frauen für Sport und Wettkampf durchführten, stießen deshalb auf erhebliche Widerstände. Trotzdem gelang es u.a. den Berliner Ärtzinnen Alice Profé und Hede Bergmann — letztere leitete die Sportuntersuchungsstelle der Berliner Krankenkassen — aufgrund von Untersuchungsergebnissen die Leistungs- und Belastungsfähigkeit von Mädchen und Frauen nachzuweisen.

Beide scheuten vor Konfrontationen nicht zurück. Alice Profé prangerte z.B. viele medizinische Lehrmeinungen als

Unsinn an und stellte die damals sensationelle Behauptung auf, daß sich die körperlichen Voraussetzungen von Jungen und Mädchen vor der Pubertät kaum unterscheiden und daß deshalb auch keine Unterschiede in der körperlichen Erziehung notwendig sind. Über die sportliche Betätigung erwachsener Fauen schreibt sie:

»Es gibt keinen weiblich gebauten und weiblich arbeitenden Muskel, der in ganz besonderer Weise auf die Anstrengungen durch Leibesübungen antwortet; es gibt kein anders geartetes weibliches Blut, keine weibliche Atmung, die besonders zu schwunghaften Übungen befähigt... Sowenig die Frauen anderes essen als die Männer, um zu Kräften zu kommen, sowenig brauchen sie zu ihrer Kräftigung eine andere Art und einen anderen Betrieb von Leibesübungen.«[2]

Dabei lehnte Alice Profé die Orientierung an der abstrakten oder auch der männlichen Leistung ab: »Das Mädchen und die Frau — sie soll nicht die Höchstleistung irgendwelcher anderer Frauen oder Mädchen oder Männer zu erreichen suchen, sondern nur ihre eigenen.«[3]

Gleiche Chancen und Abbau von Vorurteilen und Behinderungen im Sport war ein Ziel vieler Frauen, die meist gleichzeitig auf der Suche nach einer weiblichen Körperkultur waren. Auch die Frauen, die die Integration der Frauen in die sportliche Welt der Männer mißbilligten, weil sie die Theorie von den polaren Wesensmerkmalen der Geschlechter vertraten, wollten weibliche Formen des Turnens und Sports entwickeln. Die wichtigsten Diskussionsforen für die Ziele und Inhalte der weiblichen Körperkultur waren zwei Tagungen in Berlin (1925 und 1929), auf denen ausschließlich Frauen als Referentinnen eingesetzt wurden. Während die Vorträge auf diesen Tagungen eher auf der Linie der bürgerlichen Frauenbewegung lagen, orientierten sich manche der Studentinnen an der Deutschen Hochschule für Leibesübungen in Berlin stärker an den Ansätzen des radikalen Flügels der Frauenbewegung, u.a. auch an Mathilde Vaerting. Sie lehnten Reservate der Weiblichkeit und auch die dafür vorgebrachten Legitimationen, das Motto: »Gleichwertig aber nicht gleichartig« ab, suchten durchaus auch die kämpferische Auseinandersetzung mit dem Mann, waren aber darüber hinaus auf einem Weg zu einer weiblichen Kultur:

»Und so ist die Bewegung auf dem Gebiete des Frauensports und Frauenturnens ein Kampf um Frauenrechte gegen den Mann. Dem Mann zu zeigen: Was Du kannst, kann ich auch! Und wie jedes Rechthabenwollen schießt auch das über das Ziel hinaus und sieht es nicht mehr. Der Kampf spielte sich in Männerformen fort, die doch im allerletzten Grunde wesensfremd der Frau sind — es waren aber keine anderen da... und viele erkennen, daß die Frau einen recht lustigen Weg gegangen ist: um sich vom Manne loszusagen, ist sie selbst Mann geworden. Aber die Frau ahnt heute, daß ihre letzte Befreiung erst dann wirklich erreicht ist, wenn sie sich und ihr Wesen wirklich gefunden hat.«[4]

Selbstbestimmung der Frauen im Sport

Als den Frauen in der Weimarer Verfasung das politische Wahlrecht übertragen worden war, konnte ihnen auch im Bereich des Turnens und Sports ein (formales) Mitspracherecht nicht mehr verwehrt werden. Trotzdem blieb die Körperkultur eine männlich geprägte Welt, in der sich weibliche Ohnmacht körperlich manifestierte und bis in die Organisationsstrukturen hinein fortsetzte. In wichtigen Entscheidungsgremien waren Frauen so gut wie gar nicht vertreten. Schon an der Wende vom 19. zum 20. Jahrhundert lehnten sich Turnerinnen gegen die männliche Vorherrschaft auf, ohne allerdings die gleichberechtigte Integration in die konservative »Deutsche Turnerschaft« zu erreichen. In der Weimarer Zeit waren sich dann Frauen aus den unterschiedlichen proletarischen und bürgerlichen Turn- und Sportorganisationen einig in ihrer Forderung nach Selbstbestimmungsrecht in allen Frauenfragen. Auch die zur ersten öffentlichen Tagung für die körperliche Erziehung der Frau 1925 in Berlin versammelten 900 Frauen verabschiedeten eine Entschließung, in der sie »für die Durchführung einer körperlichen Erziehung für die gesamte weibliche Jugend grundsätzlich die Leitung von Frauen« verlangten.[5]

Schwimmerinnen des Damen-Schwimmvereins »Nixe« (Abb. 17)

Als Konsequenz aus den fehlenden Einfluß- und Selbstbestimmungsmöglichkeiten gründeten Frauen schon seit dem Ende des 19. Jahrhundets eigene Organisationen, in denen sie nach eigenen Vorstellungen turnen, spielen oder Sport treiben konnten. Zwischen 1889 und 1917 wurden in Berlin rd. 25, in den 20er Jahren weitere 12 Frauenturn- und -sportvereine gegründet. Einer der bekanntesten war der 1893 gegründete, heute noch bestehende Damen-Schwimm-Verein »Nixe«. Die Nixen, zu denen Anfang der 30er Jahre über 450 Schwimmerinnen gehörten, förderten einerseits den Leistungssport — Nixen waren nicht nur bei deutschen Meisterschaften, sondern auch bei den Olympischen Spielen 1936 erfolgreich —, andererseits wurde in diesem Verein der Breitensport und vor allem auch die Geselligkeit gepflegt.

1894 schlossen sich Berliner Radfahrerinnen, die in bestehende Vereine nicht als vollberechtigte Mitglieder aufgenommmen wurden, zu einem der ersten Frauen-Radfahr-Vereine, zum Damen-Radfahr-Klub Berlin, zusammen. Auch die Ruderinnen hatten in Männervereinen mit großen Schwierigkeiten zu kämpfen. So erklärte sich der Deutsche Ruderverband für das Damenrudern nicht zuständig; deshalb gründeten Berliner Frauenrudervereine 1919 den »Deutschen Damen-Ruder-Verband«.

In den Entscheidungsgremien des Sports Einfluß zu gewinnen, war für Frauen deshalb so wichtig, weil die männlichen Funktionäre auf der Basis ihrer weltanschaulichen Positionen und ihrer klischeehaften Vorstellungen von Weiblichkeit die Rahmenbedingungen des Frauensports festlegten. Als Tendenz galt, daß Frauen entsprechend ihrer gesellschaftlichen Funktion als Repräsentationsobjekt auch im Sport in Bezug auf Aussehen, Anmut, Grazie und Harmonie konkurrieren sollten, während für Männer die quantitative Leistung entscheidend war. Im Radfahren sollten Frauen ihre Geschicklichkeit auf blumengeschmückten Rädern demonstrieren und im Rudern wurden sie auf sogenannte Stilruderwettbewerbe verwiesen, bei denen sie in schweren Booten unnatürliche und verkrampfte Ruderbewegungen vorführen mußten. Dagegen protestierte vor allem der 1926 gegründete Frauenruderverein »Walküre«, der sich aus Studentinnen der Deutschen Hochschule für Leibesübungen (Berlin) zusammensetzte. Sie waren mit die ersten Ruderinnen, die an Rennruderregatten teilnahmen und dabei auch zahlreiche Erfolge erzielten. Auch in anderen Bereichen des Sports standen Frauen unter der Vormundschaft männlicher Funktionäre, die die einzelnen Disziplinen als schicklich oder unschicklich, geeignet oder ungeeignet, gesund oder ungesund für Frauen beurteilten. Erst auf Druck des Internationalen Frauensportverbands wurden z.B. 1928 leichtathletische Disziplinen von Frauen in das olympische Programm aufgenommen.

Der Kampf um Meter und Sekunden — das Eindringen der Frauen in den Wettkampfsport

Sport war ein »Kind der Großstadt«, d.h. er war auf ihre Strukturen und materiellen Bedingungen (Verkehrswesen, Kommunikationsnetz, Sportanlagen auf dem neuesten Stand der Technik) sowie auf das dort herrschende soziokulturelle Klima angewiesen. Es verwundert daher nicht, daß sich Berlin als politisches, wirtschaftliches und kulturelles Zentrum des Deutschen Reiches auch zu einem Zentrum des Sports, vor allem des Schau- und Rekordsports, entwickelte und von daher auch eine gute Basis für den Leistungssport der Frauen und Mädchen bot.

Seit dem Ende des 19. Jhs. nahmen Frauen, wenn auch nur ganz vereinzelt, an sportlichen Wettbewerben teil. In Berlin fanden z.B., von der Fahrradindustrie gesponsert, 1895 die ersten Frauenradrennen statt, die zum Bedauern der Rennfahrerinnen u.a. wegen der Entrüstung der deutschen Spießbürger wieder aufgegeben wurden.

Auch die ersten Damensportfeste, Wettläufe über die 400-m-Distanz, fanden 1904 in Berlin statt — da es noch keine Leichtathletikplätze gab, auf Radrennbahnen. Diese Veranstaltungen, die von einem Berliner Sportverein in der Hoffnung auf große Zuschaueinnahmen organisiert wurden, lockten ein sensationslüsternes Publikum an, das am Spektakel und nicht am Sport interessiert war. Die Presse reagierte auf den Frauensport mit heftiger Ablehnung und beißendem Spott; sie diskutierte mehr die Pumphosen, das Aussehen und die Moral der Läuferinnen als ihre sportlichen Leistungen. Das Lächerlichmachen der Fauen, die sich aus den Reservaten der Weiblichkeit herauswagten, war sicherlich eine der wirksamsten Waffen der Gegner des Frauensports.

Auch in den 20er Jahren war der Wettkampfsport der Frauen noch umstritten. Mit medizinischen, psychologischen, moralischen und ästhetischen Argumenten wurde Frauen die Eignung zum Kämpfen und Leisten abgesprochen. Der Widerstand der Männer gegen die Beteiligung der Frauen an Wettkämpfen war auch deswegen so stark und anhaltend, weil die (sportlichen) Leistungen der Frauen den Mythos der »weiblichen Schwäche« und damit wichtige Legitimationsmuster für das herrschende Machtungleichgewicht zwischen den Geschlechtern bedrohten.

Auch viele Frauen, vor allem diejenigen, die dem zunehmend ins Konservative driftendenden Bund deutscher Frauenvereine zumindest ideologisch nahe standen, lehnten Leisten, Kämpfen und Überbieten für Frauen ab. Andere Frauen sahen, die liberale Tradition der Gleichheitsforderungen verfolgend, zumindest in der zeitweisen Integration der Frauen in die Welt der Männer den einzigen Weg, um Anerkennung und Macht zu erringen und damit die Voraussetzung zu schaffen, um eigene Bedürfnisse entfalten und eigene Ziele verfolgen zu können. Vor allem die Studentinnen der Deutschen Hochschule für Leibesübungen in Berlin, Carla Verständig, Annemarie Kopp und Liselott Diem setzten sich für den Abbau von Schutzbestimmungen und Verboten, für die Gleichberechtigung der Frauen im Sport ein. Sie selbst gehörten zu den ersten Frauen mit einer systematischen sportlichen Ausbildung und vielfältigen Wettkampferfahrungen. Gemeinsam mit Ärztinnen und Pädagoginnen forderten sie nicht Wettkampf um jeden Preis, sondern freie Entscheidungsmöglichkeiten für Frauen und das Recht, über ihren eigenen Körper selbst zu bestimmen.

Die Diskussionen über die Wettkampfeignung der Frauen wurden durch die Realität überholt. Frauen beteiligten sich an sportlichen Wettbewerben, erreichten hohe Leistungen und organisierten zwischen 1922 und 1934 im Vierjahresrhythmus eigene Frauenweltspiele.

Ellen Braumüller (Abb. 18)

Nach dem ersten Weltkrieg hatten Frauensportwettkämpfe nicht mehr den Ruch des Sensationellen, des Amoralischen, sie wurden ein verständlicher, wenn auch relativ unbeachteter Teil der Berliner Wettkampfszene. Schon seit 1911 beteiligten sich Sportlerinnen z.B. an einer der größten Werbeveranstaltungen des Berliner Sports, am jährlich durchgeführten Staffellauf Potsdam-Berlin, der durch die ganze Innenstadt führte.

Berliner Sportlerinnen waren auf nationaler und internationale Ebene erfolgreich: So z.B. Erna Steinberg, 100-m-Läuferin und Olympiateilnehmerin von 1928; oder die Speerwerferin und Fünfkämpferin Ellen Braumüller, die bei den Frauenweltspielen 1930 in Prag siegte, mehrfache Deutsche Meisterin war, 1932 einen neuen Weltrekord im Speerwerfen aufstellte und bei den Olympischen Spielen 1932 eine Silbermedaille errang.

Die Hoffnung manche Frauen, durch sportliche Leistungen weibliche Stärke zu beweisen, einen »neuen Begriff von Weiblichkeit« zu schaffen und den Mann von seiner »Sicherheitsstellung« zu stürzen, blieb jedoch weitgehend Utopie. Obwohl sich die Frauenideale veränderten — das Sportgirl wurde zum modischen Typ — und die Bewegungsräume der Frauen ausweiteten, wurden sowohl traditionelle Weiblichkeitsmythen als auch die auf der geschechtsspezifischen Arbeitsteilung basierenden gesellschaftlichen Strukturen reproduziert. Im Sport ergänzten sich dabei zwei Tendenzen:

Da große körperliche Leistungen als männlich definiert wurden, mußte Frauen, die sie erbrachten, die Weiblichkeit abgesprochen werden; sie waren eben »Mannweiber«. Waren die sportlichen Leistungen der Frauen geringer als die der Männer, so bestätigte dies nur die im Alltagswissen verankerte Unterlegenheit des weiblichen Geschlechts.

Töchter der Luft

Wie ein Vogel zu fliegen, ist einer der ältesten Träume der Menschen, dem sich zunächst Phantasten, Artisten, Abenteurer und Autodidakten, später dann eher Wissenschaftler, Techniker, Sportbesessene und Geschäftsleute, aber auch ganz »normale« Menschen verschrieben. Diese Welt des Fliegens, des Abenteuers, der Forschung und der Technik galt schon immer als Welt der Männer, in der Frauen wegen mangelnder psychischer, physischer und intellektuelle Eignung nichts zu suchen hatten und haben. Fliegen erfordert als männlich geltende Eigenschaften wie technisches Verständnis, Übersicht, Kaltblütigkeit, Durchhaltevermögen, Mut usw.

Fliegen war aber schon immer auch ein Traum von Frauen, den sie als Ballonfahrerinnen, Fallschirmspringerinnen und Pilotinnen zu verwirklichen suchten.

Die erste deutsche Frau, die ihr Leben nicht nur dem Ballonfahren, sondern auch dem Fallschirmspringen widmete, war Käthe Paulus, über deren abenteuerliches Leben nur wenig bekannt ist. Geboren wurde sie 1868 in einem kleinen Dorf bei Seligenstadt in Hessen. Aus Adreßbüchern und standesamtlichen Eintragungen läßt sich entnehmen, daß sie nicht, wie manche Presseberichte sensationslüstern schrieben, eine »Tochter aus gutem Hause« war, sondern aus kleinbürgerlichen, vielleicht sogar eher proletarischen Verhältnissen stammte. Ihr Vater war Schmied, später Maschinenheizer; sie selbst arbeitete zuerst als Näherin. 1889 oder 1890 lernte sie den 16 Jahre älteren Luftschiffer Herrmann Lattemann kennen. Sie selbst berichtete: »Seine Kühnheit und Unerschrockenheit imponierten mir, und als er mich einlud, eine Fahrt mit ihm zu machen, war mein Entschluß gefaßt: Ich mußte Luftschifferin werden.«[6] Dieser für eine Frau sehr ungewöhnliche Entschluß ließ sich allerdings nicht sofort verwirklichen, denn zunächst wurde Käthchen mit der Herstellung der Ballons und Fallschirme vertraut gemacht. Daß sie als Näherin gut mit Nadel und Faden umgehen konnte, war dabei sicher von Vorteil. Ebenfalls sehr ungewöhnlich war es, daß sie trotz enger privater und beruflicher Partnerschaft Lattemann nicht heiratete. 1891 wurde ihr Sohn Wilhelm Herrmann geboren. Deshalb konnte ihr »sehnlichster Wunsch« erst 1892 in Erfüllung gehen: Sie durfte mitfahren. Bei diesem und bei vielen weiteren Flügen hatte sie die Aufgabe, den Ballon nach dem Fallschirmabsprung Lattemanns weiterzuführen und zu bergen. Schon bei ihrer dritten Ballonfahrt wagte Käthchen den ersten Absprung; bei der technischen Unvollkommenheit der Schirme war das ein todesmutiges Unternehmen. Käthchen schilderte ihre Gefühle bei den »Abstürzen aus schwindelnder Höhe« folgendermaßen:

»Ich gestehe gern, daß der Entschluß zum Absturz in die Tiefe eine große Überwindung kostete. Bleibt doch stets der Gedanke lebendig, daß irgendwo eine Kleinigkeit übersehen sein könnte, daß das bisher bewährte Material irgendeinen Schaden hat und der gewagte Sprung der letzte sein könnte. Es erzeugt ein gruseliges Gefühl, über das man nur hinübergelangt mit der Erinnerung an das Sprichwort: Dem Mutigen gehört die Welt.«[7]

Käthchens Karriere als einzige fliegende Frau drohte ein Ende zu nehmen, als 1894 ihr Partner Lattemann tödlich verunglückte. Käthchen mußte an einem Fallschirm hängend mitansehen, wie Lattemann an ihr vorbei in den Tod stürzte. Ein zweiter Schicklsalsschlag traf sie 1895, als ihr kleiner Sohn an Diphterie starb.

Nachdem sich Käthchen von ihrem Schock erholt hatte, kehrte sie zur Luftfahrt zurück. Sie kaufte sich vier neue Ballons und reiste mit diesem Riesengepäck allein durch Europa.

Bis zum Ersten Weltkrieg führte sie vor dem faszinierten Publikum über 500 Ballonfahrten und rd. 150 Fallschirmabsprünge durch. Dabei versuchte sie, ihre Show immer wieder zu verbessern und mit immer neuen Konstruktionen und Wagnissen ihre Zuschauer zu überraschen. U.a. zeigte sie Doppelabsprünge oder sie benutzte statt des Ballonkorbes ein Trapez, künstliche Tiere oder sogar ein Fahrrad, mit dem sie Propeller bewegte. Mit diesem »lenkbaren Fahrradluftballon« warb sie für Adler-Fahrräder. Um eine erfolgreiche Luftschifferin zu sein, bedurfte es nicht nur des Mutes, sondern auch organisatorischen und kaufmännischen Geschicks. Die Reisen mußten organisiert, Verträge ausgehandelt und Auftritte vorbereitet werden. Auch auf diesem Gebiet war Käthchen Paulus ungewöhnlich erfolgreich.

Für Käthchen war der Fallschirm aber nicht nur ein Sport-, sondern vor allem eine Rettungsgerät. Sie arbeitete ständig an seiner technischen Weiterentwicklung und erfand u.a. die Verpackung des Fallschirmes, das Fallschirmpaket. In den letzten 20 Jahren ihres Lebens wohnte sie in Berlin. Dort stellte sie während des Ersten Weltkrieges über 7.000 Fallschirme her, die vielen Menschen, u.a. Ballonaufklärern, das Leben retteten. Nach dem Krieg gab es für Fallschirme und Ballons keine Verwendung mehr, für Käthchen Paulus deshalb keine Aufgaben. Sie lebte zurückgezogen und starb, einst die »Sensation des anbrechenden Jahrhunderts«, fast vergessen in Berlin-Reinickendorf.

An der Wende vom 19. zum 20. Jahrhundert war Ballonfahren und Fallschirmspringen mehr Show als Sport. »Käthchen Paulus, das fliegende Fräulein« war eine Artistin, für die viele der geltenden Normen und Weiblichkeitsideale keine Geltung hatten. Schon durch ihre Kleidung — Pumphosen, Stiefel, Matrosenbluse — demonstrierte sie ihren außergewöhnlichen Status.

Daß sie eine Frau war, war, vom Geschäftlichen her gesehen, eher ein Vorteil. Es erhöhte den Nervenkitzel des Publikums. Der Preis für die Freiheit und das Abenteuer war ein Leben als Außenseiterin. Als Artistin hatte sie zudem kaum die Chance, herrschende Vorurteile und Stereotypisierungen zu verändern.

Wesentlich bedrohlicher für die männliche Vorherrschaft waren die Pionierinnen des Motorflugs, in Deutschland vor allem Melli Beese. Amélie Beese wurde 1886 in der Nähe von Dresden geboren. Ihre wohlhabenden Eltern — ihr Vater war Architekt — förderten ihre vielfältigen Begabungen; sie zeichnete, spielte verschiedene Instrumente und lernte sieben Sprachen. Ihr Entschluß, zur Bühne zu gehen, scheitere am Widerstand der Eltern. 1906 bis 1909 studierte sie in Stockholm Bildhauerei. Dort entwickelte sie sich zur begeisterten Hochseeseglerin und erwarb gründliche Kenntnisse im Schiffsbau, weil, so berichtet sie selbst, sie neben ihrer künstlerischen Arbeit für die Technik brennendes Interesse hatte. »Seitdem die Nachrichten von den ersten Flugversuchen die Welt durchzogen«, war sie fasziniert von der »Aviatik« und hörte an der Technischen Hochschule Dresden Flugtechnik und -mechanik.[8] 1910 gab sie ihre Karriere als Bildhauerin endgültig auf, um ihren Traum vom Fliegen zu verwirklichen. Nur mit großer Mühe fand sie in Berlin-Johannisthal einen Fluglehrer, der bereit war, eine Frau zu schulen. Monatelang durfte sie nur am Bau und an der Reparatur von Flugzeugen, zerbrechlichen Gebilden aus Holz, Leinwand und Drähten, mithelfen. Wie gefährlich Fliegen war, erlebte Melli Beese ziemlich bald am eigenen Leibe. Als sie als Passagierin eine Bruchlandung miterlebte, zog sie sich einen schweren Knöchelbruch zu. Dieser Unfall und auch weitere Flugzeugabstürze, die sie zum Teil als Augenzeugin miterleben mußte, konnten an ihrem Entschluß, zu fliegen, nichts ändern. Auch die vielen Hindernisse, die ihr ihre männlichen Mitschüler in den Weg legten — sie entleerten z.B. ihren Benzintank oder manipulierten an der Steuerung ihres Flugzeuges — hielten sie nicht ab, an ihrem 25. Geburtstag im September 1911 ihre Prüfung als erste Pilotin in Deutschland nach 114 Männern zu machen. Schon bei ihrem ersten Wettbewerb, den Herbstflugwochen in Berlin 1911, eroberte Melli Beese den Dauerweltrekord und kurz darauf auch den Höhenweltrekord mit Passagier für Pilotinnen. Am 4. Tag der Flugwoche schob sich Melli Beese auf den 2. Platz des Gesamtklassements und wurde damit zur Bedrohung für ihre männlichen Konkurrenten. Das stürmische Wetter am 5. Tag bot dann den Anlaß, die unliebsame Konkurrentin auszuschalten. Melli erhielt unter dem Vorwand, daß eine Frau bei stürmischem Wetter nicht fliegen könne, keine Starterlaubnis; sie fiel auf den 4. Platz zurück.

1912 eröffnete Melli Beese zusammen mit ihrem späteren Mann, dem Franzosen Charles Boutard als stillem Teilhaber, die »Melli-Beese-Flugschule GmbH«, Sitz Johannisthal. In den folgenden Jahren brachte sie Dutzenden von Männern das Fliegen bei. Wie fast jeder Flieger konstruierte und baute Melli Beese ihre Flugzeuge selbst. Dabei war sie viel erfolgreicher als die meisten ihrer männlichen Kollegen. In einem Rückblick erinnert sie sich an die Konstruktionen,

»die mehr der Phantasie als technischem Verständnis entsprangen. Sie bildeten für uns eine stete Quelle der Heiterkeit, obwohl es ihren geistigen Vätern so bitterernst damit war... Ein anderes Flugzeug besaß zwei hintereinandergelagerte Eindeckerflächen und nicht weniger als vier Propeller. ...Auch dieser Aparat verließ — wohl zum Glück für die wohlgebildeten Glieder seines Besitzers! — niemals den sicheren Erdboden.«[9]

Melli baute als Schulungsflugzeug die »Melli-Beese-Taube«, die entscheidende Verbesserungen gegenüber älteren Flugzeugtypen aufwies. Ihr Traum war aber der Bau eines Flugbootes, das sie trotz ständiger finanzieller Schwierigkeiten kurz vor dem 1. Weltkrieg fast fertiggestellt hatte. Der 1. Weltkrieg bedeutete für Melli Beese, die aufgrund ihrer Heirat die französische Staatsbürgerschaft besaß, das Ende all ihrer Pläne: Ihr Mann wurde verhaftet, ihre Flugschule geschlossen, ihr Flugboot zerstört. Nach dem Krieg gelang es Melli nicht mehr, in der Welt des Fliegens, und das war die einzige Welt für sie, Fuß zu fassen. Ihr wagemutiger Plan, zusammen mit ihrem Man mit zwei Flugzeugen um die Welt zu fliegen, scheiterte schließlich an der Finanzierung. 1925 beging Melli Beese Selbstmord; sie liegt auf dem Schmargendorfer Friedhof begraben.

Ebenfalls tragisch endete das Leben einer ihrer begabtesten Nachfolgerinnen. Auch die Berlinerin Marga von Etzdorf war besessen von dem Wunsch zu fliegen. Sie erwarb 1927, gerade 20jährig, ihren Pilotenschein in Berlin-Staaken.

Anschließend legte sie, obwohl ihr als Frau die Verkehrsfliegerschule verschlossen war, auch die Verkehrspilotenprüfung ab. Ihre Qualifikation eröffnete ihr aber keine Berufsperspektive. So wurde sie Kunstfliegerin ud trat bei

Melli Beese (Abb. 19)

Flugtagen auf. Mit ihrem eigenen kleinen Flugzeug »Kiek-in-die-Welt« unternahm sie abenteuerliche Langstreckenflüge, u.a. von Berlin nach Konstantinopel oder von Berlin nach Tokio. Nach vielen Erfolgen scheitert sie an ihrem größten Plan, dem Flug von Berlin nach Australien.

Als bei einer Notlandung in Aleppo ihr Flugzeug zerstört wurde, erschoß sie sich, sechsundzwanzigjährig, am 28.5.1933. Auf ihrem Grabmal auf dem Berliner Invalidenfriedhof steht: »Der Flug ist das Leben wert!«

Das Eindringen in die Welt der Männer bezahlten die meisten Pilotinnen sehr teuer. Sie riskierten nicht nur, wie alle Pioniere der Luftfahrt, beim Fliegen ihr Leben — 1914 waren von den 31 Frauen, die das Internationale Pilotenpatent besaßen, schon 4 abgestürzt —, sie hatten darüber hinaus auch mit Ablehnung und Spott, mit Rollenkonflikten und der Einsamkeit der Frauen, die die von der Gesellschaft gesetzten Grenzen der Weiblichkeit überschritten, zu kämpfen. Männer versuchten mit vielen Mitteln, angefangen von den Zweifeln an der Eignung der Frauen für die Luftfahrt, die durch die Realität schon lange widerlegt waren, bis hin zu konkreten Behinderungen und Verboten, das Fliegen als Domäne der Männer zu verteidigen. Denn wie im Berufsleben, so hatte die Beteiligung von Frauen auch in anderen gesellschaftlichen Bereichen deren Abwertung zur Folge. Wenn Aufgaben auch vom angeblich »schwachen Geschlecht« gelöst werden konnten, so sprach das nicht etwa gegen die Schwäche der Frauen, sondern gegen die Schwierigkeit der Aufgaben. Es verwundert nicht, daß Männer durch die weibliche Kokurrenz beim Fliegen ganz empfindlich in ihrem Selbstbewußtsein und in ihrem männlichen Überlegenheitsgefühl getroffen wurden. Daß Frauen fliegen konnten, nahm dem Fliegen viel von seinem gefährlichen Ruf. Deshalb wurden Pilotinnen gerne von Verkehrsflugzeugfirmen als Werbeträger eingesetzt, ohne daß ihnen dadurch allerdings die Integration in das Verkehrsflugwesen gelang. Sie galten nach wie vor als Kuriosität. Was waren aber die Motive der Frauen? Sicher war es die Befreiung von Konventionen, der Wunsch, die weibliche Unterlegenheit abzuschütteln und in der Konkurrenz mit Männern das eigene Können zu beweisen; sicher spielte aber auch der Traum von Freiheit und Ungebundenheit sowie der Traum, die Erdgebundenheit der Menschen zu überwinden, eine Rolle.

»442mal... bin ich hinauf in den blauen Äther gestiegen, der manchmal unten von dichten Wolken umhüllt war; über ihnen breitete er sich in seiner ganzen Unvergänglichkeit und Herrlichkeit über mir und meinem gebrechlichen Fahrzeuge aus. Hier sandte die Sonne ihre glänzenden Strahlen auf das Wolkenmeer herunter und schuf, fern von dem Geräusch der Erde tief unter mir, eine Pracht in dem unendlichen Raume, die unbeschreiblich ist. Käthe Paulus.«[10]

Gymnastik/Tanz — eine Alternative für Frauen?

Seit dem Ende des 19. Jhs. entwickelte sich die Gymnastik als Gegenbewegung gegen die als bedrohlich empfundenen Modernisierungsprozesse (u.a. Intellektualisierung und Technisierung) und als Alternative zum Sport mit seiner quantitativen Leistungsorientierung und seinem Rekordstreben. Die drei Hauptrichtungen der Gymnastik spalteten sich in den 20er Jahren in eine Vielzahl von Schulen mit unterschiedlichen Zielen, Inhalten und weltanschaulichen Positionen. Obwohl die Gymnastik als ideale körperliche Betätigung für die Frau galt und fast ausschließlich von Frauen betrieben wurde, gehörten zu den führenden Köpfen der Gymnastikbewegung viele Männer. Immerhin wurden die meisten Schulen für Gymnastik von Frauen begründet und geleitet; die Gymnastik war der Bereich der Leibesübungen, in dem Frauen noch am besten eigene Vorstellungen verwirklichen konnten, wobei allerdings zu berücksichtigen ist, daß diese Vorstellungen stark vom Geschmack und Geist der Zeit beeinflußt waren. Zentrale Idee der Gymnastik war es, die Trennung zwischen »Kopf und Bauch« zu überwinden und eine Einheit von Körper, Geist, Seele und Bewegung zu schaffen. Kritik wurde an den restaurativen Tendenzen der Gymnastikbewegung geübt und auch daran, daß sich die Rückkehr zur Natur, die Aufhebung des Dualismus von Körper und Geist auf Frauen beschränken sollte. In einer industrialisierten, leistungsorientierten Gesellschaft bedeutete eine derartige Polarisierung von Werten, die Zuständigkeit der Frauen für Natur, Ganzheitlichkeit und Ästhetik, ein Fortschreiben der Aufgabenteilung sowie des Machtungleichgewichts zwischen Frauen und Männern.

Wichtige Impulse für die Gymnastik gingen von Berlin aus. So wirkte z.B. Bess Mensendieck zwischen 1905 und 1914 in Berlin — 1910 eröffnete sie das Mensendieck-Zentralinstitut und verbreitete von hier aus ihr »System« in ganz Europa. Ihre Arbeit bestand »aus der Analyse und Synthese der menschlichen Bewegung, wie das Alltagsleben sie erfordert«.[11] Ihr funktionelles Frauenturnen versprach Befreiung aus den Zwängen der Mode sowie Schönheit und Anmut im täglichen Leben. Viele Frauen folgten ihrem Ruf und »mensendieckten«. Sie beschäftigten sich mit dem Bau und der Funktion ihres Körpers und übten »richtige« Haltungen und Bewegungen, wobei es nicht auf die Präsentation, sondern auf die Funktion des Körpers ankam. Mensendieck lag mit ihren Bestrebungen im Trend der Zeit: sie trug zur Befreiung der Frau bei, um ihr dann neue Zwänge in Form von ästhetischen Normen und strikten Verhaltenmustern aufzuerlegen.

Auch die Mensendieck-Schülerinnen Hedwig Kallmeyer und Elsa Gindler, die die Bedeutung von Atmung und Entspannung, von fließenden, rhythmischen Bewegungen erkannt hatten, lebten und lehrten in Berlin.

Wesentlich umstrittener als die Gymnastik waren die neuen Formen des Tanzes, der Ausdruckstanz und später der expressionistische Tanz. Vor allem der Grotesktanz bedeutete eine Bruch mit den Traditionen, ein völlig neues Umgehen mit Körper und Bewegung. Nur das Berlin der 20er Jahre bot die Atmosphäre, die materiellen Möglichkeiten und das Publikum für solche gewagten tänzerischen Experimente. Die Erfinderin des Grotesktanzes war die Berlinerin Valeska Gert, die sich selbst als bizarr empfand und aus ihrem Körper heraus ihre Kostüme erfand. Sie wollte das Publikum aufrütteln, schockieren. »Ich wollte über alle Grenzen hinaus, meine Bewegungen streckten sich und wurden übergroß, mein Gesicht verwandelte sich in Masken, mein Rhythmus wurde knallig... die Leute schrien.«[12]

Valeska sprengte die Ketten der herrschenden Ideale und Erwartungen, sie fühlte sich als Hexe.

Dieser erste Ansatz, die Entwicklung der Körperkultur in Berlin aus der Sicht von Frauen aufzuarbeiten, läßt zunächst erkennen, daß es *die* Frauen nicht gibt. Unterschiedliche Weltanschauungen, Lebenszusammenhänge, Perspektiven und Strategien führten auch zu einem unterschiedlichen Engagement im Bereich von Turnen, Gymnastik und Sport. Immerhin waren sich die Frauen einig in der Forderung, über Weiblichkeit und weibliche Körperkultur selbst zu bestimmen. Die kreative Beteiligung der Frauen am Turnen und Sport, an der Gymnastik und am Tanz veränderte zum einen die Beziehung zwischen den Geschlechtern in Ideologie und Praxis, zum andern aber auch die Inhalte und Ziele der Körperkultur.

Aus dem vorliegenden Überblick sind die vielfältigen Lücken der historischen Forschung zu erkennen, die bis jetzt weder die Geschichte der Frauen noch die Geschichte des Körpers und des Sports ernstgenommen hat. So müßte z.B. die Geschichte der Frauen in der Arbeiterturn- und -sportbewegung aufgearbeitet werden. Auch über die Studentinnen und Dozentinnen der Deutschen Hochschule für Leibesübungen, die sich vor allem für liberale Gleichheitsforderungen einsetzten, fehlen Informationen. So gut wie nichts ist bekannt über die Rolle des Sports im Alltag der Frauen oder auch über den Alltag der Frauen, die den Sport ins Zentrum ihres Lebens stellten. Auch wenn der Alltag von Frauen wesentlich durch die Produktions- und Reproduktionsarbeit bestimmt wurde, so dürfen bei der Rekonstruktion des weiblichen Lebenszusammenhangs Freizeit, Körper, Sport doch nicht unberücksichtigt bleiben.

Anmerkungen

1 Zit. nach Gertrud Pfister (Hg.), Frau und Sport. Frühe Texte, Frankfurt 1980, S. 129.
2 Zit. nach Pfister. a.a.O., S. 114.
3 Zit. nach Pfister, a.a.O., S. 125.
4 Zit. nach Pfister, a.a.O., S. 62.
5 Auguste Hoffmann, Erste öffentliche Tagung für die körperliche Erziehung der Frau, in: Hochschulblätter für Leibesübungen Nr. 7/8, 1925, S. 58.
6 Der kurze autobiographische Text ist abgedruckt in Rudolf Bonnet, Käthchen Paulus, die Ballonfliegerin und Fallschirmspringerin, in: Mitteilungen des Vereins für Geschichte und Landeskunde zu Bad Homburg vor der Höhe, 29. Heft, Bad Homburg 1965, S. 22.
7 Zit. nach Bonnet, a.a.O., S. 24.
8 Melli Beese-Boutard, Unser Flugplatz — in memoriam, in: Motor Nr. 5/6, 1921, S. 153.
9 Beese, a.a.O., S.155.
10 Zit. nach Bonnet, a.a.O., S. 24.
11 Zit. nach Ilse Glaser, Persönliche Erinnerungen an Bess M. Mensendieck, in: Leibeserziehung 9, 1960, S. 333.
12 Zit. nach Pfister, a.a.O., S. 276.

Zum Weiterlesen:

Bonnet, Rudolf, Käthchen Paulus, die Ballonfliegerin und Fallschirmspringerin, in: Mitteilungen des Vereins für Geschichte und Landeskunde zu Bad Homburg vor der Höhe, 29. Heft, Bad Homburg 1965.

Diem, Liselott, Frau und Sport. Ein Beitrag zur Frauenbewegung, Freiburg 1980.

Norden, Adalbert, Flügel am Horizont, Berlin 1939 (eine Biographie Melli Beeses).

Pfister, Gertrud, Frau und Sport. Frühe Texte, Frankfurt 1980.

Susanne Rouette

»Gleichberechtigung« ohne »Recht auf Arbeit«

Demobilmachung der Frauenarbeit nach dem Ersten Weltkrieg

Durch Verordnung der Regierung der Volksbeauftragten vom 12. November 1918 wurde den Frauen im Deutschen Reich das aktive und passive Wahlrecht zugestanden. Die Revolutionsregierung erfüllte damit eine alte Forderung der deutschen Sozialdemokratie und weiter Teile der »bürgerlichen« Frauenbewegung. Ein weiterer Schritt auf dem Weg zur Gleichberechtigung folgte mit der Verabschiedung der Weimarer Reichsverfassung am 11. August 1919. In Artikel 109 II wurde festgelegt, daß Frauen und Männer grundsätzlich die gleichen Rechte und Pflichten haben sollten. Die Aufnahme des Wortes »grundsätzlich« in den Verfassungstext hatte weitreichende Konsequenzen: Die Gesetzgeber hielten sich eine Hintertür offen, um die ökonomische und soziale Gleichstellung von Frauen nicht rechtlich verankern zu müssen. Trotzdem wurde selbst der eingeschränkte Gleichstellungsauftrag der Verfassung immer wieder kritisch diskutiert. Solche Kritik basierte in der Regel auf traditionellen Vorstellungen vom »weiblichen Geschlechtscharakter«, mit deren Hilfe nur allzuoft handfeste ökonomische oder soziale Vorrechte von Männern als »natürlich« und selbstverständlich propagiert wurden (und auch heute oft noch werden).

Die Lebenssituation der Menschen war seit dem Beginn der Republik von Wirtschaftskrisen geprägt. Gerade in den Zeiten krisenhafter wirtschaftlicher Entwicklung wurde auch das ebenfalls in der Verfassung verankerte »Recht auf Arbeit« in zahllosen öffentlichen Äußerungen für Frauen zur Disposition gestellt. Das Recht der Frauen auf Erwerbstätigkeit besaß im öffentlichen Bewußtsein offenbar geringere Priorität als das der Männer.

Diese Entwicklung aus den Anfangsjahren der Weimarer Zeit soll hier geschildert werden. Im Vordergrund steht dabei die Frage, welche Auswirkungen das Ende des Krieges und der Kriegswirtschaft, aber vor allem die Demobilmachung und die Rückkehr der Männer auf das Leben von Frauen in Berlin hatte. Es geht mir darum, einige Vorstellungen über die Arbeit von Frauen, über die Erwerbs- und Hausarbeit, im Nachkriegs-Berlin zu vermitteln. Zunächst soll jedoch in groben Zügen der Kriegsalltag von Frauen in Berlin vorgestellt werden, damit die Entwicklung nach Kriegsende verständlich wird.

Voller Kriegsbegeisterung versammelten sich in den ersten Kriegstagen Berlinerinnen und Berliner vor dem Schloß, um dem Kaiser zuzujubeln; auch die Abschiedsszenen auf den Bahnhöfen bezeugen den nationalistischen Taumel der Bevölkerung im Sommer 1914. Schon nach kurzer Zeit dürften für viele Menschen in Berlin jedoch wieder »Alltagsprobleme« im Vordergrund gestanden haben: Tausende Frauen standen vor der Frage, wo sie in Zukunft das nötige Geld für sich und ihre Familien hernehmen sollten. Die Einziehung der Männer zum Kriegsdienst bedeutete für zahlreiche Familien die Abwesenheit des Hauptverdieners. Lohn- und Gehaltsfortzahlungen für die eingezogenen Männer gab es nur in Ausnahmefällen, selbst diese endeten nach einigen Wochen. Die meisten Familienangehörigen der eingezogenen Soldaten waren in dieser Situation auf die per Reichsgesetz gewährte Kriegsunterstützung angewiesen.

Während der gesamten Kriegszeit wurden in Berlin (vor der Eingemeindung von 1920) vom städtischen Kriegsbüro rund 331.000 bewilligte Anträge auf Kriegsunterstützung gezählt. (Während der Kriegszeit sank die Berliner Bevölkerungszahl von rund 2,1 Mio. Einwohnern auf rund 1,7 Mio.) Führt man sich vor Augen, daß die Anträge in der Regel für mehrere Personen galten, kann man ermessen, wie viele Frauen mit ihren Kindern oder andere Angehörige von Soldaten auf die Kriegsunterstützung angewiesen waren. In Charlottenburg bezogen zeitweise mehr als ein Drittel der Haushalte, in Neukölln mit seiner überwiegend proletarischen und kleinbürgerlichen Bevölkerung sogar mehr als die Hälfte der Haushalte Kriegsunterstützung.

Obwohl die Berliner Gemeinden die Unterstützungssätze gleich zu Kriegsbeginn aus städtischen Mitteln um 100 Prozent erhöhten, reichten diese in der Regel nicht aus, um Lebensmittel, Wohnung, Kleidung und andere Artikel des Lebensbedarfs zu bezahlen. Viele Frauen mußten sich nach Möglichkeiten umsehen, ihre Haushaltskasse aufzufüllen. Auch schon vor dem Krieg waren zahlreiche Frauen, vor allem aus proletarischen und kleinbürgerlichen Familien, erwerbstätig. Die Mehrheit von ihnen verdiente ihr Geld mit stunden- oder tageweisen Tätigkeiten als Zugehfrau, Putzfrau, Wäscherin oder Büglerin in Privathaushalten, als Zeitungsausträgerin etc. Auch Heimarbeit, vor allem für die Berliner Konfektionsindustrie, war eine weitverbreitete Frauenarbeit. Die kargen Verdienste, die Frauen damit erzielen konnten, reichten jetzt jedoch meist nicht mehr aus; viele Frauen mußten sich eine außerhäusliche, ganztägige Arbeit suchen. Doch in den ersten beiden Kriegsjahren waren solche Arbeitsplätze nur schwer zu finden: Mit Kriegsbeginn hatte sich in Berlin Arbeitslosigkeit breit gemacht. Industrie- und Handwerksbetriebe, Geschäfte und Kaufhäuser entließen zahlreiche Beschäftigte, die nun neben den vor dem Krieg nicht außerhalb des Hauses oder nur stundenweise Erwerbstätigen um die knappen Verdienstmöglichkeiten konkurrierten. Für Männer entspannte sich die Arbeitsmarktsituation in den folgenden Monaten zunehmend, aber für Frauen war es bis zum Herbst 1916 nach wie vor schwierig, eine lohnende Erwerbstätigkeit zu finden. Obwohl in den Berliner Betrieben nach der Umstellung auf Kriegsproduktion schon im ersten Halbjahr 1915 händeringend nach geeigneten Arbeitern gesucht wurde, scheuten die Unternehmer offenbar davor zurück, mehr Frauen zu beschäftigen. Trotz zahlreicher Appelle und Beeinflussungsversuchen von Staatsseite hofften sie wohl noch auf ein schnelles Kriegsende, das es erübrigen würde, Frauen an »Männerarbeitsplätzen« zu beschäftigen.

Erst in der zweiten Kriegshälfte zog die Kriegswirtschaft in umfangreichem Maße Frauen zur Produktion heran; eine immer größere Zahl von Frauen arbeitete nun in der Rüstungsindustrie. Gleichzeitung gingen die Beschäftigungszahlen in den sogenannten Friedensindustrien (Textil- und Bekleidungsgewerbe, Papierindustrie, Reinigungsgewerbe etc.) deutlich zurück. Gefördert wurde diese Verschiebung der Beschäftigten durch die erheblich höheren Löhne in der Rüstungsindustrie, auch wenn dort die Arbeitsbedingungen nur noch als katastrophal zu bezeichnen waren. Gleich zu Kriegsbeginn hatte der Reichstag die Arbeitsschutzbestimmungen außer Kraft gesetzt. Arbeitszeitbeschränkungen und Beschäftigungsverbote für Frauen in bestimmten Betrieben und an bestimmten Arbeitsplätzen wurden zunehmend aufgehoben. Arbeitszeiten von zwölf und mehr Stunden »im Dienste des Vaterlandes« waren in der zweiten Kriegshälfte durchaus üblich. Immer mehr Frauen arbeiteten auch nachts, denn viele Betriebe gingen zum Dreischichtsystem über, um die Produktionsanlagen optimal auszunutzen. Aus einem Berliner Rüstungsbetrieb wurde über die Situation im Winter 1916/17 berichtet:

»Immer war 'etwas los'. Besonders in den Nachtschichten. Keine Nacht ohne Zusammenbruch einer oder mehrerer Frauen an den Maschinen, infolge Erschöpfung, Hunger, Krankheit. Stundenlang standen Maschinenreihen still, weil Transmissionsriemen gerissen waren, mal fehlte Material, dann fehlte Werkzeug. An manchen Tagen im Winter wurde nicht geheizt, die Arbeiter standen in Gruppen herum, sie konnten und wollten nicht arbeiten. In der Kantine gab es zwölfmal in der Woche, mittags und mitternachts, Kohlrüben, manchmal mit, meistens ohne Kartoffeln. In der Kantine kam es fast täglich zu Schreianfällen von Frauen, manchmal auch zu deprimierenden Schlägereien untereinander, weil angeblich 'die Kelle nicht gefüllt' war.«[1]

Der Kriegswinter 1916/17 ging als »Kohlrübenwinter« in die Geschichte ein. Wochenlang gelangten keine Kartoffeln auf den Markt, nur noch Kohlrüben waren zu erhalten. Die Berliner Lebensmittelversorgung brach in diesem

Winter praktisch zusammen, nachdem die Gemeindeverwaltungen zuvor immer noch das Schlimmste hatten abwenden können. Durch Mehraufwand an Arbeit und Zeit konnten Hausfrauen im ersten Kriegsjahr die Ernährungssituation für ihre Familien noch einigermaßen erträglich gestalten. Im Winter 1915/16 wurde der Lebensmittelmangel deutlich spürbar: Immer längere Schlangen vor den Geschäften gehörten nun zum Alltag, ebenso wie die immer kleineren Rationen, die auf die Lebensmittelkarten verkauft wurden.

Briefträgerin im Ersten Weltkrieg (Abb. 20)

Die Folge der langen Arbeitszeiten war nicht nur körperliche Erschöpfung. Viele erwerbstätige Frauen waren darauf angewiesen, daß Nachbarinnen oder Verwandte den Einkauf für sie erledigten; sonst mußten sie sich mit dem begnügen, was nach Feierabend noch zu bekommen war. Eine Berliner Schaffnerin schilderte ihre Situation so:

»Mein Mann ist eingezogen,... Ich habe ein achtjähriges Mädchen zu Hause, das sich tagsüber bei meiner Schwester aufhält. Das Kind ißt dort und ich zahle dafür. Meine Wohnung ist tagsüber zugeschlossen. Wenn ich nach Hause komme, bin ich müde und bringe mir gewöhnlich etwas mit, was ich auf dem Wege zu meiner Wohnung erhalten kann. Das ist meist nur Brot, auch etwas Wurst, Butter kriege ich in vierzehn Tagen höchstens einmal. Ich bin aber auch schon vier Wochen ohne Butter gewesen. Fleisch konnte ich nicht bekommen. Meine Schwester, die auch sehr einfach lebt, überließ mir vor längerer Zeit, drei Wochen sind es her, ein Stück gekochtes Rindfleisch, nicht mehr als ein viertel Pfund. Das war das letzte Fleisch, das ich gegessen habe. In letzter Zeit wurde es mir auch schwer, Wurst zu kaufen, da sie zu teuer ist. Gekocht habe ich seit Wochen nichts, nur etwas Suppe warm gemacht, und darum habe ich den ganzen Tag Hunger. Kartoffeln bekomme ich in der Nähe meiner Wohnung nicht, und ich bin zu müde, weiter zu gehen. Wenn ich sonntags dienstfrei habe, esse ich bei meiner Schwester.«[2]

Aber nicht nur die fehlenden Nahrungsmittel ließen »normale« Hausarbeit nicht mehr zu. Seit Sommer 1915 beschlagnahmten die Militärbehörden Materialien, die für die Kriegsproduktion benötigt wurden. Außer Lebensmitteln mangelte es an praktisch allem, was für den Haushalt wichtig war: Kohle, Gas, Strom, Petroleum, Reinigungsmittel, Textilien, Schuhe, Möbel, etc. Fast alle Gegenstände des täglichen Bedarfs waren rationiert oder gar nicht mehr zu erhalten. Der Schwarzmarkt blühte. Zeitgenössische Beobachter schätzten, daß rund die Hälfte des Lebensmittelbedarfs über den Schwarzmarkt gedeckt wurde.

Weder von den erschwerten und veränderten Bedingungen der Hausarbeit noch von denen der Erwerbsarbeit waren »die Frauen» gleichermaßen betroffen. Steigende Preise, Lebensmittelmangel und Rationierungen strapazierten in einkommensschwachen Haushalten das Budget weit mehr als in Haushalten, in denen mehr Geld vorhanden war. Unter der Arbeitslosigkeit der ersten Kriegsjahre und den schlechten Arbeitsbedingungen litten selbstverständlich auch nur diejenigen Berlinerinnen, die gezwungen waren, Lohnarbeit zu leisten.

Doch kehren wir noch einmal zurück zu Kriegsbeginn: Mit vollmundigen nationalistischen Äußerungen stimmte auch die deutsche Frauenbewegung in den Chor patriotischer Bekenntnisse zu Kriegsbeginn ein. Aber nicht nur mit Worten, sondern auch mit Taten wollten sich einzelne Frauen und die Frauenbewegung in den Dienst am Vaterland stellen. Die Sozialdemokratin Lily Braun führte in einer Broschüre über »Die Frauen und der Krieg« aus:

»Die unsichtbare Macht, die jene siebzigtausend Berlinerinnen vor dem Reichstag zusammenscharte, — nicht um für das Wahlrecht zu demonstrieren, sondern um sich der Kranken- und Verwundetenpflege zur Verfügung zu stellen —, war nur Ausdruck jenes lange verschütteten weiblichen Gefühls, das nichts anderes will, als: helfen und heilen, — jenes primitiven Geschlechtsgefühls, das ein einziges Wort am reinsten darstellt: Mütterlichkeit.«[3]

Die Notsituation zu Kriegsbeginn voraussehend, wurde von den Berliner Frauenorganisationen ausgehend der »Nationale Frauendienst« (NFD) organisiert. Wichtigster Bestandteil der sozialen Kriegsfürsorgearbeit des NFD in Berlin war die Mitarbeit bei der Kriegsunterstützung. Den 23 städtischen Unterstützungsbüros wurden Hilfskommissionen angegliedert. Finanziell und mit Räumlichkeiten von der Stadt unterstützt, übernahmen diese einen wesentlichen Teil der Beratungs- und Ermittlungs- und sonstigen Fürsorgearbeit. Neben den rein fürsorgerischen Tätigkeiten (Ausgabe von Zusatzunterstützung und Lebensmittelgutscheinen, Hilfe bei der Lösung von Wohnungsproblemen, Gesundheitsfürsorge, Unterbringung von Kindern, Arbeitsbeschaffung, Hinterbliebenenfürsorge etc.) übernahm der NFD bei Kriegsbeginn auch die Aufgabe, die »nationale Stimmung« aufrecht zu erhalten. Den Hausfrauen sollte von »Hausfrauenberatungsstellen die Rücksichtnahme auf die Volks- und Nationalwirtschaft nahegebracht« werden, desgleichen die »Bedeutung und die Wirkung der Konsumption im Kriege«.

Mit den zahlreichen Aktivitäten in der Kriegswohlfahrtspflege verband die Frauenbewegung auch eine politische Hoffnung. Die Frauen hofften, daß sie als Anerkennung für die Erfüllung ihrer »bürgerlichen Pflichten« zumindest in den Gemeindeparlamenten und -verwaltungen Sitz und Stimme erhalten würden. Doch die gewünschte Anerkennung blieb aus. Zwar beantragte die sozialdemokratische Fraktion in der Berliner Stadtverordnetenversammlung, Frauen in alle Verwaltungsdeputationen zu wählen, doch wurden juristische Bedenken geltend gemacht und der Antrag abgelehnt. Die Stadtverordneten ließen Frauen lediglich in einigen Deputationen mit beratender Stimme zu.

Während des Krieges wurde die Erwerbstätigkeit von Frauen verstärkt in der Öffentlichkeit diskutiert. Die Zeitgenossen (und lange Zeit auch die Historiker) konstatierten insgesamt eine erhebliche Zunahme der Frauenerwerbstätigkeit. Ob diese Wahrnehmung den Realitäten entsprach oder lediglich auf die verstärkte Arbeit von Frauen in statistisch erfaßten Arbeitsplätzen zurückzuführen ist, konnte bisher noch nicht abschließend geklärt werden. Es spricht jedoch einiges für die letztere Annahme — auch in Berlin dürfte die tatsächliche Zunahme der Frauenerwerbstätigkeit nicht so hoch zu veranschlagen sein, wie dies die Statistiken suggerieren. Gesteigerte Aufmerksamkeit in der öffentlichen Diskussion erhielt vor allem der Anstieg der Frauenarbeit an »Männerarbeitsplätzen« oder in Industriebranchen, die vor dem Krieg Domänen der Männer waren. Die Diskussionen um die »Überführung der kriegswirtschaftlichen Frauenarbeit in den Friedenszustand« (so der Titel eines Flugblattes des im Herbst 1918 gegründeten Reichsamtes für die wirtschaftliche Demobilmachung) setzten bereits im zweiten Kriegsjahr ein und dauerten während der gesamten Kriegszeit an. Bald war man sich einig darüber, daß die von der Front zurückkehrenden Männer selbstverständlich ein Anrecht auf ihren alten Arbeitsplatz haben sollten. Wenn es nicht gelänge, die Frauen aus ihren Kriegsarbeitsplätzen zu entfernen, seien erhebliche »Gefahren für die Volksgesundheit« und für die »Sittlichkeit« zu befürchten, so der weitverbreitete Konsens. Bei Kriegsende war deutlich: An der grundsätzlichen Bewertung der Frauenarbeit hatte sich während des Krieges wenig geändert. Die Frauen hatten ihre Schuldigkeit getan, sie sollten gehen. Für Männerarbeitsplätze standen nun wieder Männer zur Verfügung, Frauen sollten zurück an ihre alten Arbeitsplätze, sei es als Erwerbstätige, sei es als Hausarbeiterinnen.

Trotz aller propagandistischen Bemühungen, den Frauen diesen »Sachverhalt« nahezubringen, war man doch nicht davon überzeugt, daß die Frauen sich auch entsprechend verhalten und ihre Kriegsarbeitsplätze freiwillig räumen würden. Übereinstimmung herrschte denn auch darin, bei Kriegsende sofort die Arbeitsschutzbestimmungen für Frauen und Jugendliche wieder einzuführen. Sollte diese Maßnahme nicht ausreichen, werde man weitere Zwangsmittel ergreifen müssen — so die Planungen der Regierung für die Nachkriegszeit, an denen die wichtigsten Interessenorganisationen, u.a. auch der Bund Deutscher Frauenvereine (BDF), beteiligt wurden.

Ungeachtet eventueller staatlicher Maßnahmen wurde bereits vor Kriegsende von Unternehmern und Gewerkschaften vereinbart, die zurückkehrenden Soldaten wieder an ihren ehemaligen Arbeitsplätzen zu beschäftigen und die eingestellten Ersatzarbeitskräfte zu entlassen. Solche Abkommen gab es z.B. für die Berliner Herrenkonfektion, im Bäckerei- und Konditoreigewerbe, im Wäschereinigungs- und Plättgewerbe sowie im Gast- und Schankwirtschaftsgewerbe. Trotz der ab 1916 erheblich angestiegenen Zahl weiblicher Mitglieder vertraten die Gewerkschaften weiterhin vorrangig die Interessen von Männern, sprich die Sicherung von Arbeitsplätzen für Männer zu Lasten der Frauen. Auch die Arbeitgeber zogen, zumindest in den hier genannten Branchen, männliche den weiblichen Arbeitskräften vor.

Bis in den Frühherbst 1918 ging man bei den Planungen für die Demobilmachung von einem für Deutschland siegreichen Kriegsende aus und sorgte so dafür, daß ein Großteil dieser Planungen bei Kriegsende nur noch für den Papierkorb taugte. Aber weder die Kriegsniederlage noch die Revolution veränderten die grundsätzliche Einstellung zur Frauenarbeit, wie sie dann in der Demobilmachung wirksam wurde. Die prinzipelle politische Linie, die in den Planungsarbeiten für die Demobilmachung und für die Umstrukturierung der deutschen Wirtschaft festgelegt worden war, blieb trotz Revolution und Etablierung eines demokratischen Gesellschaftssystems im Deutschen Reich bestehen.

Der revolutionäre Rat der Volksbeauftragten und die nahezu vollständig aus dem Kaiserreich übernommene Bürokratie standen bei Kriegsende vor einer kaum zu lösenden Aufgabe: Die Wirtschaft sollte so schnell wie möglich von Kriegs- auf Friedensproduktion umgestellt und gleichzeitig die zurückkehrenden Soldaten innerhalb kürzester Zeit auf dem Arbeitsmarkt untergebracht werden. Überall im Reich befürchtete man die radikalisierenden Folgen der Massenarbeitslosigkeit in der Arbeiterschaft, fürchtete um Ruhe und Ordnung. »Hauptsache Arbeit« lautete die Devise, unter der die Demobilmachungsbehörden handelten. Neben den überregionalen Demobilmachungsorganen bemühten sich die auf lokaler Ebene gebildeten Demobilmachungsausschüsse, Massenentlassungen von Kriegsarbeitskräften zu verhindern, Rohstoff- und Transportprobleme zu lösen, die Umstellung der Betriebe auf Friedensproduktion zu unterstützen, Notstandsarbeiten einzurichten und die Arbeitslosigkeit, die trotz aller ergriffenen Maßnahmen in noch nie registrierte Höhen stieg, zu beseitigen.

Über die Arbeit in Berlin berichtete der damalige Oberbürgermeister Adolf Wermuth:

»Hand in Hand mit den geschickten und willigen Demobilmachungsbehörden, ausgerüstet mit zahllosen und deshalb unzureichenden und schwerfälligen Demobilmachungsvorschriften, haben wir uns durch Lärm und Aufstand, durch den verständlichen Unwillen der Daheimgebliebenen, die den Zurückgekehrten

Platz machen sollten, durch die unvermeidlichen Belästigungen des Gewerbes verzweifelt hindurchgearbeitet. Denn wir mußten schnell zum Ziel kommen. Die Massen der Arbeitslosen stellten denen, die an Fortsetzung der Unruhe dachten, den unerschöpflichen Behälter.«[4]

Ab Januar 1919 erließen die zuständigen Reichsbehörden eine Serie von Demobilmachungsverordnungen, die dem Ziel dienten, die Arbeitskräfteverschiebungen der Kriegszeit rückgängig zu machen, um für die entlassenen Soldaten Arbeitsplätze zur Verfügung stellen zu können.

Ich will hier nicht im Detail auf die einzelnen Verordnungen eingehen, sondern nur die wichtigsten der in Berlin wirksam gewordenen Bestimmungen erwähnen. Es ist jedoch der Hinweis notwendig, daß die von der Reichsregierung erlassenen gesetzlichen Bestimmungen jeweils nur einen allgemeinen rechtlichen Rahmen bereitstellten; die Demobilmachungsausschüsse füllten diesen Rahmen mit Verordnungen und Ausführungsbestimmungen, die an die örtlichen Verhältnisse angepaßt waren.

Vor der Verabschiedung der ersten Demobilmachungsverordnungen setzte die Regierung der Volksbeauftragten noch im November 1918 die Arbeitsschutzbestimmungen für Frauen und Jugendliche, wie bereits vor Kriegsende geplant, wieder in Kraft. An bestimmten Arbeitsplätzen war Frauenarbeit nun wieder verboten. Darüber hinaus verringerte dieser Schritt auch ganz allgemein die Konkurrenzfähigkeit von Frauen auf dem Arbeitsmarkt, z.B. durch das Verbot von Nachtarbeit für gewerbliche Arbeiterinnen.

Ab Januar 1919 versuchten die Demobilmachungsbehörden gezielter, den Arbeitsmarkt zu beeinflussen: Zunächst wurden größere Betriebe verpflichtet, diejenigen Arbeiterinnen, Arbeiter und Angestellten wieder einzustellen, die bei Kriegsbeginn bei ihnen beschäftigt gewesen waren. Entlassen werden durften nur noch solche Arbeitskräfte, die im Bergbau, in der Forst- oder Landwirtschaft sowie an hauswirtschaftlichen Arbeitsplätzen Beschäftigung finden würden. Im März 1919 wurden die arbeitsmarktpolitischen Eingriffe weiter verschärft: In Groß-Berlin mußten nun alle diejenigen Arbeitskräfte entlassen werden, die vor dem Krieg nicht in Berlin ansässig gewesen waren oder die vor dem Krieg in einem anderen Beruf gearbeitet hatten. Beide Verordnungen zielten auf die Beseitigung der enorm hohen Arbeitslosigkeit in Berlin. Im Vergleich mit anderen Regionen des Deutschen Reiches lagen die Arbeitlosenquoten in den Berliner Gemeinden besonders hoch. Die Reichshauptstadt belegte lange Zeit den Spitzenplatz in der deutschen Arbeitslosenstatistik, zeitweilig wurden hier über ein Viertel aller Arbeitslosen im Deutschen Reich gezählt.

Wurden in den bisherigen Bestimmungen Frauen nicht explizit angesprochen, so wurden sie ab Sommer 1920 als zu Entlassende benannt. Hatte man sich in Berlin bisher auf die Entlassung von »Orts- und Berufsfremden« beschränkt, wurden nun »auf Erwerb nicht angewiesene Personen« vom Arbeitsmarkt ausgeschlossen. Ausdrücklich erwähnte die entsprechende Verordnung, daß die Entlassung »anderer Arbeitnehmer als Ehefrauen« nur erfolgen dürfe, falls diesen »billigerweise zugemutet« werden könne, auf eigene Erwerbstätigkeit zu verzichten. Gegen verheiratete Frauen wurde mit dieser Verordnung ein »Sonderrecht« installiert. Sie wurden aufgrund ihres »Zivilstandes« als nicht »erwerbsbedürftig« definiert, und es wurde unterstellt, daß das Einkommen eines Mannes — so vorhanden — für ihren Unterhalt heranzuziehen sei. Besonders kraß tritt diese Haltung in einem Bericht der Berliner Gewerkschaftskommission, deren Vertreter im Demobilmachungsausschuß saßen, zutage. Dort heißt es:

»Wenn die Zahl der arbeitslosen Männer in Groß-Berlin so erschreckend hoch ist, wie dies gegenwärtig der Fall, so spricht der weitere Umstand mit, daß es eben nicht leicht und einfach ist, die Frauenarbeit auf das frühere Maß zurückzuführen. Von den Frauen, deren Ernährer Opfer des Krieges geworden sind... wird man nicht verlangen können, daß sie ihr Beschäftigungsverhältnis aufgeben, um Männer an deren Stelle zu setzten. ... Dagegen halten wir das Bestreben, parasitäre Elemente, das heißt solche, die es nicht unbedingt wirtschaftlich nötig haben zu arbeiten, aus dem Produktionsprozeß auszuschalten, für ein durchaus gesundes.«[5]

Mit diesen Verordnungen verfügte der Demobilmachungsausschuß über ein Instrument, mit dem er die Entlassung bestimmter Erwerbstätiger zwangsweise durchsetzen konnte.

Die geschlechtsneutrale Formulierung der Demobilmachungsverordnungen ließ zunächst nicht erkennen, daß Frauen in weit stärkerem Maße von den darin enthaltenen Ausschlußbestimmungen betroffen waren als Männer. Aber Frauen waren in weit höherer Zahl während des Krieges nach Berlin gekommen, um hier in der Industrie zu arbeiten; und viele Frauen hatten seit August 1914 z.T. mehrfach ihren Arbeitsplatz gewechselt, weil sie in der Rüstungsindustrie mehr verdienten. Sicherlich haben auch zahlreiche Frauen bei Kriegsende ihre Erwerbstätigkeit von sich aus aufgegeben. Wenn der zurückgekehrte »Ernährer« der Familie bereits wieder eine Arbeitsstelle gefunden hatte, konnte in den ersten Monaten nach der Revolution aufgrund der durchgesetzten Lohnerhöhungen eventuell genügend Geld vorhanden sein, daß Frauen zumindest für einige Zeit mit einer Erwerbstätigkeit aussetzen konnten. Der Gewerbeaufsichtsbeamte für die Stadt Berlin hob in einem Bericht ausdrücklich hervor, daß in einigen Fällen auch Frauen »auf Wunsch des Mannes« ihre Erwerbsarbeit beendet hätten. Viele Frauen wußten sicherlich auch, daß sie mit ihrer baldigen Entlassung rechnen mußten. Sie hatten bei ihrer Einstellung häufig unterschreiben müssen, daß sie nur als »Ersatz« für die Dauer des Krieges beschäftigt werden würden. Besonders eindeutig war dies in Fällen, in denen Frauen als direkte »Kriegsvertretung« ihrer eingezogenen Ehemänner, Brüder oder Söhne an deren alten Arbeitsplätzen tätig waren.

Die Zahl der Arbeiterinnen und weiblichen Angestellten, die in den ersten Nachkriegswochen von sich aus ihre Erwerbstätigkeit aufgaben, reichte aber offensichtlich bei weitem nicht aus, um die von den Demobilmachungsbehörden gewollten Umstrukturierungen zwischen Frauen- und Männererwerbsarbeit zu erreichen. Entlassungen wurden auch von Unternehmen ausgesprochen, die daran interessiert waren, ihren Personalbestand drastisch zu verringern, da die Rüstungsaufträge nun ausblieben. Die Beschäftigungszahlen in der Berliner Industrie waren bereits seit dem Sommer 1917 gesunken, zunächst allerdings wegen Rohstoffmangel und Transportschwierigkeiten. Bei Kriegsende beschleunigte sich diese Entwicklung, Massenentlassungen setzten ein. Große Firmen wie z.B. Siemens oder die Deutsche Maschinenbau AG zahlten Arbeiterinnen und Arbeitern freiwillig Prämien, um sie von sich aus zur baldigen Kündigung zu bewegen, und gewährten zusätzlich Reiseprämien, wenn die Entlassenen an ihren Heimatort zurückkehrten. Nur so konnten wegen der Demobilmachungsbestimmungen noch umfangreiche Entlassungen stattfinden. Wie große Eile an den Tag gelegt wurde, zeigt das Beispiel der staatlichen Spandauer Heereswerkstätten, in denen während des Krieges rund 60.000 Menschen arbeiteten. Der Demobilmachungsausschuß Spandau meldet bereits Ende Januar 1919, daß die überwiegende Mehrheit der Arbeiterinnen aus den Heereswerkstätten entlassen worden sei. Gleichzeitig drangen auch die Vertretungsorgane der Beschäftigten, die Arbeiterräte, die Arbeiter- und Angestelltenausschüsse und seit 1920 die Betriebsräte, auf möglichst weitgehende Entlassung der Frauen. Alice Salomon, während des Krieges und in den ersten Nachkriegsmonaten Leiterin des Frauenreferats der Kriegsamtsstelle in den Marken, berichtete im März 1919 über die »Rückführung fremder Arbeiterinnen«:

»Die Arbeiterräte nahmen für sich das Recht in Anspruch, über die Entlassungen zu entscheiden. In einigen Werken war es dabei möglich, ihnen gegenüber gesunde Grundsätze durchzudrücken und dahin zu wirken, daß die ortsfremden Arbeiterinnen gegen eine von der Firma geleistete Abstandssumme zurückbefördert wurden. Auf diese Weise sind z.B. aus dem Berliner Bezirk von einzelnen Betrieben ganze Transporte für die Rückwanderung zusammengestellt worden, die geschlossen in die Heimat befördert werden konnten.«[6]

Betrachtet man nun die statistischen Angaben für den Berliner Arbeitsmarkt, ist das Resultat zunächst verblüffend: Die Zahlen der außerhäuslich erwerbstätigen Frauen blieben nach Kriegsende deutlich über Vorkriegsstand, er-

Arbeitende Frauen in einer Berliner Konservenfabrik (Abb. 21)

reichten jedoch nicht mehr die Höhe von 1917. Der Arbeitskräftebedarf der Groß-Berliner Wirtschaft war nach dem Krieg offenbar deutlich größer als in der Vorkriegszeit. Ein Grund dafür ist sicherlich in der Einführung des Achtstundentages (Nov. 1918) zu suchen, der die Betriebe zwang, mehr Arbeitskräfte zu beschäftigen. Hinzu kommt, daß von 1920 bis weit in das Jahr 1922 hinein die deutsche Wirtschaft einen ausgesprochenen Boom erlebte, in dem es offenbar vielen Frauen, die bei Kriegsende entlassen worden waren oder von sich aus gekündigt hatten, wieder gelang einen Arbeitsplatz zu finden.

Richten wir unser Augenmerk auf die Verhältnisse innerhalb einzelner Branchen, so werden die Auswirkungen der wirtschaftlichen Demobilmachung deutlicher: Vor allem in der metallverarbeitenden Industrie und in der Maschinenindustrie Berlins waren 1922 erheblich weniger Frauen beschäftigt als während des Krieges. Einen starken Anstieg beschäftigter Frauen verzeichnete während dieses Zeitraumes dagegen die Textil- und Bekleidungsindustrie, typische Frauenindustrien mit mehr weiblichen als männlichen Beschäftigten. Während des Krieges war in diesen Gewerbezweigen aufgrund mangelnder Rohstoffe nur sehr eingeschränkt produziert worden. Der Rückgang der Arbeiterinnenzahlen konnte nach dem Krieg nicht wieder aufgeholt werden. Die Berliner Gewerberäte berichteten 1920 über die Wirkung der Wiedereinführung des Frauenarbeitsschutzes und der Demobilmachungsverordnungen. Sie stellten fest, daß der Rückgang der Arbeiterinnen in der Metallverarbeitung, der Papierindustrie, der Industrie der Holz- und Schnitzstoffe sowie im Vervielfältigungsgewerbe sehr groß gewesen sei. Ein Zuwachs der Arbeiterinnenzahl sei im Jahre 1920 in der Maschinen-, Instrumente- und Apparateindustrie, wo Frauen an leicht zu bedienenden Werkzeugmaschinen eingesetzt würden, zu verzeichnen gewesen. Ansonsten hätten die Beschäftigungsverhältnisse sich mehr und mehr auf den Stand der Vorkriegszeit eingependelt.

Nicht nur Arbeiterinnen in der Industrie, sondern auch Beschäftigte im öffentlichen Dienst sollten zugunsten ihrer arbeitslosen Kollegen ihre Arbeitsplätze räumen. Die Arbeitsmarktsituation der männlichen Angestellten war nach dem Kriege besonders schlecht, der Druck ihrer Organisationen auf private und öffentliche Arbeitgeber entsprechend stark. Im öffentlichen Dienst wurden in den ersten Monaten des Jahres 1919 zahlreiche Frauen entlassen. Post, Verkehrsbetriebe und Kommunalbehörden taten sich hervor. Kutscherinnen, Straßenbahnführerinnen und Postbotinnen verschwanden wieder aus dem Berliner Straßenbild. Der Berliner Magistrat setzte eigens eine Kommission ein, die sämtliche Büros überprüfen und feststellen sollte, wo weibliche Angestellte entlassen werden könnten. Von den 1917 noch 7.000 weiblichen Angestellten der Stadtverwaltung blieben bis zum März 1920 nur noch 3.000 übrig; die Zahl der männlichen Beschäftigten stieg im gleichen Zeitraum von rund 3.000 auf 7.500.

In welcher Situation befanden sich nun die entlassenen Frauen? Diejenigen unter ihnen, die weiterhin zum Berliner Arbeitsmarkt zugelassen waren, konnten sich bei den Arbeitsnachweisen ober über Stellenanzeigen um eine neue Arbeitsstelle in ihrem früheren Beruf bemühen. Die Arbeitsnachweise waren bei der Stellenvermittlung zur genauen Kontrolle entsprechend den Demobilmachungsverordnungen verpflichtet; gleiches galt für die Arbeitgeber, die neue Arbeitskräfte einstellten. Frauen, die grundsätzlich zum Berliner Arbeitsmarkt zugelassen waren, standen neben ihrem Vorkriegsberuf allerdings noch solche Arbeitsplätze offen, bei denen ein Mangel an weiblichen Arbeitskräften herrschte: Dies waren vor allem hauswirtschaftliche Berufe. Der Bericht der Frauenabteilung des Spandauer Zentralarbeitsnachweises mag hier als Beispiel dienen:

»Man versuchte vor allem, die Frauen in die früheren Berufe zurückzuführen. So konnten 121 Fachkräfte wieder für das Handwerk gewonnen werden, 211 Hausangestellte und Stundenfrauen wieder im eigentlichen Beruf verwendet werden. Die starke Abneigung gegen die Annahme häuslicher Stellen ist sehr schwer zu überwinden, weil in Spandau alles auf die Kriegsindustrie eingestellt war, wodurch die Löhne der Hausangestellten zurückgeblieben sind. ... Der Landwirtschaft wurden 173 Rüstungsarbeiterinnen, auch solche, die nicht vom Lande stammten und erst angelernt werden mußten, zugewiesen. Es waren Güter in Mecklenburg und vor den Toren Spandaus, die unseren Arbeiterinnen Aufnahme boten.«[7]

Trotz aller Bemühungen der Arbeitsnachweise, Frauen als Hausangestellte zu vermitteln, wurden immer noch freie Stellen gemeldet. Weil für Frauen das Arbeitsplatzangebot nicht sehr groß war, stieg im Nachkriegs-Berlin die Zahl der Frauen, die als Dienstmädchen, Köchinnen etc. arbeiteten, drastisch an. Die schlechten Arbeitsbedingungen und die niedrigen Löhne wurden aufgrund der hohen Arbeitslosigkeit in Kauf genommen.

Frauen reparieren gebrauchte Kleidung in der städtischen Kleider-Verwertungs-Gesellschaft. Aufnahme um 1920 (Abb. 22)

Besonders ungelernte und angelernte Frauen fanden nur schwer wieder eine Stelle. Von den Berliner Gemeinden und von Organisationen der freien Wohlfahrtspflege wurden erneut — wie schon während der ersten Kriegsjahre — Notstandsarbeiten eingerichtet. Der NFD, dessen Organisation nach Kriegsende fortbestand und seit Oktober 1919 in sogenannte städtische Frauenwohlfahrtsstellen überführt wurde, richtete z.B. eine Werkstatt zum Ausbessern von Wäsche ein. In Berliner Frauenzeitschriften wurden die Hausfrauen aufgerufen, ihre Wäsche dort reparieren zu lassen.

Erwerbslose Frauen hingegen, die nicht mehr zum offiziellen Arbeitsmarkt zugelassen waren, konnten allenfalls nach Verdienstmöglichkeiten suchen, die sich dem Zugriff der Demobilmachungsausschüsse entzogen. Ihnen blieben die verschiedensten stunden- oder tageweisen Arbeiten in Privathaushalten, als Hausiererinnen etc., unsichere Arbeitsplätze mit kargem Verdienst. Nicht nur Frauen aus Arbeiterfamilien waren auf solchen »Zuverdienst« angewiesen. Die Frauenzeitschrift »Die praktische Berlinerin« informierte ihr überwiegend aus mittelständischen Kreisen stammendes Publikum über »Möglichkeiten sich etwas zu verdienen«:

»Viele Frauen sind durch die bösen Verhältnisse in eine drückende Notlage geraten, so daß manche Frauen sich nach einer lohnenden Beschäftigung umsehen, die sie neben ihrer Hauswirtschaft ausführen können. Diesen gibt eine Leserin unserers Blattes folgende Ratschläge:

Man kann sich leicht einige Mark täglich verdienen, wenn man feine Spitzkragen oder Blusen wäscht und plättet. Die Arbeit nimmt keine großen Kräfte in Anspruch, und es sind auch keine besonderen Vorrichtungen nötig. Auch das Einsetzen von neuen Fußsohlen in dünne Strümpfe stellte keine Anforderungen an die Ausführenden und macht sich gut bezahlt.«[9]

Empfohlen wurde weiterhin die »Herstellung von Bäckereien für Privathaushalte«; für »gebildete Frauen« schlug man »Schularbeitenbeaufsichtigung« vor.

Nach wie vor waren offenbar sehr viele Frauen durchaus »erwerbsbedürftig«. Nicht allzuviele Frauen hätten freiwillig die Doppelbelastung von Erwerbs- und Hausarbeit auf sich genommen, wenn sie dazu nicht aus wirtschaftlichen Gründen gezwungen gewesen wären. Logischerweise waren es wesentlich mehr Frauen als noch vor dem Krieg. Eine Befragung von Schulkindern aus dem Berliner Bezirk Pankow, einem Arbeiterbezirk, zeigte dies deutlich. Ende 1920 waren im Vergleich zur Vorkriegszeit erheblich mehr Mütter der befragten Kinder erwerbstätig. Zahlreichen Frauen, die schon vor Kriegsbeginn als Heimarbeiterinnen oder stundenweise außerhalb des Hauses gearbeitet hatten, reichte der Verdienst nicht mehr. Sie mußten sich eine außerhäusliche ganztägige Arbeit suchen.

Proteste und Widerstand der von Entlassung bedrohten und betroffenen Frauen drangen nur selten an die Öffentlichkeit. Es ist heute nicht mehr festzustellen, ob es sie nur in geringem Ausmaß gegeben hat oder ob sie in den überlieferten Quellen verschwiegen werden. Jedenfalls steht der Bericht des »Vorwärts« vom September 1920 über eine Versammlung der im Berliner Buchbinderverband organisierten Frauen ziemlich vereinzelt da. Auf dieser Versammlung informierte die Branchenleitung über die verordnete Entlassung »Nichterwerbsbedürftiger« und die Haltung der Gewerkschaftsleitung dazu. Diese empfahl den Frauen, ihre Arbeit freiwillig aufzugeben, wenn sie einige Zeit ohne Erwerbsarbeit auskommen könnten. Der Vorwärts schrieb:

»Die erwähnte Bestimmung der Verordnung fand heftigen Widerspruch. Eine große Zahl von Rednerinnen vertraten die Ansicht, da die Löhne der Männer in den meisten Fällen für den Unterhalt der Familie nicht ausreichen, so könnten die Frauen auf Erwerbsarbeit nicht verzichten. Man sollte ihnen deshalb nicht zumuten, freiwillig die Arbeit aufzugeben. Das Recht auf Arbeit würden sich die Frauen nicht nehmen lassen. Bei der Durchführung der Verordnung dürfe die Organisation nicht die Hand bieten.«[10]

Doch der Protest dieser Frauen änderte nichts an der Politik der Gewerkschaften und der Demobilmachungsorgane. Im Konkurrenzkampf um die knappen Arbeitsplätze hatten die Männer die besseren Chancen, da ihnen grundsätzlich Vorrang eingeräumt wurde. Die »Gewerkschaftliche Frauenzeitung« formulierte es im April 1919 so:

»Vom Interesse der Gesamtheit aus gesehen ist es jedenfalls besser, wenn der Mann oder Vater verdient, als wenn er arbeitslos ist und die Frau oder Tochter arbeitet; so müssen die Frauen, so schwer es sie auch im einzelnen trifft, ... sich damit abfinden, daß sie unter sonst gleichen Umständen zunächst einmal den Männern Platz zu machen haben.«[11]

Unausgesprochen stand hinter solchen Äußerungen, daß der Verdienst von Frauen immer nur ein »Zuverdienst« zum Einkommen der Männer sei, daß die eigentliche Aufgabe der Frauen im Haushalt läge und daß Frauen deshalb allenfalls »erwerbslos«, aber nie »arbeitslos« seien. Kinder und Männer forderten ihre Arbeitskraft als Hausfrauen. Angesichts der in der Nachkriegszeit angespannten Versorgungslage Berlins, der katastrophalen Wohnungssituation breiter Bevölkerungskreise und der hohen Arbeitslosenquoten war dies keine leichte Aufgabe. Hinzu kam für Frauen, die mit Männern zusammenlebten, auch die Bewältigung der Anforderungen, die die Rückkehr der Soldaten mit sich brachte. Die vierjährige Abwesenheit der Männer hatte oft zur Entfremdung geführt; der Wunsch der Männer (und auch der Frauen), nun wieder ein »normales Leben« zu führen — dies beinhalte auch, daß die Heimkehrer ihre alten Machtpositionen wieder einnehmen wollten — brachte manch zusätzlichen Konfliktstoff. Die in der Nachkriegszeit deutlich ansteigenden Scheidungsziffern in Berlin zeigen, daß solche Konflikte des öfteren nur durch Trennung zu lösen waren.

Andererseits verzeichnete die Berliner Bevölkerungsstatistik 1918 und 1919 einen deutlichen Anstieg der Eheschließungszahlen. Ein Teil dieser Eheschließungen dürfte sicherlich auf das Konto nachgeholter Heiraten nach dem Kriege zu verbuchen sein. Aber zusätzlich spielte der weitverbreitete Wunsch nach Normalität, nach Rückkehr zu bekannten und gewohnten Lebenszusammenhängen eine wichtige Rolle.

Die Wohnungsnot war nach dem Krieg in Berlin erschreckend. Während des Krieges waren so gut wie keine neuen Wohnungen gebaut worden. Durch die gestiegene Wohnungsnachfrage nach Kriegsende vergrößerte sich der Fehlbestand weiter. In den vorhandenen Wohnungen war menschenwürdiges Wohnen oft nicht (mehr) möglich. Ältere Wohnungen waren z.T. völlig verwahrlost, da die Hauswirte die Häuser nicht mehr instandhielten. Für Arbeiterfamilien und Familien unterer Angestellter war das Wohnen in Zwei-Zimmer-Wohnungen üblich. Häufig mußten 4 - 5-köpfige Familien noch einen Untermieter oder Schlafgänger aufnehmen, um finanziell über die Runden zu kommen. Die Wohnsituation war neben dem langjährigen Mangel an Nahrungsmitteln, an Kleidern, Schuhen, Reinigungsmitteln und Brennstoffen eine wesentliche Ursache für den weiterhin schlechten Gesundheitszustand der Berliner Bevölkerung. Schmutz- und Schmierinfektionen bei Kindern nahmen deutlich zu, Rachitis und Tuberkulose breiteten sich aus.

Auch nach Kriegsende wurde die Versorgung mit Lebensmitteln nicht gleich besser. Die Blockade durch die Kriegsgegner hielt an, erst nach Abschluß des Friedensvertrages im Juli 1919 ließen die Alliierten Lebensmittellieferungen nach Deutschland zu. Bis dahin mußten die Berliner Hausfrauen noch des öfteren auf ihre »Kriegsrezepte« zurückgreifen. Besonders im Frühjahr und Sommer 1919, vor dem Eintreffen der neuen Ernte, wurden vielfach wieder Kohlrüben statt Kartoffeln ausgegeben; Frauenzeitschriften druckten erneut Rezepte für »Klöße von Kohlrüben« oder »Kohlrübensalat«. Es dauerte noch ein weiteres Jahr, bis ab Sommer 1920 die Bewirtschaftung der Lebensmittel nach und nach aufgehoben wurde und die Taschen nicht mehr von Lebensmittelkarten überquollen. Bis dahin war man auch weiterhin auf die Versorgung über den Schwarzmarkt oder auf »Hamsterfahrten« in die umliegende Gegend angewiesen. Aber der Freigabe der Lebensmittel aus der Bewirtschaftung folgte regelmäßig ein erheblicher Preisanstieg. Durch die inflationäre Entwicklung wurde die Kaufkraft der Löhne zusehens entwertet, selbst in mittelständischen Haushalten mußte ein Großteil des Budgets für die Deckung der unmittelbaren Lebensbedürfnisse verwendet werden. Absolut kritisch wurde die Lage, als ab August 1922 die Hyperinflation einsetzte. Die Not in Berlin wurde ein solches Massenphänomen, daß der Oberbürgermeister Gustav Böß 1923 in einer Broschüre notierte:

»Erschütternde Berichte des Jugendamtes und der Hauptfürsorgestelle für Kriegsbeschädigte und -hinterbliebene beleuchten das herrschende Elend der Kinder — zahlreiche Kinder, auch im zartesten Alter, nie einen Tropfen Milch ... — als Schulfrühstück trockenes Brot — oder als Aufstrich gequetschte Kartoffeln — schwere Psychosen der Mütter infolge der Entbehrungen — kein Fleisch und kein Fett — ... — Betten und Bettwäsche fehlten oft — in unbezogenen Betten oft drei bis vier Kinder oder zusammen mit Erwachsenen — ... — schwere sittliche Gefahren — Geschlechtskrankheiten — Not erstickt allmählich jedes Gefühl für Ordnung, Sauberkeit und Sitte, läßt nur noch den Gedanken an Kampf gegen Hunger und Kälte draußen.«[12]

Angesichts solcher Lebensverhältnisse scheint es doppelt absurd, verheirateten Frauen die »Erwerbsbedürftigkeit« abzusprechen; die entsprechende Verordnung war in Berlin bis Oktober 1923 in Kraft. Doch kaum jemand nahm öffentlich Anstoß daran, daß die Demobilmachungsmaßnahmen so einseitig die arbeitsmarktpolitischen Interessen von Männern beförderten. Sicherlich waren Berliner Frauen stärker von den sozialen Problemen der Nachkriegszeit betroffen als Frauen in Kleinstädten oder auf dem Land. Dort war die Arbeitsmarktsituation meist nicht so angespannt und die Versorgung mit Lebensmitteln besser. Aber gerade der Blick auf die Berliner Verhältnisse macht deutlich: Die ökonomischen und sozialen Probleme der Nachkriegszeit wurden häufig einseitig zu Lasten von Frauen bewältigt. »Grundsätzlich« gleiche Rechte auf dem Papier zu gewähren, kostete wenig, tatsächlich gleiche zu verwirklichen, war offenbar zu teuer und schien in damaliger Zeit »grundsätzlich« nicht gerechtfertigt.

Anmerkungen:

* Diesem Aufsatz liegen Forschungsarbeiten an der Technischen Universität Berlin zugrunde, die im Rahmen der »Berlin-Forschung« gefördert werden.

1 K. Retzlaw, Spartacus, Frankfurt/M. 1971, s. 72; zitiert nach: Jürgen Kocka, Klassengesellschaft im Krieg. Deutsche Sozialgeschichte 1914-1918, Göttingen 1973, S. 18.
2 Berliner Tageblatt, Nr. 229, 5.5.1916.
3 Lily Braun, Die Frauen und der Krieg, Leipzig 1915, S. 11.
4 Adolf Wermuth, Ein Beamtenleben, Berlin 1922, S. 431.
5 Jahres- und Kassenbericht der Gewerkschaftskommission Berlins und Umgegend 29, 1918, S. 6.
6 Archiv für Frauenarbeit 7, 1918, S. 9.
7 Soziale Praxis 28, 1919, Sp. 814.
8 Die praktische Berlinerin 16, 1919/20, H. 4, S. 15.
9 Vorwärts, Nr. 441, 4.9.1920.
10 Gewerkschaftliche Frauenzeitung 4, 1919, S. 28.
11 Gustav Böß, Die Not in Berlin, Berlin 1923, S. 23.

Zum Weiterlesen:

Richard Bessel, »Eine nicht allzu große Beunruhigung des Arbeitsmarktes«. Frauenarbeit und Demobilmachung in Deutschland nach dem Ersten Weltkrieg, in: Geschichte und Gesellschaft. Zeitschrift für Historische Sozialwissenschaft 9, 1983, S. 211-229.

Christiane Eifert, Frauenarbeit im Krieg. Die Berliner »Heimatfront« 1914-1918, in: Internationale wissenschaftliche Korrespondenz zur Geschichte der deutschen Arbeiterbewegung (IWK) 21, 1985, H. 3. S. 281-295.

Dieter und Ruth Glatzer, Berliner Leben 1914-1918. Eine historische Reportage aus Erinnerungen und Berichten, Berlin (Ost) 1983. (Ist auch im Buchhandel in Berlin (West) erhältlich.)

Robert Scholz, Ein unruhiges Jahrzehnt. Lebensmittelunruhen, Massenstreiks und Arbeitlosenkrawalle in Berlin 1914-1923, in: Manfred von Gailus (Hg.), Pöbelexcesse und Volkstumulte in Berlin, Berlin 1984, S. 79-123.

Susanne Rouette, Die Erwerbslosenfürsorge für Frauen in Berlin nach 1918, in: IWK 21, 1985, H. 3, S. 295-308.

Atina Grossmann

Berliner Ärztinnen und Volksgesundheit in der Weimarer Republik: Zwischen Sexualreform und Eugenik

»Glaubt ihr denn, diese zwangsmäßig geborenen Kinder wären etwas wert? Glaubt ihr, diese Geschöpfe, die ohne Vaterinstinkt, ohne Mutterinstinkt nur durch einen Paragraphenzwang in die Welt gesetzt werden, können irgendwie glückliche Menschen sein? Nein, das erste Recht jedes Menschenkindes lautet: wirklich erwünscht und ersehnt zu sein.«[1]

»Heißt es nicht Menschenpflicht, dem anderen abzunehmen, was er nicht mehr tragen kann? Ach, Männer haben Gesetze gemacht, Zahlen lüsterne Männer, die Macht wollen, die Menschenmaterial wollen, Frauenhand schriebe andere Gesetze...«[2]

Ilse Reicke, eine frauenbewegte Schriftstellerin, veröffentlichte 1929 die Geschichte einer Berliner Ärztin. »Das größere Erbarmen« wurde seinerzeit als ein feministisches Buch verstanden, das für die Legalisierung der Abtreibung eintrat. Tatsächlich scheint der Roman aktuelle Ereignisse, die im Ausschuß der Groß-Berliner Ärztinnen, dem Berliner Zweig des Bundes Deutscher Ärztinnen (BDÄ), stattgefunden hatten, zu behandeln. Auf dem Höhepunkt der Auseinandersetzungen um Abtreibung und Geburtenregelung im Jahre 1931, als die Berliner Ärztinnen an der Kampagne für die Reform oder Abschaffung des §218 beteiligt waren, wurde der Frauenroman unter dem neuen Titel »Der Weg der Irma Carus. Roman einer Frauenärztin« wieder aufgelegt. 1933 mußte der Verlag den Vertrieb des Buches einstellen.

Die Heldin Irma ist eine junge Ärztin, Ehefrau und Mutter zweier gesunder, blonder Kinder. Als Ärztin in einem Berliner Arbeiterbezirk wird sie täglich mit den gesundheitsschädlichen und klassenspezifischen Folgen des

Abtreibungsparagraphen und der beschränkten Verfügbarkeit von Mitteln und Informationen zur Geburtenregelung konfrontiert. Wie so viele Ärztinnen, die in Kassenpraxen und Beratungsstellen in Arbeiterbezirken tätig waren, kommt sie mit den armen, »degenerierten« und »entarteten« Frauen der Berliner Hinterhöfe in Berühung, deren endlose Kette von Schwangerschaften ihnen Gesundheit und Lebenskraft rauben. Sie ist empört über den §218, der es ihr nicht erlaubt, Abtreibungen an ihren Patientinnen vorzunehmen, obwohl diese so offenkundig aus medizinischen, eugenischen und sozialen Gründen notwendig sind. Das empört Irma um so mehr, weil bekannt ist, daß reiche und aus ihrer Sicht selbstsüchtige Frauen sich mit der Hilfe gerade von männlichen Ärzten ungewollter Schwangerschaften jederzeit entledigen können.

Einer gesunden, wohlhabenden Frau, die sie um Hilfe bittet, sagt Irma: »Für Deinen Fall wirst Du wohl nicht so leicht eine Kollegin gewinnen können. Die Männer sind da unbedenklicher.«[3]

Irma leidet mit ihren proletarischen Patientinnen:

»Ach, gibt es dann gar nichts anderes mehr auf der Welt als kranke, leidende Frauenkörper?... Sie kommen zu Irma mit ihrer neuen Last, sie flehen, sie weinen und betteln — aber es ist zu spät. Irma darf ihnen nicht helfen. Die drohende Faust des Gesetzes ballt sich vor ihr.«[4]

Wie Dr. Else Kienle, die 1931 zusammen mit Dr. Friedrich Wolf in einem aufsehenerregenden Prozeß wegen Vergehen gegen §218 StGB verurteilt worden war und in ihrem Gefängnistagebuch wütete: »Als Frau stehe ich dem Mann gegenüber. Ich muß als Frau die Sache der Frau gegen das Gesetz, gegen das Gericht der Männer verteidigen...«[5], so schwört auch die Romanfigur Irma, gegen die »drohende Faust« männlicher Gerechtigkeit zu kämpfen.

Irma ist in vieler Hinsicht ein Prototyp der »neuen Frau« der zwanziger Jahre, wie etliche der Berliner Ärztinnen. Mit einem Kollegen führt sie eine vorbildliche »Kameradschaftsehe« und zeugt fröhliche, gesunde Kinder. Irma und Ehemann Ludwig eröffnen gemeinsam eine Beratungsstelle für Eheleute in der Hoffnung, die Leiden, die Irma täglich in ihrem Sprechzimmer sieht, zu lindern. Zu einer Zeit, als verheiratete Akademikerinnen noch etwas Ungewöhnliches waren, schafften es ziemlich viele Ärztinnen, Beruf und partnerschaftliche Ehe zu vereinbaren und außerdem noch Zeit für ihre Kinder zu finden. Oft wurden allerdings berufliche Kompromisse eingegangen, die dann zu jener Art von niedrig bewerteter, schlecht bezahlter, aber persönlich befriedigender Arbeit als Angestellte im öffentlichen Gesundheitsdienst führten, die Ärztinnen und auch Ärzte dazu brachte, sich für Sexualreform einzusetzen.

Durch die Erfahrung mit ihren Patienten aufgewühlt, nimmt Irma an einer Massenveranstaltung des BDÄ gegen den §218 teil Die »Politisierung« des Themas jedoch schreckt sie ab. Sie ist schockiert von der Sprecherin der KPD, die als »hager und fanatisch...mit krausem Haar,...eine leidenschaftliche Rednerin...«[6] beschreiben wird, was sich offenbar auf die KPD-Gesundheitspolitikerin Dr. med. Martha Ruben-Wolf bezog. Für Irma Carus ist das Thema weder ein politisches noch ein ideologisches, sondern eine Frage der Volksgesundheit, von eugenischer wie medizinischer Notwendigkeit; für sie ist die Forderung nach einer Reform des §218 eine »Forderung des größeren Erbarmens, der tieferen Deutschlandliebe.«[7] Enttäuscht über die Parteipolitik, die die Heiligkeit ihrer Sache »beschmutzt«, zieht sich Irma wieder in ihre vertraute Familie und Praxis zurück.

Schließlich erscheint am Ende des Romans die eugenisch einwandfreie völkische Lösung. Ein reicher jüdischer Geschäftsmann stirbt. Seiner arischen Ehefrau hatte er nie die ersehnten Kinder gewährt, weil er sie nicht mit dem Stigma der »Rassenschande« belasten wollte. Er hinterläßt jedoch seiner Frau ein Vermögen, das sie dazu nutzt, auf dem Land in Licht, Luft und Sonne ein Mütterheim zu gründen. Irma verläßt mit ihrer Familie die dekadente Stadt, voller Armut und ungesunder, ungewollter Kinder, um zusammen mit ihrem Ehemann das Mütterheim zu leiten. Sie baut ein Forschungslabor für Geburtenregelung auf, um so die »Abtreibungsseuche« und die »Entartung« der Großstadt zu bekämpfen.

Die ländliche Idylle ist sowohl intellektuell wie biologisch fruchtbar. Wir verlassen Irma, als sie mit ihrem neugeborenen Sohn auf dem Rasen, nur wenige Schritte von ihrem Labor entfernt, spielt und von ihrer deutschen Utopie träumt: »Keine mörderischen Paragraphen, (aber) ein Mutterschutzgesetz... Ach, Boden, Land, deutsche Erde für alle und Häuser, gute Häuser darauf.«[8] »Das größere Erbarmen«, das überlasteten Frauen Zugang zu Geburtenregelung und Abtreibung erlaubte, wird in den Begriffen eines Konsenses legitimiert, der sich über alle Ärztinnen, von den Sexualreformerinnen bis hin zu den Völkisch-Nationalen, erstreckte, und der die überragende Bedeutung von Mutterschaft und Eugenik für die Gesundheits- und Sozialpolitik betonte. Der Roman bietet eine besonders klare Darstellung des Zusammentreffens von eugenischem, antiindustriekapitalistischem, völkischem, fürsorgerischem und feministischem Denken innerhalb eines Bekenntnisses zur Sexualreform und Volksgesundheit. Er spiegelt eine Politik innerhalb des BDÄ, die so verschiedene Positionen wie Verteidigung der Abtreibung unter bestimmten Umständen, Befürwortung von Geburtenregelung, das Recht der Frauen auf Mutterschaft und Karriere, Feminismus, Nationalismus und Antisemitismus alle zugleich in einem Buch beinhalten konnte.

Dennoch wurde das Buch nach der nationalsozialitstischen Machtübernahme nicht weiter vertrieben. 1937 jedoch versuchte der Verleger das Buch wieder auf den Markt zu bringen, da weiterhin eine großes Interesse für sein »biologisches Denken« bestand. Den nationalsozialistischen Instanzen waren die Zusammenhänge zwischen Reicke's Anliegen und ihrem eigenen bevölkerungspolitischen Projekt jedoch zu komplex; eine Weiterverbreitung des Buches wurde nicht gestattet.[9]

Die Geschichte von Irma Carus und das Schicksal des Buches mögen erklären helfen, warum der Berliner Zweig des BDÄ 1933 so leicht der Gleichschaltung und der Säuberung von nicht-arischen Kolleginnen zustimmte. Denn einerseits hatte die Vereinigung, zusammen mit den Pionierinnen der Bewegung für Geburtenregelung Margaret Sanger und Helene Stöcker, geholfen, die ersten Unterrichtskurse für Ärzte über Geburtenkontrolle 1928 in Berlin zu organisieren; im Mai 1930 hatte sie dem Strafrechts-Ausschuß des Reichstages eine Petition vorgelegt, in der die Legalisierung der Abtreibung im Falle von medizinischer, eugenischer und sozialer Indikation von 356 der 476 im Berliner Zweig des BDÄ organisierten Ärztinnen gefordert wurde; und 1931 organisierte sie in Berlin ein Massentreffen von Akademikerinnen, um die verhafteten Kollegen Else Kienle und Friedrich Wolf zu unterstützen.

Andererseits erinnerte sich Dr. Herta Nathorff, ehemalige Berliner Ärztin, die jetzt in New York lebt, an Ereignisse im Berliner BDÄ, die in scharfem Kontrast zu der fortschrittlichen Haltung zu stehen scheinen, mit der der BDÄ vor 1933 identifiziert wurde. Sie erinnerte sich schmerzhaft, aber sehr deutlich, an einen Abend im Frühjahr 1933, als auf einem Treffen des Bundes ihr und ungefähr 25 ihrer Kolleginnen plötzlich mitgeteilt wurde:

»Nun bitten wir die jüdischen Ärztinnen, das Lokal zu verlassen, wir schalten jetzt nämlich gleich.«

Die kommunistischen und sozialdemokratischen Kolleginnen, von denen sie sich Unterstützung erhofft hatte, waren bereits nicht mehr zu dem Treffen erschienen.[10] Die Ausgabe der BDÄ-Zeitschrift »Die Ärztin« vom April 1933 hatte zwar noch Nathorffs Bericht aus der von ihr geleiteten städtischen Ehe- und Familienberatungsstelle am Krankenhaus in der Charlottenburger Pulsstraße veröffentlicht, der Methoden und Maßnahmen zur Schwangerschaftsverhütung beschrieb und ihre Anwendung empfahl[11], aber zwei Monate später, im Juni 1933, konnte »Die Ärztin«, unter neuer Führung und mit neuem Impressum versehen, mit Befriedigung feststellen:

»Der Erfolg der Gleichschaltungsaktion kann als durchschlagend bezeichnet werden. Von den 26 Ortsgruppen des Bundes haben 21 ihre volle Bereitschaft zur Fortarbeit unter den veränderten politischen Umständen und im Einklang mit dem Geiste der neuen Zeit erklärt...«[12]

Beruf und Volksgesundheit

1933 stellten Frauen einen wichtigen Faktor innerhalb der Ärzteschaft dar, obwohl sie eine deutliche Minderheit unter den deutschen Ärzten bildeten. 1909 gab es nur 82 Ärztinnen im gesamten Deutschen Reich. 1924 wurde der BDÄ mit 750 Mitgliedern gegründet. In der Berufszählung von 1925 zählte man schon 2572 Ärztinnen, die 5,4% der Ärzteschaft stellten, was ein über 30facher Zuwachs gegenüber den Vorkriegszahlen bedeutete.[13] Die Berliner Ärztinnen spielten eine besonders bedeutsame Rolle: Von den 2562 praktizierenden Ärztinnen im Jahr 1929 (bei insgesamt 45.332 Ärzt(inn)en im Deutschen Reich) waren 476 in Berlin tätig. 1932 konnte Berlin mit 720 Ärztinnen die weitaus größte Konzentration von Ärztinnen im Deutschen Reich vorweisen.[14]

Die meisten Ärztinnen, ausgebildet und zugelassen während des Krieges, arbeiteten in Städten. Viele von ihnen waren bei den Städtischen Gesundheitsdiensten und bei den Krankenversicherungen angestellt, die einen wichtigen Teil des Weimarer Sozialleistungsnetzes bildeten.

Ärztinnen wurden in etwas verzerrter und übertriebener Art als Vorfront der Kampagne für Sexualreform und für das Selbstbestimmungsrecht der Frauen über ihren Körper gesehen — im Kampf gegen die reaktionäre männliche Ärzteschaft. In ihrem 1932 erschienenen Buch über Eheberatungsstellen und Geburtenregelung schrieb Dr. Erna Glaesmer:

»Es scheint, daß die deutsche Ärztin auf die Entwicklung der Kultur unseres Landes einen gewissen Einfluß zu gewinnen beginnt. Das nicht nur, weil die Ärztinnen selbst in einem großen Bund zusammengeschlossen sind...Es ist kein Zufall, daß die Köpfe dieser, dem Schutze der Frau dienen wollenden Bewegung in erster Linie Frauen, die Leiterinnen und Organisatorinnen der neuorientierten Sexualberatungsstellen vielfach Ärztinnen sind. Durchdrungen von dem Gefühl der Menschlichkeit, dem Mitleid mit der Geschlechtsgenossin und von der Heiligkeit ihrer Sendung, hypnotisiert von den Erfolgen der angloamerikanischen Vorkämpferinnen, fühlen sich diese führenden Frauen als Apostel einer neuen Zeit und sind überzeugt, daß diese neue Zeit für den rückständigen Patriarchalismus, für die in Kinderschuhen steckengebliebene einseitige Weltanschauung der Deutschen Ärzteschaft und die überlebten Reste einer früheren Herrenmoral bald nur mehr ein Lächeln übrig haben wird.«[15]

Tatsächlich leiteten Frauen fünf der sechzehn städtischen Eheberatungsstellen. Frauen stellten das gesamte, aus fünf Personen bestehende ärztliche Personal der Schwangerenfürsorge des Verbandes der Krankenkassen Berlins. Ärztinnen spielten ebenfalls eine führende Rolle in den Beratungsstellen, die vom Bund für Mutterschutz unterhalten wurden.

Die untergeordnete und Minderheitenposition der Frauen in der Ärzteschaft bedeutete, daß sie trotz ihrer zumeist bürgerlichen Herkunft im täglichen Kontakt mit der Arbeiterklasse und deren Politik waren. Auch wenn sie sich sonst nicht mit der politischen Linken oder der Frauenbewegung identifizierten, sensibilisierte sie ihre tägliche Erfahrung in den öffentlichen Gesundheitsämtern und den Kassenpraxen, meist in Arbeiterbezirken, für die gesundheitlichen und seelischen Probleme von Frauen, die in einer Zeit der Wirtschaftskrise und Massenarbeitslosigkeit versuchten, ihre Familien klein und intakt zu halten. Etwa 70 % der Ärztinnen waren praktische Ärztinnen. Diejenigen, die eine zusätzliche Facharztausbildung absolviert hatten, waren meistens auf Bereiche spezialisiert, durch die sie mit Frauen und Armen zu tun bekamen: Kinderheilkunde, Gynäkologie und Geburtshilfe, Haut- und Geschlechtskrankheiten sowie Nervenleiden. Wie ihre männlichen, sozialistischen Kollegen, unter denen ebebfalls viele jüdisch waren, waren sie deshalb von den sozialen Problemen, mit denen die medizinische Behandlung verbunden war, nicht in solchem Maße abgeschirmt wie die Ärzte-Elite auf Universitäts-Lehrstühlen und in lukrativen Privatpraxen in gutbürgerlichen Stadtteilen.

Frauen wurden zudem überdurchschnittlich oft von öffentlichen Behörden und in den Beratungsstellen der Wohlfahrtsämter und Krankenkassen angestellt, darum waren sie auch von den Auswirkungen staatlicher Maßregeln und Dienstvorschriften stärker betroffen. Die Gründe waren vielfältig und offensichtlich: Traditionell erhalten Frauen die am wenigsten angesehenen und schlechtest bezahlten Stellen innerhalb ihres Berufes. Frauen fanden zudem leichter eine Anstellung in sozialdemokratisch oder kommunistisch regierten Stadtverwaltungen wie z.B. in Berlin, als daß sie eine eigene Praxis hätten aufbauen können, wozu erhebliches Startkapital und gute Beziehungen erforderlich waren. Es mag auch für Frauen mit Familie wichtig gewesen sein, einen sicheren Arbeitsplatz mit festen Arbeitszeiten zu haben. Letztendlich mögen Frauen aufgrund ihrer Erziehung tatsächlich stärker um die zwischenmenschlichen und sozialen Aspekte der Medizin besorgt gewesen sein. Manche Ärztinnen, besonders die Verheirateten, waren sogar bereit, auf ehrenamtlicher Basis in der Sozialfürsorge zu arbeiten. Dr. Nathorff von der Charlottenburger Beratungsstelle erinnerte sich:

»Erst hatten sie...mir ein Gehalt von 40 Mark angeboten. Dann haben sie mir aber mitgeteilt, daß sie leider kein Geld mehr haben. Und da hab ich gesagt, na, auf die 40 Mark kommt's mir auch nicht darauf an, aber ich mache weiter, ich lasse die Frauen jetzt nicht im Stich.«[16]

Entgegen der Mehrzahl ihrer männlichen Kollegen übertraten die Ärztinnen die Grenzen der Standesmoral, um die akademische Ausrichtung der deutschen Medizin und deren fehlendes Interesse an Sozial- und Präventivmedizin anzuprangern. Diese Kritik wurde zunehmend auch von Sozialdemokraten und Kommunisten aufgegriffen und führte zu harten Auseinandersetzungen zwischen nieder-

Herta Nathorff (Abb. 23)

gelassenen Ärzten und Krankenkassen. Else Kienle griff in ihrem Gefängnistagebuch die forschungsorientierten Interessen ihrer männlichen Kollegen an:

»Sein ganzes Interesse, ja fast möchte ich sagen: seine Liebe galt den Gonokokken und Spirochäten, deren Leben er eifrig unter dem Mikroskop verfolgte. Er studierte Funktionen und Entwicklungen. Darüber vergaß er völlig die Patientin, von der diese Bazillen gerade stammten.«[17]

Ärztinnen waren offenbar besser in der Lage, ratsuchende Frauen als ganzheitliche Personen mit ihren familiären und sexuellen Problemen wie auch emotionalen und wirtschaftlichen Unsicherheiten zu behandeln, statt nur nach der technischen Lösung eines medizinischen Problems zu suchen. Dr. Elisabeth Prinz schrieb in der Zeitschrift des Bundes für Mutterschutz, »Die Neue Generation«:

»Uns weiblichen Ärzten fällt die Aufgabe zu, immer wieder ermahnend, aufklärend, stärkend an unsere Geschlechtsgenossinnen heranzutreten, um so nicht allein Unglück und Krankheit zu verhüten, sondern an einer Weltanschauung mitzuarbeiten, die aus unserer Zeit heraus geboren möglichst glückliche und gesunde Menschen schaffen soll.«[18]

In diesem Sinn praktizierten schon die linksorientierten, fortschrittlichen Weimarer Ärztinnen in ihren Praxen und Beratungsstellen auf ihre Art das, was Mathilde Kelchner in ihrer 1935 geschriebenen Verteidigung der Berufsrechte der Ärztinnen im Nazi-Deutschland ausdrückte, nämlich daß es »die Sendung des weiblichen Arztes« sei, die »bewußte Abkehr von einer mechanistischen Auffassung der Lebensvorgänge« zu fördern und »frauliche Güte, weiblichen psychologischen Scharfblick und weiblichen Takt« in die medizinische Praxis einzuführen.[19] Das beste Beispiel hierfür bietet vielleicht das weibliche Ärztepersonal der Ambulatorien des Verbandes der Krankenkassen Berlins und besonders dasjenigen, das in deren Ehe- und Schwangerenberatung arbeiteten. Es waren jedoch die Einrichtungen des Verbandes der Krankenkassen Berlins, die von den Nazis geschlossen und viele ihrer Ärzte, die von den Nazis verfolgt wurden. Es ist dieser Widerspruch, diese Verwirrung der Diskurse über Mutterschaft, Sexualreform, Eugenik, Rassenhygiene und Volksgesundheit, die dieser Aufsatz über Berliner Ärztinnen zwischen 1925 und 1935 anspricht.

Auf dem Höhepunkt der Inflation, im Jahre 1923, eröffnete die Dachorganisation der Berliner Krankenversicherungen, der »Verband der Krankenkassen Berlins« das erste Ambulatorium. Unter Leitung des sozialistischen Chefarztes, Kurt Bendix, entstanden schließlich vierzig solcher Betriebe. Unter den ersten Ambulatorien befanden sich Beratungsstellen für Schwangerenfürsorge, die ein paar Jahre später auch die Basis für sieben bemerkenswerte Ehe- und Sexualberatungsstellen bildeten. Ursprünglich waren die Ambulatorien 1923 als Notmaßnahme zur Aufrecherhaltung der medizinischen Versorgung während eines erbitterten Ärztestreiks eingerichtet worden. Doch in den folgenden Jahren erlangten die Berliner Ambulatorien Modellcharakter für eine neuartige Krankenversicherungspolitik, die eine gewisse Unabhängigkeit von standesärztlichen Positionen herzustellen versuchte und neue Vorstellungen von sozialer, präventiver und rationalisisierter Medizin institutionalisieren wollte. Frauen spielten in diesem Weimarer Experiment der Sozialfürsorge und Sozialmedizin eine führende Rolle.

Im April 1924 wurde die Existenz der Ambulatorien durch staatliche Intervention von Seiten des Reichsschiedsamtes für rechtmäßig erklärt, zugleich jedoch war es den Kassenpatienten möglich, wieder zu niedergelassenen Ärzten zu gehen. Der Verband sicherte das Überleben der Ambulatorien, indem Familienmitglieder der Versicherten zur Behandlung zugelassen wurden. Innerhalb von zwei Jahren entstanden 40 Ambulatorien mit über 500 Angestellten, die fast 660 000 Fälle pro Jahr behandelten. Begeisterte Verbands-Ärzte und Funktionäre waren überzeugt, daß sie an einem wichtigen Experiment zur fortschrittlichen Verwaltung von sozialem Elend und Gesundheitsfürsorge beteiligt waren.[20]

Dr. Alice Goldmann-Vollnhals und ihr Team von Ärztinnen und Fürsorgerinnen nutzten die neuen Schwangerschaftsberatungsstellen, um einen umfassenden Gesundheitsdienst für Frauen aufzubauen, der Ratschläge für Kindererziehung und Schwangerschaftsverhütung sowie hinsichtlich Schwangerschaft, Geburt und Stillen bot. Der Familienfürsorge, Gesundheitserziehung und Präventivmedizin verpflichtet, setzten sich die Ambulatorien soziale Ziele, die auch die Entwicklung der Ehe- und Sexualberatungsstellen ab 1928 förderten. Ärztinnen waren die ersten, die in Gruppenarbeit versuchten, einer präventiven Familienmedizin näherzukommen. Durch ihre Tätigkeit in den neuen Beratungsstellen und Ambulatorien hatten sie ein sehr klares Bewußtsein von der Notwendigkeit einer Zusammenarbeit mit Fürsorgestellen, die meist auch mit Frauen besetzt waren:

»Da der schwangeren Frau nicht gründlich geholfen wäre, wenn man sich nur um sie als Einzelperson kümmert, um so mehr als die Mehrzahl der Betreuten Familienangehörige haben, hat sich die Schwangerenfürsorge zu einer richtigen Familienfürsorge entwickelt.«[21]

Für sie bedeutete Familienfürsorge die Berücksichtigung sozialer und häuslicher Umstände ebenso wie die medizinische Behandlung selbst, also alles, was notwendig war, um gesunde Nachkommenschaft zu sichern, wie z.B. Eheberatung, Ratschläge für Kindererziehung, Ernährung und Körperkultur. So boten die Ambulatorien der Krankenkassen Kurse für werdende Mütter an, Aussprache-Abende für Frauen und ihre Ehemänner, Literaturhinweise und Verweise auf andere Fürsorge-Stellen. Entgegen der Position der Kassenärzte, die in diesen Ambulatorien eine Gefährdung ihrer Zuständigkeitsbereiche und der traditionellen Arzt-Patient-Beziehung sahen, argumentierten Vollnhals und ihre Kolleginnen, daß ein so umfassendes Angebot an Dienstleistungen nur durch eine enge Zusammenarbeit zwischen Ärzten und Fürsorgerinnen in einem zentralen Klinikgebäude gewährleistet werden könnte. Es wäre praktisch unmöglich, die unterschiedlichen Aspekte der Fürsorge voneinander zu trennen: Schwangerschaft konnte nicht von der Frage nach ihrer Verhütung getrennt werden und

Eheberatung nicht von Sexualberatung. So erinnerte sich Charlotte Wolff, eine der Ärztinnen in den Ambulatorien:

»...jeder Zweig der Medizin (war) dort vertreten, doch die zahlreichen Ärzte konnten dem großen Patientenandrang kaum gerecht werden. Die Ambulatorien ähnelten in ihren Aktivitäten einem Bienenstock...Doch die medizinische Seite war nur ein Teil dieser Tätigkeit.«[22]

Wenn die Ambulatorien tatsächlich als Zentren des Frauenschutzes wirken sollten, mußte Hilfe für geschlagene Frauen und in Fällen von Kindesmißbrauch, Drogensucht, Alkoholismus, Inzucht, Vergewaltigung, Selbstmord, verhaltensgestörten Kindern, Unfruchtbarkeit, überfüllten Wohnungen, Räumungsklagen und Arbeitslosigkeit gewährleistet werden. Diese Fürsorge schloß auch Hausbesuche und Beratung für andere Familienangehörige sowie die Abgabe von Verhütungsmitteln ein. Letztere mußten leicht zu benützen und dennoch wirkungsvoll und sicher sein. Auch hier neigten Ärztinnen zu einer eher »ganzheitlichen« Sicht als die meisten ihrer männlichen Kollegen. Sie zogen das Diaphragma der Muttermundkappe oder der Spirale vor, weil es keine ständige medizinische Betreuung verlangte, hohe Sicherheit bot und Frauen dazu brachte, ihren eigenen Körper kennenzulernen.

Dr. Käthe Becher von der Spandauer Beratungsstelle sah die Hauptaufgabe der Ärztinnen im Kampf gegen »Gleichgültigkeit...Passivität und Indolenz« infolge von Erschöpfung, Hoffnungslosigkeit und Armut. Obwohl »Die Schwierigkeiten in der Ehe...das unerfreulichste Kapitel in unserem Arbeitsgebiet (sind)«, konnten sie sich aber auch über viele Erfolge freuen, die sich an dem Meer von Blumensträußen auf den Tischen der Mitarbeiterinnen messen ließen.[23] Charlotte Wolff erinnerte sich:

»Nie habe ich mich zufriedener und sicherer gefühlt als während der fünf Jahre als Ärztin bei den Krankenkassen Berlin.«[24]

1928 betreuten Alice Goldmann-Vollnhals, fünf weitere Ärztinnen und sechs Fürsorgerinnen bereits an 17 verschiedenen Stellen in Berlin mehr als 17.000 Patientinnen. Die überwiegend männlichen Krankenkassenärzte verfolgten diese Entwicklung mit Bestürzung und Ärger, weil sie einen Verlust an Patienten und Einnahmen befürchteten. Die Ärzte wußten, daß die meisten Arbeiterfrauen sich nur dann in ärztliche Behandlung begaben, wenn sie schwanger waren oder andere gynäkologische Probleme hatten, und daß viele Frauen immer noch die zweifelhaften Dienste von Hebammen und Pfuschern vorzogen, weil Ärzte keine legalen Abtreibungen vornehmen oder von der Krankenkasse bezahlte Verhütungsmittel besorgen konnten und zudem meist viel zu wenig über solche Angelegenheiten wußten.

Die Ambulatorien der Krankenkassen und die Gesundheitspolitik

Die heftige Konkurrenz um eine gesicherte Zahl von Patienten und um das regelmäßige Einkommen einer Kassenarztpraxis, die durch die strengen Bestimmungen für die Kassenzulassung und durch die Ärztekonzentration vor allem in den größeren Städten verursacht wurde, verschärfte die Befürchtungen der Ärzte gegenüber den Ambulatorien. Diese Sorgen um Kompetenzen und Privilegien waren sicherlich ein Hauptfaktor für den Antifeminismus, Antisemitismus und die Begeisterung für den Nationalsozialismus der großen Mehrheit der Mediziner nach 1933.

Projekte wie die Beratungsstellen der Krankenkassen, die in der hoffnungsvollen, experimentierfreudigen Atmosphäre während der Phase der relativen Stabilisierung ab 1924 entstanden und entwickelt worden waren, wurden nach 1929 oft zu Mitteln einer defensiven, aber dennoch kämpferischen Politik, die der Arbeiterklasse im täglichen Lebenskampf während der Wirtschaftskrise helfen sollte. Die Gesundheit der Arbeiterfamilie, wiederum abhängig von der Gesundheit und Fähigkeit der Arbeiterfrau und Mutter, Schwierigkeiten zu meistern, war der entscheidende Angelpunkt dieser Strategie und deshalb zentrales Anliegen der Beratungsstellen. Die Widersprüche in der Gesundheitspolitik der Krankenkassen und die dadurch hervorgerufenen Debatten über Gesundheits-, Bevölkerungs- und Wohlfahrtspolitik traten in Berlin besonders scharf hervor. Daß es in Berlin überhaupt zu so vielen Beratungsstellen und Krankenkassen Ambulatorien kommen konnte, lag einerseits daran, daß Preußen eine dauerhafte sozialdemokratische Regierung hatte und andererseits auch daran, daß es in Berlin einen hohen kommunistischen Wähleranteil und einige stimmgewaltige KPD-Funktionäre gab, die heftig mit der SPD, besonders in der Sozial- und Gesundheitspolitik stritten.

1928 machte die Reichsregierung den niedergelassenen Ärzten wesentliche Zugeständnisse. Sie schränkte den Besuch der Ambulatorien zwecks medizinischer Behandlung auf die Familienangehörigen der Versicherten ein und überließ den bedrohten Kassenärzten die Versicherten selbst. Weiter sollten neue Stellen nur mit zugelassenen Kassenärzten besetzt werden, die wiederum die Erlaubnis hatten, stundenweise in den Ambulatorien zu arbeiten und daneben auch ihre eigene Praxis zu betreiben. Diese Regelung widersprach dem Anspruch der Ambulatorien auf eine Ganztags-Versorgung (inclusive nächtlicher Hausbesuche) und auf eine wissenschaftliche, kostensparende und moderne ärztliche Versorgung. Nur in zentralisierten Kliniken bestand für Ärzte die Möglichkeit, Spezialisten zu Rate zu ziehen, hochentwickelte Apparate zur Diagnose und Behandlung zu nutzen, sowie einen direkten Kontakt zu Mitarbeitern der Sozialfürsorge und Wohlfahrtsverbänden (die häufig eine Tür weiter saßen) zu unterhalten. Der Weimarer Staat demonstrierte sein zweideutiges Verhalten gegenüber erwerbstätigen Müttern auf ungewöhnliche Weise, indem er die medizinische Versorgung in der Schwangerenfürsorge jetzt auf die nichtversicherten Familienangehörigen begrenzte und versicherte Lohnarbeiterinnen wieder zu den niedergelassenen Ärzten schickte, die zwar entbinden konnten, aber weder Verhütungsmittel noch Sexual- oder Familienberatung boten und mit Sicherheit keinen Zugang zu einem vollständig aus Frauen bestehenden Team von Ärztinnen und Fürsorgerinnen. Da die

Reichsversicherungsordnung Verschreibung von Verhütungsmitteln durch Kassenärzte nicht bezahlte, war es nur Frauen, die als Familienangehörige Zugang zu der Schwangerenfürsorge hatten, möglich, Geburtenkontrolle bezahlt zu bekommen. Versicherte lohnabhängige Frauen sowie diejenigen ohne jeden Versicherungsschutz waren auf illegale Abtreibungen, gekaufte Mittel von mehr oder weniger großer Zuverlässigkeit oder die unregelmäßigen Dienste von anderen Beratungsstellen angewiesen. Dr. Alice Goldmann-Vollnhals weigerte sich, diese Verordnung einzuhalten und ließ wissen, sie würde alle Frauen in Not behandeln. 1930 wurde plötzlich ihre Position als Leiterin der Schwangerenfürsorge von einem männlichen Arzt besetzt, und es ist anzunehmen, daß dies in Zusammenhang mit ihrer obengenannten Position stand.

Ebenfalls empört über diese Politik, beschloß Dr. Kurt Bendix, der Leiter des gesamten Verbandes der Krankenkassen Berlins, Beratungsstellen nur für Ehe- und Sexualberatung zu eröffnen. Zu dieser Entscheidung trug der Druck, den die Ärztinnen und das neu gegründete Deutsche Komitee für Geburtenregelung ausübten, erheblich bei. Die Gründung dieses Komitees war durch den Besuch Margaret Sangers in Berlin im Dezember 1927 angeregt worden, als sie sich nach ihrem aufsehenerregenden Vortrag im Charlottenburger Rathaus mit etwa zwanzig Ärztinnen, von denen viele in der Schwangerenfürsorge tätig waren, in ihrem Hotelzimmer traf, um den Aufbau von Beratungsstellen für Geburtenregelung zu diskutieren und finanzielle Unterstützung zu versprechen.

Die erste Ehe- und Sexualberatungsstelle der Krankenkassen wurde am 1. Juli 1928 im Arbeiterbezirk Neukölln eröffnet. Am 1. Oktober desselben Jahres begannen vier weitere Beratungsstellen mit der Arbeit. 1928 wurden 851 Besucher beraten; Ende 1929 kamen in die sieben, über ganz Berlin verteilten Beratungsstellen 5574 Besucher. Der Verband umging die Bestimmungen des Paragraphen 184,3 StGB, der die Werbung und Verbreitung von Verhütungsmitteln untersagte, und das Verbot, die Kosten von Verhütungsmitteln zu decken, indem man sich auf Absatz 363 der Reichsversicherungsordnung berief, der zur Bereitstellung von präventiver und nicht ausschließlich heilender Versorgung berechtigte. Fernerhin betonte der Verband, daß es zur Aufrechterhaltung der Volksgesundheit viel vernünftiger und kostensparender sei, Verhütungsmittel zur Verfügung zu stellen, als die Behandlungskosten bei Komplikationen infolge verpfuschter illegaler Abtreibungen und die Aufwendungen für Säuglingskrankheiten und Sterblichkeit in übergroßen Familien zu tragen. Medizinische Vernachlässigung vergrößere nur den »Ballast« einer »eugenisch untauglichen Bevölkerung« und untergrabe die bereits schwankende Glaubwürdigkeit des Ärztestandes unter den Frauen und der Arbeiterklasse weiter, indem sie die Frauen zum Pfuscher treibe.

Die Beratungsstellen waren auch ein hart umkämpftes Thema in der Debatte über die »Vertrauenskrise« in der Medizin. Würden die Ambulatorien den niedergelassenen Ärzten Patienten stehlen, oder würden sie die Grenzen medizinischer Überwachung und Kompetenzen erweitern? Würden die Ambulatorien eine »entseelte«, unpersönliche, überspezialisierte und bürokratisch amerikanisierte Gesundheitsversorgung fördern, oder würden sie gerade Frauen aus der Arbeiterklasse den Weg von der Beratungsstelle ins Sprechzimmer des Arztes erleichtern?

Schwangeren- und Sexualberatung

Ärztinnen fanden sich in einer schwierigen Position: Sie verstanden sich als Fachleute für Sozialfürsorge und Medizin und gleichzeitig als Anwälte der Frauen. Sie waren über die hohe Zahl von Abtreibungen besorgt, über die Unkenntnis und Passivität der Frauen ihrem Körper gegenüber und wollten deshalb die Frauen von der traditionellen, unwissenschaftlichen Versorgung in das moderne eher sterile und bürokratisch-medizinische System locken. Sie kritisierten die unpersönliche Schulmedizin, aber sie glaubten, daß Institutionen, die Verhütungsmittel und Beratung anboten, am besten geeignet seien, ihre Ziele einer

Rationalisierung und Ordnung im Familien- und Sexualleben zu erreichen. Die in den Ambulatorien ausgeübte Medizin war tatsächlich eher vereinbar mit einigen der ganzheitlichen Vorstellungen, wie sie von vielen Ärztinnen vertreten wurden. Die Schulmedizin konnte nicht unangefochten in einem System vorherrschen, das die Anzahl der zur Kostenrückerstattung berechtigten Medikamente beschränkte und Angebote wie Sport-Beratung, orthopädische Gymnastik, Bestrahlung und elektro-physikalische Behandlung bevorzugte.

Ende 1931 wurden in den vierzehn Schwangerenfürsorgestellen 24 309 Besucher und in den sieben Sexualberatungsstellen 10 568 Besucher jährlich gezählt.[25] Trotz der insgesamt verringerten Inanspruchnahme von Krankenkassenleistungen, verursacht durch die Notverordnungen der Brüning-Regierung, stieg der Patientenandrang in den Schwangeren- und Sexualberatungsstellen. Offensichtlich bevorzugten Patienten die umfassenden, bereits etablierten und leicht zugänglichen Dienstleistungen des Verbandes der Krankenkassen gegenüber den unregelmäßigen Angeboten der von Laienverbänden oder politischen Parteien geführten Beratungsstellen. Der Verband, weder völlig staatlich noch völlig privat, weder direkt vom Staat kontrolliert noch ausschließlich mit einer politischen Partei oder Gruppe verbunden, bot Patienten Zuverlässigkeit und medizinischen Sachverstand sowie ein ganzheitliches Interesse an ihrer sozialen Wohlfahrt.

Ärztinnen spielten ebenfalls eine bedeutende Rolle in den Einrichtungen, die speziell der Geburtenregelung und Sexualberatung gewidmet waren. 1931 leiteten Ärztinnen auch die städtischen Eheberatungsstellen in Friedrichshain, Neukölln, Reinickendorf, Wedding, Charlottenburg und die Vertrauensstelle für Verlobte und Eheleute in Charlottenburg. Wenn auch die Kompetenz der Ärztinnen in der Schwangerenberatung anerkannt wurde, so standen doch die männlichen Ärzte der Tätigkeit ihrer weiblichen Kollegen in der Sexual- und Geburtenregelungsberatung häufig entschlossen entgegen.

Dr. P.K. Scheumann, Direktor der staatlichen Eheberatungsstelle im Bezirk Prenzlauer Berg, bestand sicherlich nicht als einziger seiner Kollegen darauf, daß für solche Beratungsstellen männliche Ärzte vorzuziehen seien, »weil er ohne Einschränkung sowohl die intimen Fragen der Frau wie auch des Mannes behandeln kann.«[26] Selbstverständlich vertraten Ärztinnen eine entgegengesetzte Position, daß nämlich ihre Erfahrungen als Medizinerinnen und Frauen in den Beratungsstellen ihnen eine einzigartige und unersetzbare Einsicht in die alltäglichen Lebensbedingungen von Frauen verleihe. Viele glaubten auch, daß ihnen ihre Arbeitserfahrungen eine spezielle politische Verantwortung für die Volksgesundheit auferlegen würden.

Dr. Alice Goldmann-Vollnhals, Leiterin der Schwangerenfürsorge, drückte vielleicht am besten aus, warum sich Ärztinnen für eine Legalisierung der Abtreibung einsetzten und Training und Erprobung von Verhütungsmitteln in die medizinische Praxis einführen wollten:

»Auf Grund unserer Erfahrungen müssen wir sagen: wenn eine Frau ihre Schwangerschaft als unerwünscht betrachtet und von ihr befreit werden will, so wird sie dieselbe auf alle Fälle zu beseitigen wissen, auch dann, wenn sie den Eingriff mit dem Leben bezahlt. Alle gesetzlichen Strafandrohungen sind gegenüber der furchtbaren Notlage illusorisch und halten niemanden von der Abtreibung ab. Das kann nicht stark genug hervorgehoben werden!«[27]

Täglich plädierten verzweifelte Frauen um Beistand; gerade von Ärztinnen erwarteten sie Verständnis und Hilfe. Dr. Käthe Frankenthal, Stadtärztin in Neukölln, SPD-Stadtverordnete und Paragraph-218-Gegnerin, erinnerte sich in ihren Memoiren:

Fast alle meine Patienten, aus welchem Grunde sie auch zuerst kamen, fragten früher oder später nach Mitteln zur Geburtenregelung... Es verging fast kein Tag, an dem nicht weinende Frauen und Mädchen in meinem Sprechzimmer saßen und mich anklagten: Wenn Sie nicht helfen — Sie haben doch gesagt und geschrieben, daß das Gesetz schlecht ist...«[28]

Käthe Frankenthal (Abb. 24)

Dr. Hertha Nathorff erinnerte sich, daß während ihrer Ausbildung in großen Universitätskliniken für Geburtshilfe und Gynäkologie nichts über Geburtenkontrolle gelehrt wurden:

»Also, ich will Ihnen sagen, ich war an der Frauenklinik in Heidelberg, ich war an der Frauenklinik in Freiburg, ich habe nie das Wort Geburtenregelung gehört. Ich habe nichts gewußt von einem sogenannten Diaphragma. Und dann habe ich mal eine Kollegin vertreten und da kam eine Frau mit so einem Diaphragma zu mir, ich soll ihr das einsetzen. Ich habe wirklich geguckt, 'es tut mir furchtbar leid, sie müssen warten bis die Frau Doktor selber wieder da ist'. Und als sie zurück kam, habe ich sie gefragt, 'was war denn das'. Sagt sie, 'sowas nennt sich Ärztin'.«[29]

Andererseits warnten Ärztinnen fast als einzige vor dem Eifer, mit dem fortschrittsbesessene Ärzte neue Verhütungstechniken wie die Spirale an den Körpern von Frauen ausprobierten. Goldmann-Vollnhals, die sich entschieden für die Geburtenregelung einsetzte, machte jedoch schon frühzeitig auf die Gefahren medizinischer Verhütungsmethoden aufmerksam:

»... Als wäre es eine Selbstverständlichkeit, wird die Geburtenregelung in erster Linie durch Maßnahmen betrieben, die an der Frau angewandt werden. Man will ,,die arme Frau vor dem Lose der unerwünschten Schwangerschaft schützen." Aber auf der anderen Seite behaupten wir, die bösartigen Geschwulste bekämpfen, die Frauenleiden verringern zu müssen. Wir zerbrechen uns aber nicht den Kopf, ob es denn eine Selbstverständlichkeit ist, daß die Frau dauernd einen Fremdkörper tragen muß, von dem wir wissen, daß er die Reinlichkeit hindert, von dem wir wissen, daß er vielfach zu recht unangenehmen Reizerscheinungen führt, obwohl wir andererseits an der Reiztheorie für die Entstehung von Krebskrankheiten festhalten. Die Frau hat die Last der Fortpflanzung. Sie hat die Schmerzen der Geburt, die Gefahren des Wochenbetts, die Anstrengung des Stillens. Dazu wird ihr eine neue und nicht ungefährliche Last von dem Manne aufgebürdet. Die Frau soll es nun auch übernehmen, die Folgen des Sexuallebens abzuwenden.«[30]

Darüberhinaus kritisieren viele Ärztinnen die technische Herangehensweise der Beratungsstellen, die mit Verhütungsmitteln und richtiger Technik alle Sexualprobleme glaubten lösen zu können. Sie befürchteten, daß eine solche Haltung junge Frauen zu frühzeitigem und ungewolltem Geschlechtsverkehr drängen würde und damit grundlegendere Probleme, die auf die Unterdrückung der Frau und ihre familiären Belastungen zurückzuführen seien, verdeckt würden. Ärztinnen waren aber auch pragmatisch: Frauen brauchten Verhütungsmittel und technische Hinweise waren notwendig, um die neu identifizierte »Epidemie« weiblicher »Frigidität« zu bekämpfen. Ärztinnen machten es sich zur Aufgabe, diese Bedürfnisse zu befriedigen und dabei Frauen vor den unerwünschten Konsequenzen ihrer Sexualität zu schützen.

Hertha Nathorff, die selbst keine illegalen Abtreibungen vornahm, erinnerte sich beispielsweise, daß sie in einigen besonders dringenden Fällen Patientinnen zugeflüstert hätte:

»Ich kann nichts machen, aber es gibt kommunistische Ärztinnen, die tun das.

Sie war stolz auf ihre persönliche und ganzheitliche Art der Beratung, nicht nur technisch, aber doch schroff und realistisch:

»Alles ganz einfach, ganz ehrlich, ganz sachlich. Und doch ästhetisch.«

»Einer hab ich mal eine Moral gepredigt, weil sie nicht wußte, ob der oder der der Vater ist. 'Unerhört, in Ihrem Alter bin ich noch in die Schule gegangen, da wußte ich von sowas gar nichts.' Da hat sie gesagt, 'Ja, so doof wie Frau Doktor möchte ich auch nicht sein'... Ich hab gesagt, 'recht haben Sie, es wäre mir aber lieber gewesen, Sie wären ein bißchen doofer gewesen'!«

»'Ich hab gar kein Gefühl für den Mann', hat mir eine erzählt. Sag ich, 'den Mann, das ist Ihr Mann. Da gewöhnen Sie sich das Böse mal etwas an und sind Sie nicht so egoistisch...' Ich habe versucht, sie psychisch ein bißchen darauf einzustellen. Dann habe ich gesagt, 'es gibt auch Methoden, die nicht sehr ästhetisch sind... manuelle Befriedigung'...«[31]

Ein breiter Konsens über Mutterschaft und Eugenik

Berücksichtigt man die Erfahrungen der Ärztinnen in den Beratungsstellen und Kassenpraxen, so erscheint es nicht mehr als Zufall, daß Ärztinnen zu den entschiedensten Befürworterinnen auch der eugenischen Sterilisation zählten und in Begriffen wie »sozial« bzw. »asozial« dachten. Sie waren direkt konfrontiert mit verzweifelten Schwangeren; sie wußten, wie hoffnungslos es sein konnte, einem trinkenden Ehemann »Nein« zu sagen oder ihn dazu zu bringen, den Gebrauch von Verhütungsmitteln zu akzeptieren. Genauso wie Irma, die Romanfigur, drückten sie ihr Entsetzen über die Lebensbedingugen der Arbeiterklasse und die Belastungen, denen die Arbeiterfrauen und ihre Kinder ausgesetzt waren, in eugenischer Terminologie aus. »Wertvolle« Kinder waren solche, von denen nützliche Leistungen für die Gemeinschaft erwartet werden konnten; »lebenswert« und »lebensunwert« bestimmte sich vor allem nach der Fähigkeit und dem Willen zu arbeiten und zu zeugen.

Praktisch alle fortschrittlichen Ärztinnen, obgleich sie sich stark mit der Arbeiterbewegung identifizierten, äußerten sich in eugenischer Begrifflichkeit und glaubten, daß einer der Hauptzwecke der Bereitstellung legaler und leicht verfügbarer Verhütungsmittel, Abtreibungen und Sterilisationen die Verringerung und Regulierung der Zahl »asozialer« Elemente im städtischen Proletariat sei. Die eugenische Denkweise hatte sowohl praktische als auch theoretische Anziehungskraft. Einerseits existierte kein wirklich alternativer Diskurs — weder in der Linken, noch innerhalb der Frauenbewegung oder der Wissenschaften. Andererseits lieferten die täglichen beruflichen Erfahrungen ständige Beweise für die augenscheinliche Stichhaltigkeit zahlreicher eugenischer oder sozialmedizinischer Argumente: Kinderreiche Familien in engen Wohnungen schienen tatsächlich Trunksucht, Kriminalität, Krankheit und Frauenleiden zu verursachen.

In ihrer Dissertation von 1928, geschrieben unter Betreuung von Alice Goldmann-Vollnhals, beklagte sich die junge Ärztin Charlotte Wolff auf Grund ihrer Erfahrungen in der Schwangerenfürsorge, daß viele arme Patienten sich nicht durch die Errungenschaften der modernen Medizin helfen lassen wollten, auch dann nicht, wenn diese von den Krankenkasseneinrichtungen bereitgestellt wurden: »Diese Menschen wollen sich nicht in ein soziales Leben einfügen.« Für Wolff waren die milieubedingten Ursachen solcher »Entartung« zwar ausschlaggebend, aber sie räumte ein, daß man trotz des Anfangsstadiums, in dem sich die wissenschaftliche Eugenik befände, sagen könne, daß »die Vorbedingungen des asozialen Verhaltens der Eltern sich auf die Nachkommen übertragen können.«[32] Angesichts solcher Verwirrung schienen Geburtenkontrolle und Sexualhygiene als vernüftige Strategien. Mit ihnen ließen sich vermutlich beide Seiten des Dilemmas in Angriff nehmen: die eugenische, indem sie die Fortpflanzung »asozialer« Elemente verhinderte, und die soziale, indem sie half, die Belastungen durch große Familien, zerrütende Schwangerschaften, Abtreibungen sowie unbefriedigende eheliche Beziehungen zu erleichtern. In diesem Sinne wurden Ordnung und Disziplin zu eugenischen Werten an und für sich. Regelmäßiger Gebrauch von Verhütungsmitteln und Aufmerksamkeit auf Sexualtechniken sollten auch dazu dienen, geordnete Verhältnisse im chaotischen Proletarierleben zu schaffen.

Sterilisation derer, die unfähig oder nicht gewillt waren, selbst Geburtenkontrolle zu betreiben, wurde so zu einem positiven sozialen Wert. Freiwillige Sterilisation nach volksgesundheitlicher Aufklärung war natürlich wünschenswert, aber die Möglichkeit erzwungener Maßnahmen gegen »Asoziale« nie vollständig ausgeschlossen. Sterilisation war die naheliegende Lösung angesichts der Schwierigkeiten, den städtischen Unterschichten Hygiene und eine rationale Lebensweise beizubringen.

Dr. Elisabeth Prinz, Leiterin der Beratungsstelle des Bundes für Mutterschutz in Friedrichshain, beschwerte sich z.B.

»...über die Unwissenheit proletarischer Frauen um ihren eigenen Körper, ihre mangelnde Bereitschaft oder Unfähigkeit, Verhütungsmaßnahmen regelmäßig anzuwenden, ihre Nachlässigkeit im weiteren Besuch der Beratungsstellen, bis wieder eine unerwünschte Schwangerschaft eintrat und sie unter Drohung von Selbstmord um eine gesetzwidrige Abtreibung bettelten.«[33]

Andererseits hielten Ärztinnen Mutterschaft und deren Schutz genauso wie die Eugenik für notwendige Bestandteile des Konsenses über Volksgesundheit.

Auseinandersetzungen um den Paragraphen 218

Die unbestrittene Wichtigkeit von Mutterschaft und Eugenik auch unter Ärztinnen, die entschieden das Recht der Frau auf den eigenen Körper verteidigten und dies auch mit ihren aktuellen Erfahrungen in den Beratungsstellen begründen konnten, wird deutlicher, wenn man genauer die Texte der Petitionen und Resolutionen für die Reform des Paragraphen 218 betrachtet, die der Berliner Zweig des BDÄ verfaßte. In dem Gesuch an den Reichstag von 1930 hieß es:

»Der Par. 218 des bisheringen St.G.B. trägt weder dem Volksempfinden Rechnung, noch erreicht er in irgendeiner Weise seinen Zweck. Praktisch ist er so gut wie unwirksam, da er weder die Mutter noch das keimende Leben schützt... Die Heimlichkeit der Abtreibung kostet augenblicklich zahllosen Frauen Leben und Gesundheit. Keine Krankheit, nicht einmal die Tuberkulose, fordert so viele Menschenopfer.

Wir sind entgegen den bevölkerungspolitischen Befürchtungen der Ansicht, daß die Aufhebung des Par. 218 keinen Geburtenrückgang bewirken wird. Tod, Siechtum und Unfruchtbarkeit der Frau werden durch fachgemäße Aborteinleitungen verhindert, so daß unzählige Frauen zu einer für sie günstigeren Zeit in gesundem Zustande gebären können.

Wir reden keineswegs der leichtfertigen Abtreibung das Wort. Nach unserer Überzeugung wird der Wille zur Mutterschaft nicht durch Gesetzesparagraphen und Strafandrohungen erzwungen, sondern er ist eine der Frau innewohnender Naturinstinkt, der wohl durch Sorgen und Not zeitweise niedergehalten werden kann, nach deren Abklingen aber sich von selbst wieder voll entfalten wird.«[34]

Damit stellten sich die Berliner Ärztinnen gegen die offizielle Position der etablierten Ärzteschaft, die auf dem Leipziger Ärztetag 1925 bekräftigt hatte, daß Abtreibung nur bei strenger medizinischer Indikation zulässig sei. Sie gingen auch erheblich weiter als die Berliner Ärztekammer, die unter dem Druck des »Vereins sozialistischer Ärzte« in einer stürmischen Sitzung am 3. Dezember 1928 zugab, daß der Paragraph 218 »nicht mehr dem Volksempfinden und nicht mehr der Meinung der Ärztekammer« entspreche. Trotzdem wurde auf dieser Sitzung eine Resolution verabschiedet, die zwar die Berücksichtigung sozialer Indikationen befürwortete, jedoch die medizinische Indikation so ausweitete, daß sie mehr eugenische als soziale Faktoren einschloß.[35]

Die Berliner Ärztinnen setzten ihren Kampf für eine Abtreibungsreform während der dramatischen Kampagne zur Freilassung von Friedrich Wolf und Else Kienle im Jahre 1931 fort. Auf dem Höhepunkt mobilisierte der Ausschuß Groß-Berliner Ärztinnen tausende von Frauen zu einer Massenveranstaltung gegen den Paragraphen 218 in den Spichernsälen. Die Abschlußresolution behauptete, daß der gesetzliche Gebärzwang »mit der Würde, dem Menschenrecht und der Stellung der Frau im Staate unvereinbar« sei, und forderte »umfassende Fürsorgemaßnahmen für Mutter und Kind zur Erzielung eines hochwertigen Nachwuchses und zur Erhaltung und Förderung der ethischen, staatserhaltenden Kräfte der Familie.«[36] Die Ärztinnen verbanden einmal mehr das feministische Engagement für die Gleichberechtigung der Frau mit dem Glauben an die allgemeine Gültigkeit des Konsenses über Mutterschaft und Eugenik. Sie verteidigten das Recht auf Abtreibung als eugenische und familienstabilisierende Maßnahme.

So radikal und mutig wie diese Stellungnahmen des BDÄ auch waren, so muß doch betont werden, daß es nicht das Hauptziel der Ärztinnen war, das unveräußerliche individuelle Recht von Frauen auf ihren eigenen Körper sicherzustellen. Sie stellten weder den vorherrschenden Glauben an Bevölkerungspolitik noch die Freuden der Mutterschaft grundsätzlich in Frage, und sie übernahmen relativ kritiklos die Hierarchie von »sozial« und »asozial«, wie sie im eugenischen Denken verankert war. Bezeichnenderweise teilten und beförderten Ärztinnen diesen Konsens, der die gesamte Sexualreform-Bewegung und das politische Spektrum von links nach rechts durchzog, selbst wenn ihr eigenes Leben diesen Maximen nicht entsprach. Charlotte Wolff, fortschrittlich, jüdisch, glücklich unverheiratet, kinderlos und lesbisch, sprach sicherlich für die Mehrheit der Berliner Ärztinnen, wenn sie meinte, es sei »Pflicht der Gesellschaft, für die Frau als Mutter alles erdenkliche zu tun...um den Willen zum Kinde zu stärken, Mutterschaft zu erleichtern und gesunden Nachwuchs zu erzielen.«[37] In den Ambulatorien waren Mutterschutz und Eugenik integrale Bestandteile der Sozialfürsorge und der Sozialmedizin.

Ungewöhnlich umfassende und weitreichende sozialmedizinische Projekte wie die Ambulatorien der Krankenkassen und ihre Schwangerenfürsorge, Geburtenregelung, Ehe- und Sexualberatung wurden gerechtfertigt, weil sie die Zahl illegaler und gefährlicher Abtreibungen verringern und gesunde Mutterschaft und Nachkommenschaft fördern würden. Für die Ärztinnen im Berliner Ausschuß des BDÄ war der Anspruch auf legale Abtreibung und Geburtenregelung nicht unvereinbar mit eugenischem und familenbezogenem Denken und Maßnahmen.

Gleichschaltung und Zerstörung

In diesem Zusammenhang erscheint die zuversichtliche Einstellung, die viele deutsche Ärztinnen gegenüber dem neuen nationalsozialistischen Regime erkennen ließen, weniger mysteriös. Sie vertrauten auf eine Erfüllung der Nazi-Versprechen für Verbesserungen des Status' und der Gesundheit von Frau und Familie, obwohl das Regime gerade die Institutionen wie den Verband der Krankenkassen Berlins und die Beratungsstellen zerstörte und die Ärzteschaft wurde von den Kollegen, die meisten von ihnen Sozialisten und/oder Juden, »gesäubert«, die diese Fürsorgeinstitutionen für Mütter und Kinder aufgebaut hatten.

Ärztinnen nahmen vielleicht mehr als andere teil an der allgemeinen Aufbruchstimmung und der Hoffnung auf eine nationale Erneuerung, weil sie als Fachleute für Frauenfürsorge aus erster Hand gesehen hatten, welches Elend durch Arbeitslosigkeit und die Weltwirtschaftskrise verursacht worden war. Eine derartig positive Einstellung zum Nationalsozialismus war in gewisser Weise schon in einer Politik der Frauenbewegung beinhaltet gewesen, die dem Recht auf den eigenen Körper weniger Wert beimaß als der Gesundheit von Mutter und Kind für das Wohlergehen der Familie und des Staates. Legale Abtreibung wurde als soziale Errungenschaft befürwortet, nicht weil sie für Frauen emanzipatorisch wirke und eventuell von ungewollten familiären Belastungen befreie, sondern weil das Recht auf Abtreibung Frauen ermöglichen würde, bessere Mütter und Ehefrauen zu sein und somit dem Familienzusammenhalt zu dienen. Das Recht von Frauen, in Fortpflanzungsangelegenheiten selbst zu bestimmen, wurde daher nicht uneingeschränkt unterstützt, sondern abhängig gemacht vom allgemeinen Zustand der Gesellschaft. Wenn der Mutterinstinkt angeboren und bloß vorläufig durch die schlechen Zeiten irregeführt worden war, so war es nur logisch und konsequent, diese Position aufzugeben, sobald sich die politischen und ökonomischen Verhältnisse verbesserten. Die große Mehrheit der Ärztinnen, die im gleichgeschalteten BDÄ verblieben oder ihm beitraten, glaubten, daß es Frauen in einem nationalsozialistischen Deutschland wieder möglich sein würde, freudig ihren natürlichsten Neigung zu folgen und gesunden Kindern das Leben zu schenken. Die Grundlage für einen solchen Wandel sahen sie in der Verpflichtung des nationalsozialistischen Staates zu umfassenden sozialen Programmen, die sowohl die Volksgesundheit im allgemeinen und die Gesundheit von Schwangeren und Kindern im besonderen verbessern sollten.

Dr. Thimm, die neu eingesetzte nationalsozialistische Führerin des Verbandes, und ihr Vorgesetzter, der Reichsärzteführer Dr. Wagner, konnten mit etwas erstaunter Zufriedenheit feststellen, daß der BDÄ bereit war, den »Internationalismus,...Demokratie,...Pazifismus« der Weimarer Jahre aufzugeben; sie hatten scheinbar mehr Widerstand von seiten des gut organisierten Bundes erwartet, der schließlich mit der »Festung der Frauenbewegung«, dem Bund Deutscher Frauenvereine (BDF) verbunden gewesen war.[38] Thimm und Wagner hätten sich keine Sorgen zu machen brauchen. Der BDF löste sich im Juni 1933 selbst auf, statt sich der Gleichschaltung zu unterwerfen. Der BDÄ hingegen optierte für das organisatorische Überleben und unterzog sich der Gleichschaltung, bevor Schritte zur Auflösung des Bundes erfolgen konnten. Als Rechtfertigung wurde die Verpflichtung des Bundes für die Interessen von Frauen angeführt und die Tatsache betont, »daß der Bund nach seinen Zielen und Ideen stets ganz unpolitisch war, bewußt nur die Interessen der 'Frauen' und 'Kinder' und der 'Familie' verfolgte.«[39]

Jüdische BDÄ-Funktionärinnen mußten umgehend von ihren Posten zurücktreten. Zwar wurde ihnen zunächst erlaubt, ihre Mitgliedschaft aufrecht zu erhalten, allerdings nur in rein wissenschaftlichen Funktionen und mit der Auflage, sich nicht politisch oder weltanschaulich aktiv zu betätigen. Diese Regelung bedeutete den de facto Ausschluß, weil sich der BDÄ immer als Berufsverband — und nicht als wissenschaftliche Vereinigung — verstanden hatte, der die Interessen seiner Mitglieder verteidigte. Alle Funktionärinnen, die die neuen Regeln untragbar fanden, wurden gleichfalls zum Rücktritt ermahnt. Nur eine legte deswegen ihr Mandat nieder, und selbst sie, so wurde betont, blieb zunächst im Verein, um ihre Nachfolgerin einzuarbeiten.

Der BDÄ wurde mit hoffnungsvollen Versprechungen in die Gleichschaltung gelockt. Der Bund griff nach der Möglichkeit, an der »nationalen Erneuerung« teilzunehmen, wo endlich der Staat ihre Anstrengungen zum Wohle von Müttern und Kindern unterstützen und honorieren würde, und verlangte nur danach, aktiv in das neue System integriert zu werden. In der Tat protestierte der Bund, der so willig den Arier-Paragraphen angenommen hatte, nur wenige Monate später deutlich und erstaunlich verärgert, als die Gefahr bestand, daß die Doppelverdienerbestimmungen auch auf verheiratete Ärztinnen angewandt würden.

Waren sie in der Lage, von Männern finanziell unterhalten zu werden, sollte ihnen die äußerst begehrte Kassenzulassung entzogen bzw. verweigert werden.

Als im April 1933 jüdische Ärztinnen und Ärzte von der Kassenpraxis ausgeschlossen worden waren, hatte es keinen öffentlichen Protest gegeben. Aber nun, da die Rechte von Frauen allgemein, und nicht nur die von Juden und anderen rassisch oder politisch Unerwünschten, ihren gewählten Beruf auszuüben, bedroht waren, empörte sich der BDÄ. Der Protest war einmal mehr in die Sprache sozialer Mutterschaft und nationaler Pflicht gekleidet, die schon immer die Hauptrechtfertigung der Ärztinnen gewesen war. »Die Ärztin« veröffentlichte Fragebögen, aus denen hervorging, daß 80 % der verheiraten Ärztinnen die Doppelbelastung von Karriere und Familie nicht als Problem ansahen. Vielmehr bestanden die Beantworterinnen darauf, daß nur verheiratete Frauen die privaten Gesundheitsbedürfnisse deutsche Frauen wirklich verstehen konnten. Darüber hinaus betonten sie, daß ihr Einkommen für die Standesgemäße Erziehung ihrer Kinder und die Aufrechterhaltung ihres Lebensstandards wichtig sei. Gerade weil ihre Aufgaben als »Superfrauen« Selbstdisziplin, Organisationstalent und robuste Gesundheit erforderten, seien sie genau die Art ordentlicher gesunder Übermenschen, die der nationalsozialistische Staat brauche. Der BDÄ verteidigte seine Mitglieder als

»nicht nur hochgezüchtete, rein intellektuelle unfrauliche Wesen...sondern lebenstüchtige praktische Frauen, die allen Anforderungen gewachsen sind.«[40]

Dr. Thimm warnte erregt vor einer »rücksichtslose(n) Politik, die zur Ausmerzung« aller Ärztinnen führen könnte.[41]

Kein solcher Aufstand sondern nur betäubende Stille war im Fall der 117 Beantworterinnen des Fragebogens zu vernehmen, die sich selbst als nicht-arisch identifizierten. 52 von ihnen hatte man bereits ihre Kassenzulassung und Angestelltenpositionen entzogen. Der BDÄ behauptete sogar, daß nun wegen des ernsten Ärztemangels in einigen Fachgebieten, verursacht durch den Verlust nicht-arischer

Kollegen, verheiratete Ärztinnen stärker denn je benötigt würden, besonders zur Versorgung weiblicher Patienten.[42]

Tatsächlich bot der NS-Staat mit seiner Betonung von Geschlechtertrennung in der sozialen Fürsorge und im Mutter- und Kinderschutz vielen Ärztinnen mehr, nicht weniger Tätigkeitsbereiche. Für sämtliche deutsche Ärztinnen, besonders für die jüngeren unter ihnen, die sich nicht an die Jahre des Kampfes um die Anerkennung weiblicher Ärzte erinnern konnten, schien Hitlers »Große Zeit« neue Berufsmöglichkeiten zu versprechen. Eine, und nicht die unbedeutendste, bestand in den freien Stellen, die durch die Liste jüdischer Namen unter der Zeitschriftenüberschrift »Austritte« angezeigt wurden.

Aber der Fortschritt forderte auch seinen Preis. Die Auswirkungen der nationalsozialistischen Doppelverdiener-Politik und der Ausschluß nicht-arischer Ärzte zeigte sich auch in den Zahlen der Kassenzulassung. Von 2470 niedergelassenen Ärztinnen im Deutschen Reich waren über die Hälfte kassenzugelassen, davon über 70 % praktische Ärztinnen. Aber nur 3,97 % aller Kassenärzte waren Frauen, wobei Berlin einen relativ hohen Anteil von 5,1 % aufwies. Die Gesamtzahl der Ärztinnen stieg nach der Machtübernahme, aber die Zahl der Fachärztinnen verringete sich und in Berlin, der ehemaligen Hochburg der Medizinerinnen, war die Zunahme an Ärztinnen überhaupt auffallend niedrig. Im September 1935 berichtete »Die Ärztin«, daß 126 Ärztinnen in Berlin ihre Kassenzulassung verloren hatten, weil sie nicht-arisch waren; insgesamt waren es im ganzen Reich 300.[43] Tatsächlich dürften diese Zahlen noch viel höher gelegen haben, weil die bereits emigrierten Ärztinnen nicht mehr gezählt wurden. Die Berufsgruppe der Ärztinnen überlebte und festigte ihre Position in Berlin, aber die sozialmedizinischen Projekte zur Verbesserung der Lebensbedingungen von Frauen, in denen einige von ihnen so engagiert gewesen waren, waren für immer zerstört.

»Das größere Erbarmen« und sein Werdegang ist eine treffende Metapher für den Weg des Bundes deutscher Ärztinnen von der Sexual- und Sozialreform zur Gleichschaltung. Im Roman entstand aus dem Tode des Juden und der Ablehnung der dekadenten Großstadt eine neue weibliche Vorstellung von Gesundheit und Mutterschaft, die das Recht der Frau auf berufliche Erfüllung einschloß und ihre Vorrechte innerhalb eines Systems schützte, das Opfer- und Pflichtbereitschaft mit sozialer und biologischer Mutterschaft verband. In diesem Zusammenhang gesehen war die Gleichschaltung des Bundes nicht ein einfacher Fall von Karrieremacherei, Repression oder selbst Mangel an Mut, sondern eine besondere Ausführung der Ziele des Bundes, die Volksgesundheit zu fördern — allem Anschein nach nicht so weit entfernt von dem, was die Ärztinnen in den Ambulatorien vertraten. Die Gleichschaltung des BDÄ machte die Widersprüchlichkeit des Mutterschaft-Eugenik-Konsenses innerhalb der Frauenbewegung und der Sozialmedizin deutlich. Daß die Gleichschaltung und die Aneignung der NS-Volksgesundheitsprojekte als Erfolg erscheinen konnte, war letztendlich Ausdruck des Scheitern der BDÄ-Politik.

Das Verbot des Romans im Nationalsozialismus macht aufmerksam auf die Verluste, die berufstätige Frauen durch den Zusammenbruch des Weimarer Sozialexperiments erlitten. Betroffen waren nicht nur die Ärztinnen in den Ehe- und Sexualberatungsstellen und der Schwangerenfürsorge, von denen viele emigrieren mußten oder die ein weit schlimmeres Schicksal traf. Verluste erlitten auch diejenigen Ärztinnen, die den Versprechungen der Nationalsozialisten geglaubt hatten und dachten, daß die Probleme, die sie schon während der Weimarer Zeit beschäftigt hatten, durch den Nationalsozialismus gelöst werden würden.

Die Geschichte von Ilse Reickes Roman ist auch aussagekräftig für die Streitfrage über Kontinuität und Bruch in der jüngsten deutschen Geschichte. Das Verbot des Buches durch die Nazis deutet darauf hin, daß zwar die Begriffe des Mutterschaft-Eugenik-Diskurses ähnlich blieben, ihre Bedeutung jedoch unwiderruflich verändert wurde. Aber es ist zu einfach, aus den sprachlichen Kontinuitäten geradewegs politische oder ideologische Kontinuitäten abzuleiten. Die Leichtfertigkeit, mit der der BDÄ die Gleichschaltung hinnahm, und die Begeisterung vieler deutscher Ärztinnen für das neue Regime muß sicherlich darauf zurückgeführt werden, daß viele, und gerade diejenigen, die nicht völlig vom Nationalsozialismus überzeugt waren, aber dennoch nicht von Maßnahmen gegen Juden oder Linke betroffen waren, die veränderten Bedeutungen nicht verstanden. Sie hörten nur die vertraute Sprache vom Mutterschutz, von Eugenik und sozialer Hygiene. Sicherlich verlieh dies den nationalsozialistischen Versprechungen, die Mutterschaft zu schützen und die Volksgesundheit zu fördern, Glaubwürdigkeit und Legitimität.

(Übersetzung von Christiane Eifert und Susanne Rouette.)

Anmerkungen

* Ich bedanke mich bei Frank Mecklenburg und Elisabeth Meyer-Renschhausen für ihre unermüdliche Hilfe beim Redigieren dieses Textes.

1 Ilse Reicke, Das Größere Erbarmen, Berlin 1929, S. 182.
2 Ebd., S. 165.
3 Ebd., S. 19.
4 Ebd., S. 76-77.
5 Else Kienle, Frauen. Aus dem Tagebuch einer Ärztin, Berlin 1932, S. 49.
6 Reicke, Das Größere Erbarmen, a.a.O., S. 175.
7 Ebd., S. 183.
8 Ebd., S. 256.
9 S. Safari Verlag/Berlin an die Reichsschrifttumskammer, 7. Juli 1937; und SS Obersturmführer Herbert Menz an den Reichsführer SS, Chef des Sicherheitshauptamtes, Abt. Presse, 22. Juli 1937. Siehe: Akte Ilse Reicke, Berlin Document Center.
10 Interview, Dr. Hertha Nathorff, New York City, 16. Juni 1980.
11 Die Ärztin, Jg. 9, H. 4 (April 1933), S. 80.
12 Die Ärztin, Jg. 9, H. 6 (Juni 1933), S. 2.
13 Vgl. Monatsschrift Deutscher Ärztinnen, Jg. 4, H. 1 (1928), S. 2 und Statistik des Deutschen Reiches, Bd. 408 (1925), Volks- und Berufszählung, S. 301-302.
14 Vgl. Die Frau, Jg. 38, H. 5 (Feb. 1931), S. 312; und Die Ärztin, Jg. 11, H. 9 (September 1935), S. 148.

15 Erna Gläsmer, Eheberatungsstellen und Geburtenverhütung, Stuttgart 1932, S. 7-8.
16 Interview, Dr. Nathorff, a.a.O.
17 Kienle, Frauen. Aus dem Tagebuch einer Ärztin, a.a.O., S. 431.
18 Die Neue Generation, Jg. 27, H. 7/8/9 (1931), S. 162.
19 Die Ärztin, Jg. 11, H. 1 (Januar 1935), S. 3.
20 Jahrbuch der Ambulatorien des Verbandes der Krankenkassen Berlins 1926/27, S. 15.
21 Ebd., S. 65.
22 Charlotte Wolff, Augenblicke verändern uns mehr als die Zeit. Eine Autobiographie, Weinheim 1982, S. 112.
23 Jahrbuch der Ambulatorien 1928/29, S. 37.
24 Wolff, Augenblicke, a.a.O., S. 113.
25 Jahrbuch der Ambulatorien 1930/31, S. 12-13.
26 F.K Scheumann, Eheberatung als Aufgabe der Kommunen, Leipzig 1932, S. 20.
27 Jahrbuch der Ambulatorien 1926/27, S. 83.
28 Käthe Frankenthal, Der dreifache Fluch. Jüdin, Ärztin und Sozialistin. Lebenserinnerungen einer Ärztin in Deutschland und im Exil, Frankfurt/M. 1981, S. 115, 119.
29 Interview Dr. Nathorff, a.a.O.
30 Jahrbuch der Krankenversicherung 1929, Berlin, S. 182.
31 Interview Dr. Nathorff. a.a.O.
32 Charlotte Wolff, »Die Fürsorge für die Familie im Rahmen der Schwangerenberatung der Ambulatorien des Verbandes der Berliner Krankenkassen,« Berlin 1928, S. 42.
33 Die Neue Generation Jg. 27, H. 7/8/9 (1931), S. 159ff.
34 Die Frau, Jg. 37, H. 10 (Juli 1930), S. 600.
35. Bundesarchiv Koblenz, Reichssicherheitshauptamt Akte R 58/548(6), S. 118.
36 Die Frau, Jg. 38, H. 5 (Februar 1931), S. 439-440.
37 Wolff, »Die Fürsorge...«, S. 11.
38 Die Ärztin, Jg. 9, H. 6 (Juni 1933), S. 120.
39 Ebd., S. 118.
40 Die Ärztin, Jg. 9, H. 12 (Dezember 1933), S. 262.
41 Die Ärztin, Jg. 10, H. 8 (August 1934), S. 140.
42 Vgl. Die Ärztin, Jg. 9, H. 10 (Oktober 1933), S. 233-242.
43 Vgl. Die Ärztin, Jg. 11, H. 9 (September 1935), S. 147ff.

Zum Weiterlesen

Käthe Frankenthal, Der dreifache Fluch. Jüdin, Ärztin und Sozialistin. Lebenserinnerungen einer Ärztin in Deutschland und im Exil, Frankfurt/M. 1981.

Else Kienle, Frauen. Aus dem Tagebuch einer Ärztin, Berlin 1932.

Charlotte Wolff, Augenblicke verändern uns mehr als die Zeit. Eine Autobiographie, Weinheim 1982.

Christian Pross/Rolf Winau, Nicht Mißhandeln. Das Krankenhaus Moabit, Berlin 1984.

Carola Sachse

Von »Güterströmen« und »Menschenströmen«...

Betriebliche Familienpolitik bei Siemens 1918 – 1945*

Betriebliche Familienpolitik ist eine ungewöhnliche Wortzusammenstellung. Mit ihr soll kein neuer Begriff geprägt werden; sie soll vielmehr eine Fragestellung umreißen: Inwieweit griff ein führendes Unternehmen der Berliner Elektroindustrie mit seiner betrieblichen Sozialpolitik, wie der übergeordnete und vertrautere Begriff lautet, über das eigentliche Arbeitsverhältnis und das Geschehen innerhalb der Betriebe hinaus und richtete sein Interesse auf die Persönlichkeit der beschäftigten Individuen, ihr Privatleben und ihre Familien? Welche Bedeutung hatten die außerbetrieblichen Lebensverhältnisse für die Unternehmenspolitik? Wie sollen aus der Sicht des Unternehmens Betrieb und Familie, Erwerbsarbeit und Hausarbeit miteinander verknüpft werden, um im Sinne seiner Interessen optimal aufeinander abgestimmt zu sein?

Vorweg einige Anmerkungen zur Firma Siemens: Das Unternehmen wurde 1847 in Berlin gegründet. Nach Umsatz und Beschäftigungszahlen war und ist Siemens der größte Konzern der Elektroindustrie in Deutschland und rangiert auch weltweit in der Spitzengruppe dieser Branche. Bereits vor dem Ersten Weltkrieg hatte das Unternehmen zahlreiche Niederlassungen in ganz Deutschland, Europa und Übersee. Doch der größte Teil seiner Produktionsstätten und sein Verwaltungszentrum lagen bis 1945 in Berlin, genauer gesagt in Siemensstadt, wie die Industrieansiedlung an der nordwestlichen Peripherie der Stadt seit 1913/14 hieß. Dorthin wurden in den ersten drei Jahrzehnten des 20. Jahrhunderts immer mehr Berliner Siemens-Werke verlagert. Während der Zeit der Weimarer Republik und des Nationalsozialismus waren etwa die Hälfte aller Siemens-Beschäftigten in Berlin tätig. Die Berliner Beschäftigtenzahl schwankte je nach konjunktureller Lage zwischen knapp 40.000 auf dem Tiefpunkt der Weltwirtschaftskrise und über 100.000 im Zweiten Weltkrieg. Von diesen Beschäftigen waren etwa 47 % Arbeiter, 23 % Arbeiterinnen, 25 % männliche und 5 % weibliche Angestellte.

Die unternehmerische Motivation betrieblicher Sozialpolitik, die im Kaiserreich häufig als »Patriarchalismus« charakterisiert worden war, änderte sich nach dem Ersten Weltkrieg. Insbesondere in der Berliner Metallindustrie, etwa bei Borsig, AEG, Ludwig Loewe und gerade auch bei Siemens wurden Vorstellungen entwickelt, wie die technische Rationalisierung durch eine »soziale Rationalisierung« sowohl der Betriebe als auch der Gesellschaft insgesamt ergänzt und wie dadurch der »Wirkungsgrad« der neuen produktionstechnischen und arbeitsorganisatorischen Verfahren gesteigert werden könnte. Viele dieser sozialpolitischen Ansätze wurden von der Deutschen Arbeitsfront (DAF), der nationalsozialistischen Nachfolgeorganisation für die zerschlagenen Gewerkschaften, übernommen und als Maßnahmen einer »deutschen Rationalisierung« mit dem Ziel, die »Volksgemeinschaft« zur »Leistungsgemeinschaft« zu formen, propagiert, was jedoch Konflikte mit eben diesen Unternehmen und besonders mit Siemens nicht ausschloß.

Es geht mir im folgenden weder darum, die unternehmerische »Pionierrolle« in der Sozialpolitik zu feiern, wie es noch heute in unternehmenshistorischen Untersuchungen verbreitet ist, noch darum, sie als »Bestechung« oder als eine dem Profitinteresse dienende Maßnahme zu »entlarven«, wie es das Anliegen vieler kritischer Untersuchungen ist. Ersteres würde sich bei genauerer historischer Analyse sehr bald relativieren. Letzteres erübrigt sich, weil Unternehmer ihre wirtschaftlichen Interessen höchst selten als peinliche Schmach empfinden, das Kalkül hinter ihrer Sozialpolitik hingegen oft und deutlich genug mitteilen.

»Gesunder Egoismus«

Der Firmengründer Werner von Siemens stellte seine betriebliche Sozialpolitik, die Anfang der 1870er Jahre mit der Gründung einer Pensionskasse einsetzte, unter das seither auch in Firmenpublikationen vielzitierte Motto des »gesunden Egoismus«[1]. Es wurde von seinem jüngsten Sohn Carl Friedrich, der von 1919 bis 1940/41 dem Konzern vorstand und der unmittelbar nach seinem Amtsantritt eine grundlegende Reorganisation der betrieblichen Sozialpolitik veranlaßte, wie auch vom leitenden Management übernommen. Freilich legitimierten sie nicht nur betriebswirtschaftliche Profitinteressen entsprechend den nunmehr unvermeidlichen Gemeinwohlfloskeln als Motor der »Volkswirtschaft«. Sie identifizierten auch den technischen Fortschritt, den voranzutreiben und wirtschaftlich nutzbar zu machen proklamiertes Ziel des »Hauses Siemens« war, mit dem sozialen Fortschritt der Beschäftigten und der Gesellschaft, der »Volksgemeinschaft« überhaupt — eine Ansicht, die von fast allen ihren Zeitgenossen geteilt wurde und die auch heute nicht selten zu hören ist[2].

Was hat dies alles mit dem Privatleben, den Familien der Beschäftigten und vor allem mit den Frauen im Wirkungskreis Siemens'scher Unternehmenspolitik zu tun? Ich möchte mit einem Zitat beginnen, das einem Vortrag zum Thema »Über die Lebensgestaltung des Ingenieurs« entnommen ist. Er wurde von Fritz Kesselring, einem Direktor der Siemens-Schuckert-Werke und erfolgreichen Ingenieurwissenschaftler, vor den Berliner Bildungsreferenten des Konzerns gehalten, die für die Weiterbildung des technischen Personals zuständig waren.

Auch wenn dieser Vortrag erst vom Dezember 1941 datiert, so rekapitulierte er doch den zentralen Gedanken aller Rationalisierungsfachleute seit der Erfindung des Fließbandes, nämlich daß der industrielle Produktionsprozeß als »Produktionsfluß« zu verstehen wäre, der von »Hemmungen« »entstört« und dessen Dahinströmen verstetigt werden müßte:

»Die industrielle Technik vollzieht sich in Industriewerken. Ein Industriewerk kann seinerseits aber wieder als Treffpunkt zweier Ströme aufgefaßt werden, nämlich des Menschenstromes und des Güterstromes. Durch das Einwirken der menschlichen Geistes- und Körperkraft entstehen aus den immerfort zufließenden Rohstoffen die Fertigerzeugnisse. Soll das Industrieunternehmen gedeihen, dann darf keiner der Ströme jemals ins Stocken geraten. Ebenso folgenschwer wie sich ein ungenügender Zufluß von Menschen im Laufe der Zeit auswirken würde, wäre eine Verwendung von Rohstoffen, die nicht mehr erhältlich sind. Zu einer Katastrophe aber kann es führen, wenn Güter gefertigt werden, die auf dem Markt keinen Absatz mehr finden, denn nur der aus dem Verkauf von Erzeugnissen erzielte Erlös schafft ja die Vorbedingungen dafür, daß der Menschen- und Rohstoffstrom überhaupt aufrecht erhalten werden kann.«[3]

Der Rohstoff-»Zufluß« war Ende 1941, als das Scheitern der Blitzkriegsstrategie deutlich wurde, und die Reorganisation der gesamten Rüstungswirtschaft unter dem Vorzeichen des »totalen Krieges« unmittelbar bevorstand, zweifellos ein zentrales Problem für Siemens. Gleichwohl kann es hier außer Betracht bleiben. Der »Güterstrom« und der »Menschenstrom« boten hingegen nicht erst zu dieser Zeit in verschiedenerlei Hinsicht Ansatzpunkte für sozial- und familienpolitische Überlegungen im »Hause Siemens«.

Zunachst zur »Vorbedingung« aller weiteren Unternehmenspolitik, dem »Güterstrom« oder der Absatzwirtschaft, wobei ich mich hier auf einen kleinen Ausschnitt aus der Produktenpalette der Firma Siemens, nämlich die elektrischen Hausgeräte, beschränke.

»Protos dient der Hausfrau« oder »Wie Buschmüllers zu einem Staubsauger kamen«

Die Siemens-Mitteilungen, die seit 1919 allmonatlich den Beschäftigten des Unternehmens in die Wohnung gesandt wurden, waren nicht nur ein, wie Zeitgenossen urteilten, vorzüglich gestaltetes Mittel betrieblicher Integration, sondern auch ein Spitzenprodukt moderner Reklame. Eingebaut in nette kleine, aus dem Siemensstädter Leben gegriffene Geschichten, die wiederum zwischen literarische Texte, mal mehr klassischer, mal mehr trivialer Lesart, gestreut waren, wurden besonders zur Weihnachtszeit die neuesten Entwicklungen der Siemens-Hausgeräte-Technologie — Markenname »Protos« — vorgestellt und als unentbehrlich fortschrittlich beschrieben. Die Leserin mußte sich schon sehr altmodisch vorkommen, hatte sie noch irgendwelche Einwände gegen ihre unverzügliche Anschaffung. Ihr Mann konnte auch nicht zurückstehen, hatte er doch selbst an Konstruktion und Produktion mitgewirkt, und schließlich, was war ein Staubsauger oder ein Teekocher zuhause schon anderes als eine Abzugsvorrichtung oder ein elektrischer Heizkessel im Werk; diese Analogie unterstellte jedenfalls die Artikelfolge in den Siemens-Mitteilungen. Bei genauerem Hinsehen erfährt man in den Werkszeitungsartikeln, die um die Protos-Produkte herumgedichtet wurden, einiges über die ideale Siemens-Familie, die durch den »Strom« der Elektrogeräte ihrerseits rationalisiert werden sollte.

Auffällig angesichts der Tatsache, daß bei Siemens in den zwanziger Jahren knapp ein Drittel der Arbeiter, etwa ein Fünftel der Angestellten und insgesamt ein gutes Viertel aller Beschäftigten weiblichen Geschlechts waren, ist zunächst die bevorzugte Familienkonstellation: eine nichterwerbstätige Hausfrau, ein technischer Angestellter als Ehemann und ein oder zwei Kinder.

Die Geschichten schilderten gern den Dialog zwischen den Eheleuten, wenn es um die Anschaffung eines neuen Elektrogerätes ging. Dieser Dialog offenbarte zugleich, wie die Rollen zwischen den Geschlechtern verteilt sein sollten, denn es ging ums Geld und darüber verfügte allein er. Dies wurde zumeist im ersten Satz klargestellt:

»'Lieber Mann, ich muß einmal ernstlich mit Dir reden', sagte Frau Buschmüller zu ihrem Mann, als er abends von der Arbeit nach Hause kam. Wenn seine Frau so feierlich sprach, wußte Fritz Buschmüller, daß ein Apell an seinen Geldbeutel bevorstand. Aber, wie häufig in der letzten Zeit, sah Frau Lisa recht müde und abgearbeitet aus, und so beschloß er, ihr die Sache, wenn möglich, leicht zu machen. 'Brauchst Du einen neuen Hut für den Winter?'«[4]

Die anschließende Kalkulation, die die Anschaffungs- und Betriebskosten des neuen Geräts mit den Aufwendungen der herkömmlichen hauswirtschaftlichen Praktiken verglich, ging grundsätzlich zugunsten des technischen Fortschritts aus. Im Falle der Familie Buschmüller »setzte (er) sich hin und rechnete, rechnete zusammen, was er für eine Reinemachefrau im Lauf der Zeit auszugeben hätte und fand, daß der Betrag in einem einzigen Jahr höher wäre, als wenn er sich einen Staubsauger kaufte«.

In einer anderen Geschichte parierte »Anneliese B., Hausfrau« die mißtrauische Frage ihres »Haushaltsvorstandes« nach der »notwendigen Ersparnis, da doch der Apparat amortisiert werden muß«, ihrerseits mit der »Siegesgewißheit, wie es festgefügte Zahlenreihen verleihen«:

»Heute muß ich zur großen Wäsche eine Frau nehmen und später kann ich es allein schaffen. Die Frau kostet mich (Lohn, Fahrgeld, Essen) 10 Mk. den Tag. Fallen diese Kosten fort, so brauch' ich bei einer Ratenzahlung von 15 MK. für den Wascher nur noch einen monatlichen Zuschuß von 18,20 Mk. minus 11,40 Mk. = 6,80 MK., um den ich den Haushaltsvorstand bitten würde. Dafür aber fiele nach einem Jahr mit der letzten, der 12. Rate, jede Zahlung fort, und ich wäre umgekehrt imstande, aus den Haushaltsmitteln den vom Vorstand gegebenen Zuschuß in einem weiteren Jahre wieder zurückzuzahlen.«[5]

Der entscheidende Punkt beider Investitionsrechnungen lag darin, daß das Dienstmädchen oder die Zugehfrau durch Elektrizität ersetzt würden. Dies war nicht nur Frau Buschmüller, der die Intimität ihrer Kleinfamilie am Herzen lag, viel angenehmer. »Denn«, wie sie sagte, »eine fremde Hilfe ist mir sehr unsympathisch.« Es förderte auch den »Zustrom« ehemaliger Hausangestellter in die Siemensstädter Fabriken.

Noch an weiteren Stellen traf sich in den Werbeartikelchen der Siemens-Mitteilungen der »Strom« der Elektrogeräte in die Haushalte mit dem »Menschenstrom« in die Betriebe. Siemens-Hausgeräte sollten der Gesundheitspflege dienen. Der Zustrom gesunder Menschen, genauer formuliert: die Vermeidung von Produktionsausfällen durch Krankheit war ein ganz wesentlicher Aspekt der »sozialen Rationalisierung«, der seit Mitte der zwanziger Jahre Gegenstand einer breiten Diskussion über die Gewerbehygiene wurde, die unter hervorragender Beteiligung der Firma Siemens öffentlich geführt wurde. Auf die gerade in Berlin verbreitete Volkskrankheit Lungentuberkulose sollten Frau Buschmüllers Worte anspielen, die ihr unablässiges Putzen unter Berufung auf den medizinischen Sachverstand des Hausarztes damit rechtfertigte, daß »der Staub als der gefährlichste Feind der Gesundheit« »nicht nur bei den Kindern, sondern auch bei Erwachsenen« anzusehen wäre. Dies überzeugte auch Herrn Buschmüller, der den Dingen technisch auf den Grund gegangen war und erkannt hatte, »daß die übliche Methode zur Bekämpfung der Staubplage eine sehr unvollkommene ist. Der Staub wird dabei nur verlagert, aber der Protos schafft ihn weg«. Als die Siemens-Mitteilungen 1929 für ein neues elektromedizinisches Hausmittel warben, taten sie dies mit dem Slogan: »Protos-Heizkissen sind Heilkissen. Wir rationalisieren jetzt auch unsere Gesundheitspflege.«[6]

»Gemütswerte« und »Kulturwerte«

Schließlich aber ging es — und darin lag der »sittliche Wert« aller hauswirtschaftlichen Rationalisierung — um die Psychohygiene. Bereits 1925 hatte Frau Buschmüller ihre Bitte um häusliche Hilfe, der ihr Mann mit einem Staubsauger entsprochen hatte, damit begründet, daß sie »dem Kleinen... ein gut Teil Zeit widmen« müsse. Anläßlich des Weihnachtsfestes 1930 faßten die Siemens-Mitteilungen die höheren Werte der Elektrizifizierung des Haushalts noch etwas präziser und ergänzten, daß neben den technischen Fortschritt die Rationalisierung der weiblichen Arbeitsweise treten müßte:

Titelblatt der Siemens-Mitteilungen vom Dezember 1930 (Abb. 25)

»Allein Planmäßigkeit in der Haushaltsführung macht die Mutter und Gattin frei für die Gemütswerte des Familienlebens, die in der heutigen Zeit des unendlich schweren Kampfes ums tägliche Brot zu pflegen die vornehmste Pflicht der deutschen Frau ist.«[7]

Ebenso wie für Hausarbeit und Kindererziehung war Frau Buschmüller für diese Gemütswerte allein zuständig.

Denn im Tagesablauf des Ingenieurs blieb, wie der eingangs zitierte Siemens-Direktor Kesselring in einer firmeninternen Umfrage hatte erforschen lassen, keine Zeit für die Familie. In seinem Vortrag zur ingenieurmäßigen »Lebensgestaltung« räumte Kesselring mit dem unter Angestellten verbreiteten Vorurteil auf, sie kämen ihren »Pflichten« besser nach, »wenn sie nach Dienstschluß regelmäßig eine oder zwei Stunden länger an ihrem Arbeitsplatz« blieben. Denn gerade der Ingenieur, in dessen Arbeit doch der »Wirkungsgrad eine überragende Rolle spielt«, müsse den »Willen« haben, »mit den vorgesehenen 9 Stunden auszukommen«, weil es »unwirtschaftlich« wäre, auf dem »Tiefstand« der »menschlichen Schaffenskraft» am Spätnachmittag noch »wichtigere Arbeiten vorzunehmen«. In Kesselrings Vorschlägen, wie die verbleibenden viereinhalb Stunden zwischen Dienstschluß und Schlafengehen »wirtschaftlicher« zu nutzen wären, fanden die Familie, die Ehefrau oder die Kinder jedoch ebensowenig Berücksichtigung: Wenn der Ingenieur nach Hause kam, stünde ihm eine halbe Stunde für das Abendessen zur Verfügung. Danach sollte er eine zweistündige »Ruhepause« einhalten. Was er in den letzten beiden Stunden von 20.20 bis 22.20 Uhr täte, hätte er zwar »mit sich selbst ab(zu)machen«; aber empfohlen wurden ihm »das stille Lesen von wirklich guten Büchern«, »künstlerische Betätigung aller Art«, »hie und da eine Aussprache mit wertvollen Menschen... (über) ferner liegende Gebiete«, vor allem aber sollte er sich »den unendlichen Reichtum einsamer Stunden zurückerobern«. Sollte ihm dieses »Größte und Erhabendste« doch nicht so liegen oder er zuhause nicht die nötige Muße finden, so standen ihm die betrieblichen Kulturgruppen offen, die sich im »Verein der Siemensbeamten« zusammenfanden. Diese »ingenieurmäßige Lebensgestaltung« gestattete ihm immerhin noch, »wenigstens einen Teil des Sonnabendnachmittags und des Sonntags für die Familie zu erübrigen«[8].

Siemens beschränkte seinen Werbefeldzug für die Elektrifizierung des Haushalts und die damit verbundene Kampagne zur Rationalisierung des Privatlebens, der

Hausarbeit und der innerfamilialen Geschlechterverhältnisse keineswegs auf die Werkszeitung. Auf überbetrieblicher Ebene war das Engagement des Unternehmens und besonders seiner leitenden Herren Carl Friedrich von Siemens und Carl Köttgen im Reichskuratorium für Wirtschaftlichkeit (RKW) und in seiner 1927 gegründeten Abteilung Hauswirtschaft am wichtigsten und gewinnbringendsten. Die Firma kooperierte dort mit den Hausfrauenverbänden, konnte sich von den Studien zur Rationalisierung der Hausarbeit für die Weiterentwicklung ihres Hausgeräte-Programms anregen lassen und fand engagierte Multiplikatorinnen für ihre Kampagne zur Elektrifizierung des Haushaltes. Siemens konnte 1928 den Aufruf »prominenter Hausfrauenführerinnen« als Bestätigung der eigenen familien- und absatzfördernden Öffentlichkeitsarbeit in den Siemens-Mitteilungen nur zustimmend zitieren:

»Die aus allen Teilen Deutschlands an der Tagung 'Die Frau und das Heim' (...) versammelten deutschen Frauen geben ihrer Überzeugung Ausdruck, daß die Einführung des elektrischen Betriebes in den Haushalt (...) das wirksamste Mittel ist, um den deutschen Frauen ihren schweren Beruf zu erleichtern und ihnen Zeit und Kräfte frei zu machen für die Betätigungen neben der eigentlichen Hausarbeit, die für das Volkswohl sehr wichtig sind, insbesondere die Kindererziehung und die Pflege des Körpers und des Geistes.«[9]

Im betrieblichen Bereich boten hauswirtschaftliche Schulungskurse das geeignete Forum, um die Elektrifizierung des Haushaltes zu propagieren. Sie wurden zum einen im sogenannten »Kinderheim« abgehalten, einer sozialfürsorgerischen Zentraleinrichtung des Konzerns in Siemensstadt, die gerade vis-à-vis dem Hauptverwaltungsgebäude gelegen war. Diese Kurse richteten sich hauptsächlich an Ehefrauen der ortsansässigen männlichen Beschäftigten. Zum anderen fanden nach 1933 in Zusammenarbeit mit dem nationalsozialistischen Reichsmütterdienst, der Nationalsozialistischen Volkswohlfahrt (NSV) und dem Frauenamt der DAF verstärkt Schulungen für Arbeiterinnen und weibliche Angestellte in »Lehrküchen« statt, die in verschiedenen Werken eröffnet wurden.

»Betriebswichtige Arbeitnehmer«

Der größte Teil der sozialen Aufwendungen und der fürsorgerischen Einrichtungen der Firma Siemens galt jedoch nicht den Arbeiterinnen und weiblichen Angestellten, sondern vor allem den in Siemensstadt ansässigen Familien von »betriebswichtigen Arbeitnehmern«. Dies waren ausschließlich Männer; vor allem hochqualifizierte Facharbeiter, die in der Maschineneinrichtung und Arbeitsvorbereitung eingesetzt waren, Betriebsingenieure und andere Fachleute, die zur Aufrechterhaltung eines stetigen »Produktionsflusses« gebraucht wurden und die teilweise werksnah in Rufbereitschaft wohnen sollten. Nur für diese besser verdienenden Leute ließ Siemens rund 2900 Werkswohnungen bauen, die sich außer durch ihre vergleichsweise gute Ausstattung auch durch relativ hohe Mieten auszeichneten. Nur der geringste Teil der 60.000 bis 80.000 Beschäftigten in Siemensstadt wohnte auch dort[10].

Die »moderne Hausfrau« in den Siemens-Mitteilungen war nicht nur ein der betrieblichen Realität fernes Ideal der Hausgeräte-Werbung und Vorbild für einen von Siemens vorangetriebenen sozialen »Fortschritt«, sondern auch ein Leitbild für die Ehefrauen der männlichen Betriebselite. Ihnen stand das »Kinderheim« zur Seite, das 1911 ursprünglich »für solche sonst aussichtslosen Kinder, deren Mütter drüben in den Werken arbeiteten«[11], gegründet worden war, das aber im Zuge der personal- und sozialpolitischen Revision seit 1919 immer mehr Aufgaben für die Familien in den Werkswohnungen übernahm. Es bot Hauswirtschafts- und Mütterschulkurse sowie Erziehungsberatung an. Eine Säuglingsfürsorgestelle »erfaßte« 1931/32 »95 % der Säuglinge und 75 % der Kleinkinder« im Ortsteil Siemensstadt[12]. Die Kindertagesstätte nahm auch Kinder von nicht erwerbstätigen Müttern auf, etwa wenn diese erkrankten oder sich aus anderen Gründen vorübergehend nicht um ihre Kinder kümmern konnten, und »entsorgte« insofern die werksangehörigen Väter. Das Kinderheim richtete Bastel- und Spielgruppen ein und bot allerlei Veranstaltungen für Kinder und Jugendliche aus werksangehörigen Siemensstädter Familien an.

Die Sorge der Firma um den Siemensstädter Nachwuchs hatte einen betriebspolitischen Kern. Siemens bildete im Verhältnis zur Zahl der beschäftigten Facharbeiter nur wenige Lehrlinge aus, die später wiederum in der Einrichtung, Überwachung und Reparatur von Maschinen, in den Labors und Prüffeldern, also als »betriebswichtige« Facharbeiter, tätig werden sollten. Die Facharbeiterausbildung, die sich über vier Jahre erstreckte, die Lehrwerkstätten, die betriebseigenen Berufsschulen galten zu ihrer Zeit als vorbildlich. Sie wurden ergänzt durch außerberufliche Bildungseinrichtungen wie Freizeitheim, Sportplätze, Turnhallen, Hobbygruppen jeglicher Art. Hinzu kamen Weiterbildungsangebote und Stipendien zum Besuch von Abendkursen, technischen Fachschulen und Ingenieurakademien, um den »Aufstiegswillen« zu fördern. Denn nichts galt mehr als ein Facharbeiter, der »von der Pieke auf« gelernt und sich zum Prüffeldtechniker oder Betriebsingenieur hochgearbeitet hatte, um schließlich ins Angestelltenverhältnis übernommen zu werden. All dies kam aber nur einer handverlesenen kleinen Schar männlicher Jugendlicher zugute. Von den jährlich über tausend Jungen, die sich um eine Lehrstelle bei Siemens bewarben, wurden aufgrund von Eignungstests und ärztlichen Untersuchungen nur etwa 150 bis 170 ausgewählt. Dabei wurden, wie es ganz offiziell hieß, Söhne von Werksangehörigen grundsätzlich bevorzugt: Die Siemensstädter Familienfürsorge offenbarte ihre betriebspolitische ultima ratio[13].

Hinsichtlich der Masse der beschäftigten Männer und Frauen hatte Siemens vor allem das Interesse, je nach Bedarf »in kurzer Zeit Tausende aus einem Arbeiterreservoir, wie es die Großstadt bietet, herauszuziehen und auch Tausende dorthin wieder abzugeben«[14]. Da auch diese tausende Arbeitskräfte beiderlei Geschlechts im Sinne eines kontinuierlichen »Produktionsflusses« hinreichend qualifiziert, physisch und psychisch stabil, sozial verträglich und »arbeitsfreudig« sein sollten, setzte sich die Firma auf kommunal- und verbandspolitischer Ebene für eine »Hebung« des Lebensstandards, der Wohnverhältnisse, der Ausbildung und der Gewerbehygiene ein.

»Jammertanten«

Damit komme ich zum Hauptarm des »Menschenstroms«, der um des kontinuierlichen »Produktionsflusses« willen gleichfalls von persönlichen »Hemmungen« aller Art »entstört« werden sollte. Hierfür hatte Siemens im Zuge der Reorganisation der betrieblichen Sozialpolitik von 1919/1920 als eines von wenigen Unternehmen in Deutschland mit der »Betriebspflege« eine eigene Institution geschaffen. Sie knüpfte an die positiven Erfahrungen mit den damals noch staatlich oktroyierten »Fabrikpflegerinnen« des Ersten Weltkriegs an. In den zwanziger Jahren beschäftigte Siemens zehn, in den dreißiger und vierziger Jahren dreißig Sozialarbeiterinnen, im Siemensstädter Werksjargon »Jammertanten« genannt.

Bis in die Mitte der zwanziger Jahre waren sie vor allem als Vermittlerinnen tätig zwischen den Belegschaftsangehörigen als Adressaten betrieblicher Sozialpolitik und der neugeschaffenen Sozialpolitischen Abteilung. Diese entwickelte die betriebspolitischen Richtlinien und koordinierte die sozialen Einrichtungen der Firma. Die Aufgabe der Betriebspflegerinnen war die Effektivierung der betrieblichen Sozialpolitik. Dazu gehörte insbesondere auch, die umfängliche staatliche Sozialpolitik der Weimarer Republik für die Masse der Beschäftigten optimal zu nutzen und die betrieblichen Sozialeinrichtungen zugunsten ihrer vornehmeren betriebspolitischen Aufgaben zu entlasten.

In der zweiten Hälfte der zwanziger Jahre wurden die Betriebspflegerinnen zusätzlich zu berufenen Agentinnen der »sozialen Rationalisierung«, die bei Siemens in betriebliche Familienpolitik überging. Durch Sprechstunden, Betriebsrundgänge, nachgehende Hausbesuche und vielfältige Beratungen sollten sie Störungsquellen des Produktionsprozesses aufdecken und beheben, als deren Ursachen die persönlichen, familialen oder sozialen Schwierigkeiten einzelner Arbeitskräfte identifiziert wurden. War diese Arbeitskraft männlichen Geschlechts, so ging es darum, die zugehörige Hausfrau ernährungsphysiologisch, gesundheitspflegerisch, hygienisch, psychologisch oder erzieherisch zu unterweisen und ihre hauswirtschaftliche Leistung im betrieblichen Interesse zu steigern. War die auffällige Arbeitskraft weiblichen Geschlechts, trat zusätzlich das Problem auf, daß Arbeitskraft und (Re-)Produzentin der Arbeitskraft identisch waren und oft noch weitere Personen von ihr versorgt werden mußten. Betrieb und Familie, Fabrik-, bzw. Büroarbeit und Hausarbeit wurden in Beziehung zueinander gesetzt und dies nicht nur bei weiblichen Beschäftigten. Ehefrauen, Mütter, Schwestern und alle anderen Reproduzentinnen männlicher Arbeitskraft zogen das produktionspolitische Interesse auf sich. Falls das Objekt ihrer hauswirtschaftlichen Anstrengungen den betrieblichen Normen und Leistungsanforderungen nicht genügte, hatten sie mit Ermahnungen und Belehrungen seitens einer Siemens-Betriebspflegerin zu rechnen.

Um diese Betriebspflege als Schaltstelle der betrieblichen Sozialpolitik des »Hauses« führte Siemens dann nach 1933 die langwierigste und zäheste seiner zahlreichen Auseinandersetzungen mit der DAF, die die betriebliche Sozialarbeit unter dem Titel »Soziale Betriebsarbeit« zum Hauptprogrammpunkt ihrer Frauenpolitik in den Betrieben erhoben hatte. Der DAF ging es entsprechend ihrer »volksgemeinschaftlichen« Zielsetzung vor allem darum, »gutrassige«, »deutsche« Arbeiterinnen im Sinne der nationalsozialistischen Rassenpolitik »auszurichten«. »Erbgesunde« Arbeiterinnen sollten dazu angehalten werden, mehr Kinder zu bekommen. Die anderen sollten sich »freiwillig« dem Sterilisationsgesetz unterwerfen. Weiterhin sollten die Frauen davon überzeugt werden, daß sie je nach den Erfordernissen des »Arbeitseinsatzes« zusätzlich eine »volle Leistung« in den Fabriken zu erbringen hätten. Hauswirtschaft, Säuglingspflege und Kindererziehung waren im Konzept der Sozialen Betriebsarbeit vorrangig Funktionen der zur staatlichen Politik erhobenen Rassenhygiene.

Siemens hingegen ging es mit der betrieblichen Sozialarbeit vor allem um Produktions- und Betriebspolitik: Die Hausarbeit der Ehefrauen sollte rationalisiert werden, um die betriebliche Arbeitsleistung der Männer zu steigern und im Sinne einer Optimierung des »Produktionsflusses« zu verstetigen. Wenn seit Mitte der dreißiger Jahre Arbeiterinnen und Angestellte immer mehr ins Zentrum der betrieblichen Familienpolitik rückten, so aus analogen Gründen. Familienfürsorgerische Unterstützung erschien als geeignetes Mittel, ihre betriebliche Arbeitsleistung zu verbessern. Mit vermehrten Schwangerschaften, Geburten und Arbeitsausfällen infolge von Kinderpflege war bei einem verstärkten Einsatz von Frauen zwangsläufig zu rechnen. Aber es konnte nicht die Aufgabe einer produktionspolitisch orientierten Betriebspflege sein, die Zahl dieser unvermeidlichen »Störungen« des »Produktionsflusses« zu steigern. Vielmehr ging es darum, die anfallende Doppelarbeit zu rationalisieren. Erst in den letzten Jahren des Zweiten Weltkriegs hatte für die DAF und die Firmenleitung in gleicher Weise die »Arbeitspädagogik« die absolute Priorität, als mittel- und langfristige Zielsetzungen zurücktraten und es in der betrieblichen Sozialarbeit fast nur noch um die Steigerung der »Arbeitswilligkeit«, die Bekämpfung der »Disziplinlosigkeit« und des »Bummelantenunwesens« besonders von dienstverpflichteten Frauen ging.

Die Siemens-Familienpolitik, die sich am deutlichsten in der »Betriebspflege« konkretisierte, bezog sich also nicht nur auf die Elite »betriebswichtiger Arbeitnehmer«. Die Institution der Betriebspflege zeichnete sich vor allem durch ihre Flexibilität aus, zu verschiedenen Zeiten an verschiedenen sozialpolitischen Brennpunkten des Betriebsgeschehens tätig werden zu können.

Als flexible sozialpolitische Feuerwehr waren die Betriebspflegerinnen in ihrer praktischen Arbeit erheblich näher an der Realität der Arbeiter- und Angestelltenfamilien als das »moderne« Familienbild, das die Unternehmensleitung in der Werkszeitung verbreiten ließ und auf das sie sich in ihrer Sozialpolitik für die »betriebswichtigen Arbeitnehmer« bezog[15].

»Soziale Rationalisierung«: Technischer oder sozialer Fortschritt?

Um keine Mißverständnisse aufkommen zu lassen: Bei der Auseinandersetzung der Firma Siemens mit der DAF über die betriebliche Sozialarbeit ging es nicht um »Widerstand«, sondern um die Abgrenzung von Machtsphären, um die Wahrung unternehmenspolitischer Autonomie gegenüber der Einflußnahme außerbetrieblicher, in diesem Fall nationalsozialistischer Apparate und Organisationen. Es ging letztlich um die Priorität von Produktionspolitik oder Rassenpolitik im Betrieb.

Nicht nur die Rassenpolitik des NS-Regimes, auch die aus produktions- und betriebspolitischen Überlegungen abgeleitete Familienpolitik des »Hauses Siemens« selektierte und hierarchisierte Menschen und rationalisierte den Einsatz finanzieller Ressourcen entsprechend dem produktionspolitischen Wert einer Arbeitskraft für das Unternehmen. Ich will dies abschließend für verschiedene Gruppen von Frauen im Wirkungsbereich Siemens'scher Sozialpolitik verdeutlichen.

Da waren einmal die inzwischen hinreichend bekannten »Frau Buschmüllers«, die Ehefrauen der »betriebswichtigen Arbeitnehmer«, die in modernen Werkswohnungen leben, die die familienfürsorgerischen Einrichtungen in Siemensstadt extensiv nutzen und die berufliche Zukunft ihrer Kinder, besonders ihrer Söhne, dem Fortschritt des »Hauses Siemens« anvertrauen konnten. Sie durften, wenn ihr Mann, wie es in seiner Position zu erwarten war, die nötige »Werkstreue« bewies, auf eine Witwenpension im Alter hoffen. Sie waren die Hauptadressatinnen der sozial- und familienfürsorgerischen Leistungen der Firma. Freilich taten sie gut daran, sich an die von Siemens propagierten Normen des »modernen Familienlebens« anzupassen, um die gelegentlichen Hausbesuche der Betriebspflegerin oder

der Kinderfürsorgerin als Anteilnahme der Firma am Wohlergehen der Familie begrüßen zu können. Letzteres empfahl sich im übrigen auch für die Ehefrauen der weniger wichtigen Arbeitnehmer, wenn sie darauf hofften, daß ihr Mann, die Kinder oder sie selbst gelegentlich einmal in den Genuß einer Erholungskur in einem firmeneigenen Ferienheim oder einer anderen materiellen Unterstützung kämen oder daß ihr Sohn eine Lehrstelle bei Siemens ergattern würde.

Die weiblichen Angestellten waren eine Gruppe, die zumindest in der Werkszeitung große Beachtung fanden. Sie regten die Phantasie der Redakteure zu immer neuen Histörchen an: Jung wie sie dort dargestellt wurden, hatten sie außer dem Büroleben und ihrer scheinbar reichlichen Freizeit nichts im Sinn. Allzuleicht kamen sie auf dumme Gedanken. Man mußte sich mühen, ihnen den Ernst des Lebens und vor allen Dingen der Arbeit zu vermitteln. Vor allzu weitgehenden Adaptionen an das modische Bild der »neuen Frau« wurde gewarnt:

Begreiflicher Irrtum. »Um Himmelswilen, Lotte, was ist denn mit dir passiert?« — »Na, stell' dir vor: ich geh' heut' zum Friseur, setz' mich hin — da fängt der Dussel an, mich zu rasieren!« (Abb. 26)

Sie wurden immer wieder aufgeklärt, wie man sich möglichst gesund hielt, nämlich mit Gymnastik und »vernünftiger« Kleidung. Allem Anschein nach erblickte man in ihnen die zukünftigen Ehefrauen von Siemens-Angestellten oder zumindest baldige Konsumentinnen elektrischer Hausgeräte. Des öfteren warb man sie für hauswirtschaftliche Kurse: Der Übergang vom Büro in den modernen Haushalt sollte reibungslos vonstatten gehen und dem Ehemann ermöglicht werden, sein Leben wirklich »ingenieurmäßig« zu gestalten. Scherz sollte bleiben, was von der Redaktion als solcher gemeint war:

»Keine Veränderung: 'Na, Schulze, haben Sie nun auch geheiratet? Oder kochen und nähen Sie immer noch selbst?' — 'Beides!'«[16]

Im Unterschied zu den weiblichen Angestellten wurden Arbeiterinnen in der Werkszeitung höchst selten als Gruppe angesprochen oder als Einzelpersonen beschrieben. Sie traten nicht nur im Bild hinter den von ihnen produzierten Fortschritt zurück.

Ihr Leben außerhalb der Fabriken kam fast nie zur Sprache: In der schönen neuen Welt der Siemens-Mitteilungen waren die überfüllten Weddinger Mietskasernen mit ihren dumpfen Wohnküchen und kalten Stuben kein Sujet. Mit den Arbeiterinnen befaßten sich vornehmlich Arbeitswissenschaftler, Psychotechniker und Betriebsingenieure, deren Hauptsorge es war, funktionierende Frauenkörper kontinuierlich in rationalisierte und betriebshygienisch optimierte Produktionsflüsse »einzugliedern«.

Bei Siemens beschäftigte Frauen aus beiden Statusgruppen hatten von der Sozial- und Familienpolitik des »Hauses« deutlich weniger zu erwarten als die Ehefrauen ihrer männlichen Kollegen. Fast nie kamen sie an eine Werkswohnung. Nur wenige von ihnen erwarben einen Anspruch auf betriebliche Pensionsleistungen. Einzig wenn es darum ging, die Einsatzfähigkeit der Verheirateten und Mütter unter ihnen zu verbessern, sprang man ihnen eher mit Rat denn mit materieller Hilfe zur Seite, damit sie ihre

Protos dient der Hausfrau — Gruppenaufnahme der mit der Produktion des Protos-Staubsaubers beschäftigen Menschen (Abb. 27)

Doppelarbeit besser im Sinne der Vermeidung von Produktionsausfällen organisieren konnten.

Produktionspolitisch motivierte Sozialpolitik, die, wie es ein Betriebsingenieur Ende 1942 auf einer Tagung der Zentral-Werksverwaltung des Konzerns zum »Ausländer-Einsatz« formulierte, »rationalisieren, sich im einzelnen um den Menschen kümmern, Kräfte wecken, Hemmungen lösen« wollte, war selbst dort noch spürbar, wo niemand es mehr vermuten würde[17]: Beim Konzentrationslager Ravensbrück — keine hundert Kilometer von Siemensstadt entfernt —, wo 1943 »eine Fertigung des Wernerwerks R aufgezogen« wurde[18]. Dort war sie freilich auf ihren »sachlichen« oder technischen Kern reduziert: Ein Mindestmaß an Hygiene und Kalorienzufuhr war nötig, um die Maschine Mensch funktionstüchtig zu halten. Hanna Sohst, eine jüdische Frau, die als Mitarbeiterin eines Pfarrers der Bekennenden Kirche inhaftiert wurde und die die Gefangenschaft in Ravensbrück überlebte, berichtete vor einigen Jahren darüber:

»Im Siemenslager hatten wir Annehmlichkeiten, die wir im Hauptlager nicht hatten. Es gab einen Raum, wo man sich waschen konnte. (...) Das Appellstehen ging schnell. Dann bekam man zur mittlerweile auf 200 Gramm gekürzten Brotration noch eine besondere 'Betriebsschnitte' der Firma Siemens. Eine normale dunkle Kommißbrotscheibe, mal mit einem Stück Harzer Käse, mal mit einem Stück Margarine, mal mit einem Stück einer scheußlich aussehenden Wurst, die wir immer wegschmissen vor Ekel.«

Das Problem der Doppelarbeit bei diesen etwa 2800 Siemens-Arbeiterinnen erübrigte sich zumindest aus der Sicht der SS-Lagerleitung und des dortigen Siemens-»Betriebsführers«. Einen eigenen Haushalt hatten sie nicht mehr; die Betreuung der Kinder regelte sich in einer Weise, die der Firma jegliche fürsorgerische Maßnahmen ersparte:

»Unser oberster Chef hieß Grade (...) Wenn einer Kameradin, die feinste haardünne Drähte auf Spulen wickeln mußte, der Draht dreimal riß, wertete er das als Sabotage. In solchen Fällen wurden die Häftlinge beseitigt. Wir haben in unserer Verzweiflung beschlossen, 5- oder 6-jährige Kinder, die schon ein bißchen vernünftiger waren, an die Spulen zu setzen. Sie waren unbefangener und haben mit ihren Fingerchen so geschickt gedreht, daß nie mehr was passiert ist. Sie haben vielen von uns das Leben gerettet.

Wir haben versucht, auch ein bißchen Glück und Freude in das Leben der Kinder zu bringen. Monatelang wurden für sie aus Kammresten winzige kleine Tierchen geschnitzt und aus Wollfuseln kleine graue Mäuse gemacht, und die Tschechinnen paßten höllisch darauf auf, daß, wenn mal Milch in die Küche kam, die Kinder eine kleine Milchsuppe bekamen.«[19]

Vor wenigen Monaten — im Frühjahr 1986 — feierte die Siemens AG mit beachtlichem Presseecho das 75-jährige Jubiläum ihrer betrieblichen Sozialarbeit. Dies bot dem derzeitigen Personalchef des Unternehmens, Hans Schlitzberger, Gelegenheit, die Tradition einer vom »gesunden Egoismus« geleiteten Sozialpolitik im »Hause Siemens« zu würdigen. In der »modernen Personalwirtschaft« ist die Verknüpfung von Produktionspolitik und Sozialpolitik noch immer gültig. Nach Schlitzbergers Worten hat der Betrieb auch heute Interesse an »Mitarbeitern«, die »mit möglichst wenig Sorgen belastet« sind, das heißt, an einem vor allem von Frauen zu organisierenden Familienleben, das den Anforderungen rationalisierter industrieller Produktion an die Arbeitskraft gerecht wird.

Mit keinem Wort erwähnten er oder die anderen Festredner, daß sich das »soziale Engagement« höchst ungleichgewichtig auf die verschiedenen Beschäftigtengruppen erstreckte. Waren die »betriebswichtigen Arbeitnehmer« und ihre Familien besonders in den Jahren nach dem Zweiten Weltkrieg Anlaß für »Schwerstarbeit« in der »betrieblichen Fürsorge«, so lag für andere Arbeiterinnen und Arbeiter nichts ferner als das viel beschworene »Wir-Gefühl« bei Siemens[20]. Benjamin B. Ferencz berichtet in seinem Buch »Lohn des Grauens« zurückhaltend, aber dennoch eindrücklich, von den Demütigungen, die er und andere Vertreter der Jewish Claims Conference hinnehmen mußten, bevor sie der Siemens AG 1962 eine Abfindung für ehemalige jüdische Zwangsarbeiterinnen und Zwangsarbeiter abringen konnten. In den folgenden zehn Jahren konnten 2.203 von ihnen — zum Teil unter großen Mühen — ihren Anspruch nachweisen. Sie erhielten durchschnittlich knapp 3.300 DM. Die Siemens AG bestand auf dem ausdrücklichen Hinweis, daß sie mit dieser Zahlung keinerlei »rechtliche oder moralische Verpflichtung« anerkennen würde.[21]

Anmerkungen

* Für Diskussion und Kritik des Manuskripts danke ich Tilla Siegel und Evelin Lubig. Dieser Aufsatz basiert auf einer umfangreichen, noch nicht abgeschlossenen Untersuchung zur betrieblichen Sozialpolitik in Deutschland von 1918 bis 1945, die vom Hamburger Institut für Sozialforschung gefördert wird. In diesem Zusammenhang werden u.a. Aktenbestände

des Siemens-Archivs im Siemens-Museum, München, ausgewertet, die zum Teil auch hier herangezogen wurden.

1 Werner von Siemens, Lebenserinnerungen, Berlin 1966 (1. Auflage 1892); Karl Burhenne, Werner von Siemens als Sozialpolitiker, München 1932; zuletzt Wolfgang Ribbe/Wolfgang Schäche, Die Siemensstadt. Geschichte und Architektur eines Industriestandortes, Berlin 1985, bes. S. 116.

2 Carl Friedrich von Siemens, Produktion und Lebenshaltung, in: Der Arbeitgeber 1924, H. 18; Georg Siemens, Carl Friedrich von Siemens. Ein großer Unternehmer, Freiburg/München 1960.

3 Siemens Archiv Akte (im folgenden abgekürzt als SAA) 14/Lr 492: Beiträge zur Technischen Bildungsarbeit, H. 1, S. 14; Georg Siemens, Der Weg der Elektrotechnik. Geschichte des Hauses Siemens, Freiburg/München 1961, Bd. 2, S. 144f.

4 Siemens-Mitteilungen 1925, Nr. 75, S. 11.

5 Siemens-Mitteilungen 1930, Nr. 131, S. 12. Für Leserinnen und Leser, die nachrechnen, sei angemerkt, daß in die Berechnung von Anneliese B. Stromkosten eingingen, die einige Absätze vor dem Zitat genau aufgeschlüsselt wurden.

6 Siemens-Mitteilungen 1929, Nr. 115, S. 7.

7 Siemens-Mitteilungen 1930, Nr. 131, S. 14.

8 SAA 14/Lr 492: Vortrag Kesselring 1941, S. 2, 9-11.

9 Siemens-Mitteilungen 1928, Nr. 112, S. 28. Vgl. auch ebda. 1928, Nr. 104 und 1930, Nr. 131; Handbuch der Rationalisierung, hg. v. Reichskuratorium für Wirtschaftlichkeit, Berlin 1930.

10 SAA 15/Lc 774: Jahresberichte der Sozialpolitischen Abteilung 1919/20 ff., jeweils zum Stichwort »Wohnungs- und Siedlungswesen«.

11 Siemens-Mitleilungen 1937, Nr. 185/86, S. 86.

12 SAA 15/Lc 774: Jahresbericht der Sozialpolitischen Abteilung 1931/32, Teil II, S. 13.

13 Siemens Ausbildungswesen. Ausbildung des Nachwuchses in den Siemens-Werken, Siemens Broschüre o.O. und o.J. (Berlin 1934); G. Siemens 1961, Bd. 2, S. 16ff; Walter Bolz, Der Facharbeiter und die Betriebsrationalisierung, in: Menschenführung. Gedanken zur Sozialpolitik. Ehrengabe aus dem Kreise der Sozialpolitischen Abteilung der Siemens-Werke für Geheimrat Dr.-Ing. Hermann Görz zum 1. Oktober 1930, Berlin 1930, S. 39-44.

14 Carl Friedrich von Siemens, Die Bedeutung der Wohnungsfrage für die Industrie, in: Großstadt und Kleinhaus. Vorträge und Verhandlungen der 3. Hauptversammlung des Groß-Berliner Vereins für Kleinwohnungswesen am 6.2.1917 im Rathause der Stadt Berlin, Berlin 1917, S. 3-11, hier S. 4.

15 Akte »Betriebspflege«, Auszüge aus den Jahresberichten der Sozialpolitischen Abteilung, angefertigt von Brigitta Einehr, 1949; diese Akte wurde mir von der ehemaligen Leiterin der Abteilung Sozialberatung der Siemens AG, München, Lenore Riedrich, zur Verfügung gestellt. SAA Nachlaß Meine (o.S., Zw. A.), DAF-Soziale Betriebsarbeiterin.

16 Dieser Witz steht unmittelbar neben dem oben abgebildeten, Siemens-Mitteilungen 1929, Nr. 118, S. 22.

17 SAA 51/Le 931, S. 44 (Vortrag Obering. Mohr zum Werkstatteinsatz).

18 Darüber wurde im Beisein Ernst v. Siemens' im »Vertrauensrat« des Berliner Wernerwerks R berichtet (SAA 11/Lg 694 v. Buol: Niederschrift über die Sitzung des Vertrauensrats am 31.3.1943.)

19 Alle Zitate: Jochen Köhler, Klettern in der Großstadt. Volkstümliche Geschichten vom Überleben in Berlin 1933-1945, Berlin 1979, S. 206 f, 169. In der BZ vom 20.2.1947 (Zeitungsausschnitt in: SAA 51/Lh 212) ist ein Leserbrief der ehemaligen Lager-Insassin und Siemens-Arbeiterin Clara Rupp abgedruckt, die einen Herrn Grade als »Betriebsleiter« bezeichnet. Im Siemens-Archiv lagen keine Personalangaben über Grade vor.

20 Zitiert nach: Süddeutsche Zeitung, Nr. 73 vom 29./30./31. März 1986, S. 10. Vgl. auch: Der Tagesspiegel, Nr. 12305 vom 15.3.1986, S. 16.

21 Zitiert nach: Benjamin B. Ferencz, Lohn des Grauens. Die verweigerte Entschädigung für jüdische Zwangsarbeiter. Ein Kapitel deutscher Nachkriegsgeschichte, Frankfurt/New York 1981, S. 264 f, 157.

Zum Weiterlesen:

Gisela Bock, Zwangssterilisation im Nationalsozialismus. Untersuchungen zur Rassenpolitik und Frauenpolitik, Opladen 1986.

Gabriele Czarnowski, Familienpolitik als Geschlechterpolitik, in: Hans-Uwe Otto/Heinz Sünker (Hg.), Soziale Arbeit und Faschismus. Volkspflege und Pädagogik im Nationalsozialismus, Bielefeld 1986, S. 243-267.

Hans Ebert/Karin Hausen, Georg Schlesinger und die Rationalisierungsbewegung in Deutschland, in: Wissenschaft und Gesellschaft. Beiträge zur Geschichte der Technischen Universität Berlin 1879-1979, Im Auftrag des Präsidenten der TU Berlin hg. v. Reinhard Rürüp, Berlin/Heidelberg 1979, Bd. 1, S. 315-334.

Atina Grossmann, The New Woman, the New Family and the Rationalization of Sexuality: The Sex Reform Movement in Germany 1928 to 1933, Diss. Rutgers Univ., New Jersey 1984.

Carola Sachse, Hausarbeit im Betrieb. Betriebliche Sozial arbeit unter dem Nationalsozialismus, in: dies./Tilla Siegel/Hasso Spode/Wolfgang Spohn, Angst, Belohnung, Zucht und Ordnung. Herrschaftsmechanismen im Nationalsozialismus, Opladen 1982, S. 209-274.

Dagmar Reese-Nübel

Ohne Wiederkehr*

Für Tamen

»Wir begegnen uns auf der Welt und sind Mensch mit Mensch und dann stehlen wir uns davon, denn wir sind ohne Bindung, ohne Bleiben und ohne Abschied. Wir sind eine Generation ohne Abschied, die sich davonstiehlt wie Diebe, weil sie Angst hat vor dem Schrei ihres Herzens. Wir sind eine Generation ohne Heimkehr, denn wir haben nichts, zu dem wir heimkehren könnten, und wir haben keinen, bei dem unser Herz aufgehoben wäre — so sind wir eine Generation ohne Abschied geworden und ohne Heimkehr.« (Wolfgang Bochert)[1]

Hannchen Gerbeit, geborene Gloger, wurde am 13.4.1880 in Groß-Wanzleben geboren und ist am 7.9.1945 gestorben.

Seit 1910 lebte sie in Berlin. Als »Zugezogene« gehört sie zu den »typischen Berlinerinnen.« Sie war gelernte Schneiderein, aber weil sie nicht »Kleider für reiche Leute« machen wollte, arbeitete sie als Putz- oder Waschfrau.

Ihr Leben lang blieb sie arm.

Ihr Leben lang kämpfte sie für eine bessere Welt.

Sie hatte fünf Kinder von drei Vätern. Die jüngsten waren nicht ehelich, aus Überzeugung.

Hannchen gehörte der Reformbewegung an — woher sich die Esperantonamen der jüngsten Kinder erklären — und ab 1928 der kommunistischen Partei. Die Nazizeit, in der ihre Welt so gründlich zerschlagen wurde, hat sie überlebt, nicht, weil sie geschwiegen hat, sondern weil sie so rücksichtslos sich selbst treu blieb. Daß sie, wie viele Arbeiter damals, fortwährend umzog, nie länger als ein, zwei Jahre an einem Ort wohnte — wobei sie oft nicht die Gegend wechselte —, kam ihr dabei zu Hilfe.

Die Nachkriegszeit hat sie dennoch nicht mehr erlebt. Im Herbst 1945 wurde sie, die Furchtlose, von einem russi-

schen Soldaten erschlagen. Der folgende Aufsatz erzählt das Leben von Hannchen Gerbeit aus der Perspektive ihrer jüngsten Tochter. Er konfrontiert eine Welt der Hoffnung, die der Vergangenheit angehört, mit der nüchternen Illusionslosigkeit, die unsere Gegenwart ist.

Hannchen Gerbeit

Eine warme Herbstsonne brennt auf meinem Rücken. In goldenes Licht taucht sie die Landschaft um mich herum, die unzähligen Obstbäume, die dichten Hecken aus Brombeer, Schlehen, Flieder und Jasmin, die Häuschen inmitten dicht bestellter Erde. Fast gelingt es, über der Milde der Sonne und der Fruchtbarkeit des Herbstes die Entbehrung zu vergessen, die im September 1945 in dieser Laubenkolonie zuhause ist, in der Mutter und ich wohnen: Mahlsdorf, am östlichen Rande der Großstadt Berlin gelegen.

Bedächtig trete ich die Pedalen meines Rades, auf dem ausgedörrten grauen Erdboden die unzähligen Schlaglöcher vorsichtig umfahrend, um den Inhalt der blechernen Milchkanne am Lenkrad besorgt, unserer einzigen warmen Mahlzeit am Tage.

Ich bin da. Ich steige vom Rad, schiebe das Gatter auf zu einer kleinen Parzelle, die durch Sträucher von außen kaum einsehbar ist. Der schmale Streifen Erde ist bis in den letzten Winkel genutzt, Kartoffeln, Kohl, Bohnen, Möhren, Kräuter sind darauf angepflanzt. Ganz am Ende steht das winzige Haus, an dessen verwittertem Holz nur noch Reste weißer Farbe zu sehen sind, ein elendes Quartier, unerträglich heiß im Sommer, erbärmlich kalt im Winter.

Drei Obstbäume stehen auf der Parzelle und zwischen den Bäumen ist eine Leine gespannt, auf der Wäsche im Wind schaukelt: Mutters Tagesarbeit. Ich gehe auf das Haus zu und stelle das Fahrrad im Windfang ab. Mit der Kanne in der Hand betrete ich das Innere der Laube. Zu ebener Erde besteht sie aus einem einzigen, L-förmig angelegten Raum, der Küche, Stube und Mutters Schlafraum in einem ist. In einer Kammer unter dem Dach, nur mit einer Leiter erreichbar, habe ich mein Bett.

»Hast du das Essen geholt?«

Mitten in der Stube, an einem einfachen Tisch, mit einer Wolldecke und einem weißen Leintuch bedeckt, steht Mutter und bügelt, in den feuchten Dampf gehüllt, mit gerötetem Gesicht, sichtbar angestrengt.

Hannchen Gerbeit, eine schmale Gestalt, hager fast, mit dünnen Armen, aus denen die Muskeln jetzt stark heraustreten. Die abgearbeiteten Hände sind rot, rauh und rissig geworden vom ständigen Umgang mit Wasser und Lauge. Sie trägt ein dunkelblaues Kleid, eine Schürze darüber, Wollsocken und Sandalen an den Füßen. Das glatte dunkelblonde, mit vielen grauen Strähnen durchsetzte Haar ist streng zurückgekämmt und hinten in einem Knoten zusammengefaßt. Es legt ein blasses Gesicht frei, in dem Müdigkeit den Mund umspielt. Aber energisch sind die Züge und in den hellen blauen Augen liegt ein ungebeugter Wille.

Ich stelle das Essen ab und will eben nach einem Topf greifen, als Mutter die Arbeit unterbricht. »Frau Krowatzki ist krank. Sie liegt mit Fieber im Bett. Ich habe ihr heute morgen schon Wadenwickel gemacht und einen Lindenblütentee gekocht, aber jetzt werden die Kinder Hunger haben. Bring ihnen einen Teil der Suppe und nimm auch einige von den Äpfeln, die draußen im Korb liegen.«

Ich bin hungrig, ich bin müde, aber ich weiß auch, daß Mutter das nicht wird gelten lassen. Frau Krowatzki ist arm, allein mit zwei kleinen Kindern und belastet mit der Ungewißheit um das Schicksal ihres Mannes, von dem sie seit zwei Jahren nichts mehr gehört hat. Ihr zu helfen, ist Mutter selbstverständlich, und ihrer unbedingten Solidarität haben wir Kinder gelernt, uns klaglos unterzuordnen.

Ich schütte einen Teil der Suppe in einen Topf, gebe vorsorglich etwas Wasser dazu und schiebe ihn an den Rand der Kochplatte auf den eisernen Ofen, den Mutter bereits angefacht hat.

Mit der Kanne verlasse ich wieder das Haus, hole mir aus einem im Windfang abgestellten Korb einige Äpfel und mache mich zu Fuß auf den Weg. Mittägliche Stille liegt über der Siedlung. Jetzt im Herbst 1945 scheinen mir die Schrecken des Krieges, der ganzen Hitler-Zeit nur noch schwer erinnerlich, aber ich weiß, in der Dankbarkeit, mit der ich diese kostbaren Augenblicke genieße, ist das Grauen meiner Kindheit beschlossen.

Vor einem Jahr etwa war es gewesen, daß Mutter träumte, ein weißer Reiter käme von Osten. Ganz ungebeugt hatte sie verkündet, helfen zu wollen beim Wiederaufbau alles dessen, was die Nazis, die Deutschen, in der Sowjetunion zerschlagen hatten.

Wie nüchtern nahmen sich dagegen meine Träume aus, bescheidene Wünsche nach Dauer und Frieden. Mir blieb dadurch die Enttäuschung erspart, während Hannchen in den ersten Wochen nach der Kapitulation in einem rastlosen Einsatz sich aufbrauchte. Mein Skeptizismus machte mich überlegen, aber ich wurde nicht froh darum. An Mutters kompromißlosem Kampf blieb mir immer bewußt, wie teuer die eigene Illusionslosigkeit erkauft worden war.

Weil sie durch nichts und niemanden sich täuschen ließ, hatte sie nie aufgegeben, bis zuletzt nicht, und immer war dieser Kampf für mich mit Schrecken und Faszination zugleich behaftet geblieben. Ich muß unwillkürlich lächeln, aber ich erinnere mich gut, wie ich gelitten habe, als wir im Mai zusammen zur russischen Kommandantur gegangen sind. Hannchen wollte sich beschweren. Vorausgegangen war ein Abend, an dem zwei russische Soldaten plötzlich und ohne zu klopfen in der Schwelle unseres Hauses erschienen waren. Mutter wusch gerade am Tisch über einer Schüssel unser spärliches Geschirr. Ich trocknete es und stellte es zurück auf ein schmales Brett über der Wasserstelle, auf dem all unsere Küchenutensilien Platz fanden. Die beiden Männer setzten sich, bedeuteten mir, dies ebenfalls zu tun und kramten umständlich aus ihren Taschen mehrere Flaschen Weinbrand hervor, aus denen sie zu trinken begannen. Während ich ziellos mit klopfendem Herzen hantierte, fuhr Mutter ruhig in ihrer Arbeit fort. Sie entfernt die Schüssel, säuberte den Tisch und begann, als sei dies selbstverständlich, mit einem Vortrag über die Schädlichkeit des Alkoholkonsums. Obwohl ich sicher war, daß die beiden Männer nichts von dem verstanden, was sie sagte, hörten sie ihr aufmerksam zu, lachten und nahmen Schluck um Schluck. Je mehr sie tranken, desto lauter wurde ihr Gelächter, desto lebhafter wurden ihre Gebärden und eindeutiger die Gesten, mit denen sie mich belegten. Mutter und ich hatten uns längst verständigt und in einem unbemerkten Augenblick sprang ich durch ein verdeckt gelegenes Fenster in den Garten und rannte zu einer Nachbarin. Etwa eine Stunde später traf Hannchen dort ein und ich erfuhr, daß die beiden Russen, enthemmt durch den Alkohol und wütend über den Verlust ihrer Beute, mitsamt einem Teil unserer wenigen Habe, Geschirr, einigen Handtüchern und einer Decke abgezogen waren.

Daß Mutter dagegen sich auflehnen, daß sie dies nicht akzeptieren würde, las ich sofort in ihrem Gesicht und trotz meiner Furcht gab ich ihr doch auch recht. Für sie, die die Welt nicht nach Freund und Feind, nach Siegern und Besiegten einteilte, hatte der 21. April 1945, als die Russen in Mahlsdorf einrückten, nicht das befürchtete Ende, sondern Befreiung bedeutet.

Von Laube zu Laube war sie gerannt, um die in Panik zur Flucht Entschlossenen zum Bleiben zu überreden. Als Arbeitern wird euch nichts geschehen, hatte sie argumentiert. Zwar hatte sie um das Ausmaß erlittenen Leids gewußt, doch hatte sie die Verrohung der Männer durch den Krieg unterschätzt. Als sie ihren Irrtum erkannte, nahm sie ihren alten Kampf mit noch größerer Entschlossenheit wieder auf, aber der Schatten eines Zweifels lag fortan über ihrem Gesicht.

Jetzt war sie selbst betroffen und absurd mußte es ihr erscheinen, uns, die wir unser Lebtag kaum über das Allernotwendigste verfügt hatten, zu beklauen.

Am nächsten Morgen gingen wir zur Kommandantur. Hannchen war etwas bleicher als sonst und ich trabte schweigend neben ihr her. Als wir ankamen, steuerte sie zielstrebig auf das Zimmer des Kommandanten zu. Ohne Umschweife begann sie mit einer rückhaltlosen Anklage, in der sie laut alles vorbrachte, was sich in ihr angestaut hatte.

Wütend konterte der Kommandant. Als alles gesagt war, wurde es still, und höflich verabschiedeten sich die beiden voneinander. Erleichtert schritt Mutter nach Hause.

Ich hatte die Laube der Familie Krowatzky erreicht und Suppe und Äpfel der neunjährigen Grete übergeben. Als ich nach Hause zurückkomme, hat Mutter bereits das Bügelzeug weggeräumt und den Tisch zum Essen freigemacht. Ich suche Löffel, fülle die erwärmte Suppe in zwei Teller und stelle sie auf den Tisch.

Während des Essens beginnt Mutter zu reden. Sie arbeitet in der russischen Kommandantur, putzt dort die Räume und wäscht die Wäsche der Soldaten. Ihr Lohn ist die tägliche Portion warmen Essens, eine Kostbarkeit in einer Zeit des Hungers. Darüber hinaus aber — und das bedeutet Mutter fast noch mehr — ist sie durch ihre Arbeit über das politische Geschehen stets gut informiert. Hannchen erzählt von neuen Enthüllungen und Verlautbarungen aus dem Innern des »Dritten Reiches«, die wir mit wachsendem Entsetzten verfolgen. Wir haben viel gewußt, haben uns nie verschlossen, auch nicht verschließen können vor den Schrecken dieser 12-jährigen Diktatur, aber das Bild, das jetzt entsteht, geht über die von uns erlebte Hölle und über unsere Vorstellung weit hinaus. Während Hannchen berichtet von Leichenbergen, von Menschenversuchen, von massenhaftem Mord, ziehen in unserem Inneren Gesichter vorbei, lachende, weinende, die sich mit Empfindungen verbinden und mit tausendfältigen Erinnerungen. Namen sprechen wir beide nicht aus, sie gehören in eine vergangene Zeit.

Ich nehme die leeren Teller und stelle sie in die Abwaschschüssel unter den Ausguß. Mutter sortiert am Bett die frisch gebügelte Wäsche. Auf dem rechten hohen Stapel häuft sie die einfachen Hemden aus groben Leinen, die die Soldaten tragen, links liegen die Hemden der Offiziere, aus weißem Baumwollbatist. Hannchen schlägt die Wäsche in ein Tuch und packt sie in einen daneben stehenden Korb. Verhärmter sind ihre Züge in der letzten Zeit, müder ihre Gesten. Wir verabschieden uns und ich beobachte durch das Küchenfenster, wie sie den Korb mit der Wäsche auf dem Gepäckträger befestigt und einen weiteren Korb mit Äpfeln ans Lenkrad hängt. Ihre Bewegungen sind zügig und ich erkenne erleicherte die alte Unbeugsamkeit an ihr wieder.

Mutter hat ihre Träume immer gelebt, Träume von einer besseren Welt, von Wahrhaftigkeit und Solidarität. Vielleicht war das dem Umstand geschuldet, daß sie zwischen den Klassen groß geworden oder auch nur der Tatsache, daß sie als Jüngste von sieben Kindern viel sich selbst überlassen geblieben war.

Hineingeboren war sie in eine typische Arbeiterfamilie der Kaiserzeit. Die Mutter ist schon älter, verbraucht und überlastet mit der alleinigen Verantwortung, während der Vater, ein Kesselschmied, den geringen Lohn versäuft, von dem man hätte leben sollen.

Eine ältere Schwester nimmt sie zu sich nach Lothringen, und in der kleinen bürgerlichen Existenz, die die Schwester dort führt, wächst Hannchen auf. Hier verlobt sie sich mit einem Offizier, löst die Verlobung aber, als der junge Mann mit einem anderen Mädchen gesehen wird. Da ist sie noch ganz »come il faut«, und Ehre und Ehrverlust bestimmen ihr Verhalten.

Dann aber geht sie nach Berlin.

Als sie Gustav heiratet, trifft sie ganz ihre eigene Wahl. Ein junger Schneider ist er, ein hübscher, lebenszugewandter Bursche, eigen wie sie. Klammheimlich verlassen die beiden die Hochzeitsfeier und begehen bei Aschinger ihr eigenes Fest.

1912 und 1913 werden kurz nacheinander Lotte und Grete geboren, die Hannchen und Gustav nicht taufen lassen, weil sie sich einig darin wissen, die Kinder nicht einer Kirche zu überantworten, deren Geschicke und Interessen so offensichtlich unlösbar mit Macht und Herrschaft verknüpft sind. Dann kommt der Krieg und Gustav fällt.

Wie so viele hätte Hannchen jetzt eine Schattenexistenz

als Kriegerwitwe führen können, die den Erinnerungen lebt, durch Zimmervermietung die schmale Rente aufbessert und auf die Zukunft der Töchter hofft. Stattdessen beginnt sie zu suchen, geht zu zahllosen Versammlungen, auf denen üblicherweise informiert, politisiert und geworben wird. Sie ist offen, lernt viele Menschen kennen. Rosa Luxenburg gehört dazu, aber dem Kopf überläßt Hannchen ihr Wünsche nicht. So trifft sie auf Goldberg.

Diesen Menschen von heute will ich nicht Licht sein, nicht Licht heißen. Die will ich blenden: Blitz meiner Weisheit! Stich ihnen die Augen aus! (Nietzsche)

In Nietzsches Zarathustra erkennt Goldberg sich wieder und an seiner gradlinigen Absolutheit findet Hannchen, was sie braucht: im Unmittelbaren Gewißheit.

Goldberg lebt radikal immer nur sich selbst und gehört damit ganz in die Tradition der Lebensreform. Seine Huldigung gilt dem »Natürlichen«, dem »Ganzheitlichen«, der greifbaren Utopie. Für Hannchen, die zuallererst praktisch denkt, ist all dies einleuchtend, zudem der Mann anziehend ist, mit langer dunkelgelockter Mähne und von imponierender Selbstüberzeugtheit. Sie schließt sich der »caverna de Zarathustra« an, der Schar der Jünger und Jüngerinnen, die Goldberg, der sich »Filareto« nennt, um sich sammelt.

Zunächst wohnt man in Hannchens ehelicher Wohnung in Marienfelde, aber die »Umwertung aller Werte« ruft den Zorn der Nachbarn auf den Plan, und als man Hannchen aufgrund des Vorwurfs der »Gefährdung der Sittlichkeit« das Sorgerecht für die Töchter entzieht — sie hatte sie unbekleidet in der Wohnung herumlaufen lassen —, wird in der Berliner Innenstadt ein neues Zuhause gefunden: Mulackstraße im Scheunenviertel, nordwestlich des Alexanderplatzes. Arm ist man hier, zuallererst illusionslos arm. Das ergibt ein buntes Bild, in dem der chassidische Jid, die Hure und der Außenseiter sich einträchtig mischen. Problemlos geht die »caverna« in diesem sozialen Gefüge auf, das Ungeschminkte ist allemal Hannchens Welt. Die Kinder hatte das Jugendamt derweil in ein Waisenhaus ge-

Rückfront des Hauses »Ochsenkopf«, Mulack- Ecke Jägerstraße, in dem Hannchen Gerbeit zeitweise wohnte (Abb. 28)

steckt, und nur auf Umwegen erreicht Hannchen ihre Freigabe. Für Lotte und Grete ist es auch weiterhin nicht einfach. Goldberg, der in Versammlungen öffentlich für eine humane Erziehung streitet, unterwirft die »caverna« ungefragt seiner Autorität und seinen Vorstellungen. Danach haben die Männer das Haar wachsen zu lassen und sich in lang wallende Gewänder zu kleiden, während den Frauen und Mädchen das Haar geschnitten wird und sie Hosen tragen müssen. Doch das Abseitsstehen zeigt auch ein anderes Gesicht, und niemals wird Lotte den Abend vergessen, als sie mit neun Jahren im Gefolge Goldbergs und der »caverna« zum ersten Mal Beethovens Neunte hört.

Ohnehin verhindert das unterste Leben jede Bindung nach außen. Auf einen Winter in der Mulackstraße im Innern der Stadt folgt ein Sommer im Roten Luch in der Mark, wo sie in Erdhütten hausen.

Man lebt von Hannchens geringster Witwen- und Waisenrente und von dem, was Goldberg in einer Praxis erwirtschaftet, die er als Arzt im Scheunenviertel betreibt. 1921 und 1922 werden die beiden Brüder Vertuemo, der Tüchtige, und Sajero, der Weise, geboren, Söhne Goldbergs. Als letztes Kind und nicht von Goldberg komme ich zwei Jahre später zur Welt.

Als Goldberg bald darauf wegen Verstößen gegen den §218 belangt wird — er hatte Arbeiterfrauen zu Abtreibungen verholfen —, beschließt die »caverna« die Auswanderung nach Haiti. Sie gelangen bis Nizza, leben wiederum in Erdhütten und bestreiten durch Gelegenheitsarbeiten den kärglichen Unterhalt.

Hier trennen sich Hannchens und Goldbergs Wege.

Die Entzweiung beginnt, als ein Säugling nach dem Genuß kaum gekochter Erbsen stirbt. Der Tod des Kindes provoziert einen Aufstand der Frauen, und nur mit Gewalt gelingt es den Männern, sie an der Flucht zu hindern. Hannchen, die selber ein Kleinkind versorgt, ist tief getroffen. Daß Goldbergs Radikalismus die Kinder nicht nur betraf, sondern einschloß, hat sie gewußt, und selbst wenn sie versucht, die Folgen zu mildern, hat sie doch nie grundlegend sich dagegen verwahrt. Schlagartig werden ihr Mangel und Notwendigkeit von Verantwortung jetzt bewußt. Das bereitet den Boden, auf dem es zum endgültigen Bruch kommt.

In lockerem Nebeneinander vereint die »caverna« Männer, Frauen, Kinder. Der »niedere Materialismus des Besitzrechts« ist verpönt, und das, was an Bindung entsteht, ist ohne Anspruch auf Dauer oder Ausschließlichkeit.

Daß sie Goldberg nicht besitzen kann, wie sie ehedem Gustav besessen hat, bildet für Hannchen kein Problem und selbstverständlich macht auch sie von der ihr zugestandenen Freiheit Gebrauch.

Aber als Goldberg mit der Geste des Unmittelbaren den Versuch macht, die Töchter »praktisch« aufzuklären, ist für Hannchen der Punkt erreicht, von dem es kein Zurück mehr gibt.

Heimlich verläßt sie mit allen fünf Kindern die »caverna« und besteigt den Zug nach Paris. Ohne Geld, allein in einem Land, dessen Sprache sie nicht spricht, schlägt Hannchen sich durch bis zum Konsulat und erreicht ihre Rückkehr nach Berlin.

Die Flucht aus Nizza 1926 bedeutet die Trennung von Goldberg und die Entscheidung für die Priorität des Persönlichen vor dem Prinzipiellen, aber dem, was Goldberg lebt, bleibt Hannchen weiter verhaftet.

Mit Max Fürst und den Jugendlichen des »Schwarzen Haufens« hält jedoch bald etwas Neues Einzug in die Mulackstraße. Hannchen, deren Haus jedermann offen steht, lernt Max kennen, als sie einem jungen Ausreißer, Mitglied des »Schwarzen Haufens«, Unterkunft gewährt. Gemeinsam mit Hans Litten gehört Max zu den führenden Mitgliedern des »Schwarzen Haufens«, einer Abspaltung vom Jüdischen Wanderbund. Ihre Kritik gilt dem Idealismus der Jugendbewegung und der Unzulänglichkeit der Lebensreform.

Damit ist Hannchens Lebenskreis unmittelbar berührt, doch tritt ein neues politisches Moment hinzu und gewinnt immer mehr an Einfluß. Das spiegelt sich im Bild der Gäste, die in der engen 2 Zimmer-Wohnung niemals fehlen

Die drei jüngeren Kinder (Abb. 29)

und zu denen alternde Lebensreformer ebenso gehören wie überzeugte junge Kommunisten.

Hannchen trifft zwischen ihnen keine Wahl, und Max wird es sein, der ein Jahr später ihren Umzug auf die Halbinsel Darß bewerkstelligen hilft, wo sie die nächsten eineinhalb Jahre in einer Gemeinschaft leben wird, deren innere Struktur, Verhaltensweisen und Lebensauffassungen denen Goldbergs und der »caverna« ähnelt. Aber die Zeiten sind anders geworden, und gerade Hannchen spürt, daß vom mitreißenden Schwung der Lebensreform oft nur das weltfremde Gehabe pedantischer Idealisten übriggeblieben ist. Ohne sich je vom Vergangenen zu lösen, setzt sie die Akzente nun neu. Zurückgekehrt nach Berlin tritt sie ein in die Kommunistische Partei.

Wendezeit.

Die Vorstellung einer unmittelbar bevorstehenden Entscheidung prägen die letzten Jahre der Republik, und im politischen Kampf haben sich die sozialen und ideologischen Gegensätze verdichtet. Ohne zu zögern ergreift Hannchen Partei. Hatte sie vorher die Utopie im Kleinen gelebt, sieht sie sie jetzt greifbar im Großen nach dem Vorbild der russischen Oktoberrevolution. Lotte ist Mitglied des Kommunistischen Jugendverbandes geworden, Grete lernt bei der »Arbeiter-Illustrierten-Zeitung«, sie selbst hat eine Putzstelle im Karl-Liebknechthaus am Bülowplatz, der Parteizentrale der Kommunistischen Partei. So fühlt Hannchen sich eingebettet in eine Gemeinschaft, Teil eines kämpferischen Wollens.

Als die Nazis 1933 in die Macht fallen, hat Hannchen mit dem, was dann kommt, fast schon ein wenig Erfahrung. Die Pogrome im Scheunenviertel 1923 waren ein Vorspiel gewesen, und Hannchen erinnert sich gut an riesige Kleiderballen, die sie hilfesuchenden Nachbarn zuliebe in ihrer Wohnung vor dem Zugriff eines wütenden Mobs zu schützen versucht hatte.

Von der jetzt einsetzenden großen Menschenjagd ist sie selber betroffen. Die Wohnung wird durchsucht. Grete, deren Photo auf einer der letzten Titelseiten der Arbeiter-Illustrierten-Zeitung zu sehen ist, muß emigrieren. Schlimmer sind die Verhaftungen, ewige Ungewißheit, der Tod geliebter Menschen. Inmitten um sich greifender Zerstörung versucht Hannchen, sich zu bewahren, und ohne zu zögern nimmt sie Arbeit, Gefahren und Entbehrungen auf sich.

Da ist Rubin Mittelmann, der wie ein Sohn bei ihr ein Zuhause gefunden hat, dem ich, mit selber knurrendem Magen, duftenden Rosenkohl an den fahrbahren Bücherstand brachte, den Rubin zu seinem Unterhalt betrieb.

Während ein schweres Exzem Rubins Haut befiel, hatte Hannchen ihn versorgt, und monatelang hatte sie salbenverschmierte Bettwäsche für ihn gewaschen. Als Rubin verfolgt wird, findet er in der Laube in Mahlsdorf, die Hannchen jetzt bewohnt, selbstverständlich ein Versteck, und als das verraten wird, die Gestapo das Haus umstellt und durchsucht, gelingt es Hannchen, Vertuemo unbemerkt aus dem Haus zu lassen, um Rubin zu warnen.

Sich treu bleiben, das ist so auffällig ungewöhnlich, daß es harmlos verschroben scheint.

Mit einem Achselzucken quittiert die Nachbarschaft, daß Hannchen im Sommer 1936 von Maxens Schwester

Edith und allen Kindern des jüdischen Kindergartens, den Edith leitet, Besuch erhält.

Sie macht keine Lippenbekenntnisse, sie hebt keinen Arm.

Als sie auf der öffentlichen Feier von Vertuemos Gesellenprüfung beim Deutschlandlied — unbeweglich und allein — sitzen bleibt, springt Vertuemos Meister für sie ein, aber seine Aussage, sie seie herzkrank, wird erst durch die unerschütterliche Sicherheit glaubwürdig, die sie selber ausstrahlt.

1936 wird Lotte verhaftet. Mich hatte Mutter in einer Internatsschule des Internationalen Sozialistischen Kampfbundes in Dänemark untergebracht. Nun muß ich nach Berlin zurückkehren. Daß Hannchen sich immer geweigert hat, dem Staat die Namen der Väter ihrer Kinder zu nennen, zahlt sich jetzt aus. Vertuemo und Sajero bleibt die Verfolgung wegen des jüdischen Vaters erspart, doch dafür werden sie Kriegsdienst leisten. Mit dem Krieg wächst in Hannchen die Hoffnung auf das Ende. Gleichzeitig beginnen die Deportationen.

Waren es vorher die politisch Verfolgten, für die Hannchen sich einsetzte, so sind es jetzt Menschen, die unversehens und unvorbereitet Opfer einer rassistischen Doktrin werden.

Hilflos muß Hannchen erleben, daß sie nicht immer helfen kann.

Frieda Levi ist in Deutschland geblieben, weil sie — vergeblich — versuchen wollte, den Mann ihrer nach Schweden emigrierten Tochter, wie Max ein Mitglied des »Schwarzen Haufens«, aus dem KZ zu befreien. Hannchen putzt für sie und versorgt sie mit Lebensmitteln. Als sie deportiert werden soll, bietet Hannchen ihr an, sie bei sich aufzunehmen. Frieda Levi lehnt ab. Sie will das Risiko niemandem zumuten.

Teil einer vergehenden Welt bleibt Hannchen im Einsatz bis zuletzt, und über die Trümmer hinweg rettet sie ihre Wünsche in den Traum eines weißen Reiters, der aus dem Osten kommt...

Das Geschirr ist gewaschen, abgetrocknet und steht wieder ordentlich aufgereiht auf dem Brett. Während ich Ausguß und Tisch putze, versuche ich Mutters Blick einzunehmen. Die Gründlichkeit, in die sich das Unbedingte verkehrt. Den Dreck der Welt abwaschen wollen, hat Max es genannt. Dabei hinter den Schränken anfangen, in den unzugänglichen Ecken. Das ist Drangsal für uns, doch zugleich Quelle von Sicherheit.

Mit ruhiger Hand zieht Mutter ihr Parteibuch aus dem Stapel beschlagnahmter Bücher, als die Gestapo das Haus durchsucht. Schnell steckt sie es in ihren Ausschnitt. Dabei zweifeln wir nicht und fühlen uns nicht verlassen. Wenn Vertuemo mit bloßen Füßen durch den Schnee läuft, um Rubin zu warnen, wenn wir den jungen, den Nazihäschern nur knapp entkommenen Genossen durch die Laubenkolonie weitergeleiten zu neuen Helfern, sind wir eingeschlossen in den Kreis der Gewißheit, den Mutter um sich zieht. Und in den Stolz.

Kostbarer Augenblick, als ein Lächeln Mutters Gesicht überzieht und Anerkennung verströmt. Ich hatte im Wohlfahrtsamt einen Kohlenberechtigungsschein abholen wollen. Auf der anderen Seite des Tisches durchblättert der Beamte unsere Akte. Als er stutzt...ein, zwei, drei uneheliche Kinder...und fragend aufblickt, kommt es ganz leicht von meinen Lippen: »Ja, und nicht aus Versehen, sondern aus Überzeugung!«

Aus derselben Überzeugung heraus lehnt Hannchen das angebotene Mutterkreuz ab.

Sie, die aus einer tief empfundenen Ehrfurcht vor dem Leben nie abgetrieben hat, bietet Lotte Unterkunft und Unterstützung, als diese in der Verfolgung dazu gezwungen ist. Danach nimmt sie mich an der Hand, geht mit mir hinaus in den Garten und zeigt mir den Fötus.

Aber auch die Tränen Sajeros, den wir mit hilflos-hartem Lachen empfangen, als er am Weihnachtsabend mit einem Tannenbaum in der Tür steht.

Aber auch ein Brief, in dem Mutter berichtet, wie sie mit ihrem Pflegekind Silke Geburtstag feiert. In einem meiner Schulaufsätze hatte sie gelesen, welche maßlose Freude ein von ihr zufällig gemachtes Geschenk mir bereitet hat, die ich nie einen Geburtstag kannte. Ich habe gelernt, schreibt sie.

Draußen sind die Schatten der Sonne länger geworden. Ich schiebe das Buch zurück, in dem ich gelesen habe und stehe vom Tisch auf. Mit dem großen Wäschekorb unter dem Arm gehe ich hinaus in den Garten. Die Hemden auf der Leine sind schon ein wenig klamm geworden, und an der frühen Kälte spürt man den nahenden Herbst. Ich lege die Hemden in den Korb und trage ihn zurück ins Haus. Vom Schrank hole ich die abgedeckte Schüssel mit dicker Milch und stelle sie auf den Tisch. Langsam bereite ich das Abendessen vor. Es ist kärglich genug.

Dann klettere ich die Leiter hinauf in die Dachkammer, um noch ein wenig auf der Geige zu üben.

Während ich Mutters Rückkehr erwarte, empfinde ich die Leere des Hauses.

Mulackstraße. Mitten in der ärmlichen Stube — mit Möbeln, die Max aus Eierkisten gezimmert hat und Strohsäkken, die in der Ecke gestapelt sind — steht der riesige Schneiderspiegel, Relikt der Vergangenheit, und ich sehe mich darum herum gehen, mit roten Schuhen, die Max mir geschenkt hat, immer herum voll von überströmendem Glück.

Und unser fassungsloses Staunen über den unvorstellbaren Reichtum, als Lotte von einem Kuraufenthalt in der Sowjetunion eine weiß gewebte Decke mitbringt und wunderbare, mit Lack überzogene Schälchen.

Und hinter der Armut die warme Erinnerung an Abende in dieser ewig übervölkerten Stube, in deren Mitte Lotte sitzt und unsere kämpferischen Lieder auf der Gitarre begleitet.

Vom Garten her höre ich Mutters Schritt. Noch bevor sie die Tür geöffnet hat, habe ich die Geige weggelegt und klettere die Leiter hinunter.

»Schön, daß du wieder da bis, Mutter.«

Ein dick in Zeitungspapier gewickeltes Paket liegt in Hannchens Korb.

»Warst du bei Kurt?« frage ich sie.

Mutter nickt. In ihrem Gesicht liegt Verstimmung.

»Ich hab ihm das Obst gebracht, auch ein dickes Stück Fisch dafür bekommen. Schrecklich war es trotzdem, denn wir haben uns wieder mal nur gestritten.«

Mutter ist immer noch aufgwühlt. Kurt ist ihr Vetter, ein zufriedener, behäbiger Bürger, der in Charlottenburg ein kleines Fischgeschäft betreibt. Von je her hat Mutters Lebensart und ihre Lebensauffassung ihm Anlaß zu Auseinandersetzungen geboten.

»Komm, laß uns erst einmal essen. Ich habe den Tisch schon gedeckt. Und dann erzählst du mir alles in Ruhe.« Hannchen stellt den Korb unter dem Ausguß ab und setzt sich zu mir an den Tisch.

»Solch ein Ignorant. Daß die Russen die deutschen Frauen vergewaltigen, hat er mir vorgehalten, und meine Meinung als Kommunistin wollte er dazu wissen. Was soll das schon sein! Das ist die Art jedes Siegers, und Frauen haben immer dafür herhalten müssen, überall und jederzeit. Landsknechte sind Landsknechte. Aber wenn man ihnen sagt, wieviel verbrannte Erde sie im Osten hinterlassen haben, dann sind sie beleidigt! Das wollen sie gar nicht hören, daß unsere Landser auch russische Frauen und Mädchen auf dem Gewissen haben.«

Wütend beißt sie ins Brot.

Ich kenne Mutters Haltung, weiß auch, wie sehr sie gelitten hatte, als in den frühen Sommermonaten immer wieder Frauen und Mädchen aus der Nachbarschaft vergewaltigt worden waren. Jedes Mal, wenn sie Schreie hörte oder gewarnt worden war, hatte sie schnell den Mantel übergeworfen und war losgestürmt. Fast immer kam sie zu spät.

In dieser Zeit war ich selbst voller Angst, aber wenn sie streng argumentierte, davon stürbe man nicht, wußte ich doch, daß sie mich wie eine Löwin verteidigen würde. Erleichtert registrierten wir beide, daß die Übergriffe abebbten.

Ich friere. Draußen ist es kalt geworden, und ich beschließe bald zu Bett zu gehen. Als ich die Leiter hochklettere, sehe ich Mutter am Tisch stehen. Ganz fern scheint sie mir, wie sie den mitgebrachten Fisch sorgfältig in mehrere kleine Portionen schneidet.

Als ich am nächsten Morgen aufwache, ist das Haus erfüllt vom Dampf kochender Lauge. Mutter war bereits in der Kommandantur gewesen, hatte dort geputzt und einen großen Sack dreckiger Wäsche wieder nach Hause gebracht. Die brodelt im riesigen Kessel auf dem Herd. Nachdem wir gefrühstückt haben, verlasse ich eilig das Haus.

Wie immer halte ich am Mittag auf dem Heimweg an der Kommandantur und lasse mir dort die Portion Essen aushändigen. Ich hänge die Kanne an das Lenkrad des Rades und fahre vorsichtig balancierend nach Hause.

Auf der Leine flattert neue Wäsche. Am Tisch im Haus steht Mutter und bügelt. Schnell packt sie die Wäsche zusammen. Ich fülle die Suppe auf und wir essen.

Ich sehe die Müdigkeit in ihrem Gesicht und bitte sie, sich ein wenig auszuruhen. Sie lächelt und legt sich für fünf Minuten aufs Bett. Danach verstaut sie den Fisch im Korb und verläßt das Haus.

Dann gehe ich zum Geigenunterricht.

Es ist Nachmittag, als ich zurückkehre. Träumerisch schlendernd, schwenke ich den Geigenkasten. Plötzlich halte ich inne. Vor unserem Haus steht ein junger russischer Soldat, der gerade unbeholfen versucht, Vertuemos Rad zu besteigen. Ich lasse den Geigenkasten fallen, renne schimpfend los und kralle mich in den Gepäckträger, entschlossen, das Rad zu verteidigen. Da bringt mich ein Schlag unter das Kinn zur Raison und ein Blick in das Gesicht des Mannes belehrt mich darüber, nachzugeben.

Ich lasse los, drehe mich um und renne davon. Hinter einem Jasminbusch warte ich etwa eine halbe Stunde und mache mich dann erneut auf den Heimweg. Als ich das Gatter aufschiebe, sehe ich bereits die weit geöffenete Tür, und entsetzt bleibe ich wenig später in ihrem Rahmen stehen. Auf dem Bett liegt Mutter, das Kleid hochgeschoben, aus dem Mund blutend, mit starren gebrochenen Augen.

Schonungslos lacht die Sonne hinein in einen leeren Raum. Es ist vorbei, denke ich, und sie hat mir nichts hinterlassen außer meiner Sehnsucht. Alle Träume hat sie selber ausgeträumt, jede Hoffnung mitgenommen.

Im offenen Fenser bauscht der Wind die Gardinen. Sie werden nicht lange mehr halten, fällt mir ein, als ich sehe, wie schütter sie sind.

Ich wende mich ab und beginne zu laufen. Ziellos.

Anmerkungen:

* Auf die Geschichte des Lebens von Hannchen Gerbeit bin ich gestoßen durch die Lektüre von Max Fürst, Talisman Scheherezade. Die schwierigen zwanziger Jahre, München 1978. Diesem Buch verdankt der Aufsatz viel. Darüber hinaus bedanke ich mich bei Lotte Fenske für ihre Mithilfe, vor allem aber bei Tamen Köhler, der ich diesen Aufsatz gewidmet habe.

1 Wolfgang Borchert, Generation ohne Abschied, in: Gesamtwerk, H. 2, Hamburg 1970, S. 60 (1. Auflage: 1949).

Über die Autorinnen

Rosmarie Beier, Dr. phil., geb. 1953, Studium der Geschichte und Germanistik, Veröffentlichungen zur Sozialgeschichte des 19./20. Jahrhunderts, insbesondere Berlins, derzeit wissenschaftliche Mitarbeiterin im Vorbereitungsteam der Jubiläumsausstellung zur 750-Jahr-Feier.

Herrad-Ulrike Bussemer, geb. 1950, Historikerin, promovierte über die Sozialgeschichte der Frauenbewegung in der Reichsgründungszeit, zur Zeit wissenschaftliche Mitarbeiterin am Institut für Zukunftsstudien und Technologiebewertung in Berlin.

Christiane Eifert, geboren 1956, Studium der Romanistik, Geschichte und Politologie an der TU Berlin, arbeitet zur Zeit an einer Dissertation zur Geschichte der Arbeiterwohlfahrt. Veröffentlichungen über die Geschichte der Berliner Hugenotten, Frauenerwerbsarbeit und die Hamburger Arbeiterwohlfahrt.

Maya I. Fassmann, Jahrgang 1955, Studium der Geschichte und Germanistik in Tübingen; arbeitet z.Zt. an einer Dissertation über »Bedeutende Jüdinnen in der deutschen Frauenbewegung 1865-1904«. Zu erreichen über das Historische Seminar der Universität Tübingen, Wilhelmstr. 36.

Atina Grossmann, geboren 1950, promovierte über »Frauen, Familie und die Rationalisierung der Sexualität: Die deutsche Sexualreformbewegung von 1925 bis 1936«. Sie lehrt am Mount Holyoke College, Massachusetts, Neuere Europäische Geschichte und Frauengeschichte. Mehrere Veröffentlichungen zur deutschen Sexualreformbewegung und zur »Neuen Frau« der Weimarer Republik; gemeinsam mit Renate Bridenthal und Marion Kaplan Herausgeberin des Sammelbandes »When Biology Became Destiny. Women in Weimar and Nazi Germany«. Zur Zeit arbeitet sie an der Veröffentlichung ihrer Dissertation und an einem größeren Projekt zur »Neuen Frau.«

Heidi Koschwitz-Newby, geb. 1949, lebt seit 1969 in Berlin. Berufe: Verwaltungsangestellte, Sozialarbeiterin, Diplom-Pädagogin. Die Diplomarbeit schrieb sie über das »Jugendheim Charlottenburg«, woraus der hier abgedruckte Aufsatz von Hedwig Heyl stammt. Z.Zt. arbeitet sie als Sozialarbeiterin, ist Mitherausgeberin einer Reihe »Erzähltes Leben« des Dirk-Nishen-Verlages und arbeitet an der Erstellung einer Frauenausstellung für das Jahr 1987 in Berlin mit.

Elisabeth Meyer-Renschhausen, geb. 1949, dipl. Sozialwissenschaftlerin, Studium in Marburg und Bremen; Mitarbeit in der gewerkschaftlichen Jugend- und Erwachsenenbildung sowie im Frauenprojekt der Hochschule für Sozialarbeit Bremen; zuletzt wiss. Mitarbeiterin am Institut für Soziologie der Freien Universität Berlin.

Gertrud Pfister, Dr. phil., Dr.rer.soc., geb. 1945, Studium der Sportwissenschaft, lateinischen Philologie, Geschichte und Soziologie in München, Regensburg und Bochum. Seit 1981 Professorin für Sportwissenschaft an der FU Berlin. Zahlreiche Veröffentlichungen über die Geschichte, die Situation und die Perspektiven des Frauensports.

Dagmar Reese-Nübel, geboren 1952, Diplom-Soziologin, Studium in Freiburg i. Br. und an der FU Berlin. Seit 1984 Wissenschaftliche Mitarbeiterin am Institut für Soziologie an der FU Berlin.

Susanne Rouette: geb. 1956, Studium der Geschichte und Chemie in Hannover und Berlin; Erstes Staatsexamen 1984; z.Zt. Doktorandin an der TU Berlin, Thema: Frauenarbeit und Demobilmachung nach dem Ersten Weltkrieg; Veröffentlichung zu Teilaspekten dieses Themas (1985).

Carola Sachse, geb. 1951, Historikerin, promoviert über betriebliche Sozialpolitik in Deutschland im 20. Jahrhundert. Veröffentlichungen zur Frauenpolitik und Sozialpolitik im Nationalsozialismus. Zur Zeit Stipendiatin des Hamburger Instituts für Sozialforschung.

Birgit Sauer, Jahrgang 1957; Politik- und Germanistikstudium in Berlin; Erstes Staatsexamen 1984; zur Zeit Referendariat an einer Berliner Schule.

Bildnachweis

Bildarchiv Preußischer Kulturbesitz Berlin: Abb. 3, 4, 9, 10, 11, 23, 24

Landesbildstelle Berlin: Abb. 14, 20, 21, 22.

Landesarchiv Berlin: Abb. 13.

Ullstein Bildarchiv Berlin: Abb. 16.

Privatbesitz: Abb. 18, 19, 29, 30.

*Abb. 1: Volkszeitung Nr. 101, vom 29.4.1871
Neuer Sozialdemokrat Nr. 50 vom 30.4.1873
Abdruck mit freundlicher Genehmigung des Landesarchivs Berlin.*

Abb. 2: Marie Juchacz, Sie lebten für eine bessere Welt, Berlin und Hannover 1955, S. 29, S. 29. Abdruck mit freundlicher Genehmigung des Dietz-Verlages, Bonn.

Abb. 5: Festschrift zum Fünfundzwanzigjährigen Jubiläum des Vereins der Berliner Volksküchen von 1866. Im Auftrage des Vorstandes verfaßt von Lina Morgenstern. Mit einem Kapitel »Über den Nährwert der Volksküchen-Speisen« von San.-Rat Dr. Blaschko, Berlin am Stiftungstage, den 6. Juni 1891.

Abb. 6: Anna Plothow, Die Begründerin der deutschen Frauenbewegung, Leipzig 1913, S. 108.

Abb. 7: Ilse Reicke, Das tätige Herz. Ein Lebensbild von Hedwig Heyl, Leipzig 1938.

Abb. 12: Hans Ostwald, Das galante Berlin, Berlin 1928.

Abb. 15: Heinrich Zille, 220 Berliner Bilder, Berlin 1923.

Abb. 17: Archiv des Damen-Schwimmclubs Nixe.

Abb. 25: Siemens-Mitteilungen Nr. 131, Dezember 1930, Titelblatt.

Abb. 26: Siemens-Mitteilungen Nr. 118, Jg. 1929, S. 22.

Abb. 27: Siemens-Mitteilungen Nr. 91, Jg. 1927, S. 17.

Abb. 28: Eike Geisel, Das Scheunenviertel. Bilder, Texte und Dokumente, Berlin 1981. Abdruck mit freundlicher Genehmigung von Eike Geisel.